디퍼런트

DIFFERENT by Youngme Moon
Copyright © 2010 by Youngme Moon
All rights reserved.

This Korean edition was published by Sallim Publishing Co., Ltd. in 2011
by arrangement with The Sagalyn Agency, Maryland
through KCC(Korea Copyright Center Inc.), Seoul.

이 책의 한국어판 저작권은 (주)한국저작권센터(KCC)를 통한
저작권자와의 독점 계약으로 (주)살림출판사가 소유합니다.
저작권법에 의해 한국 내에서 보호를 받는 저작물이므로
무단 전재와 복제를 금합니다.

디퍼런트
넘버원을 넘어 온리원으로

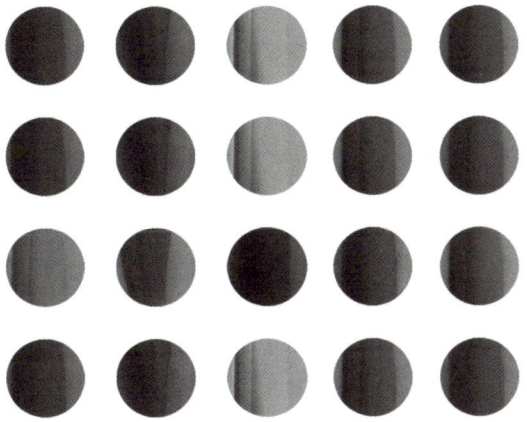

문영미 지음 · 박세연 옮김

살림Biz

나의 남편 로버트와 두 아들 잘렌, 타일로에게
이 책을 바칩니다.

머리말
동일함이 지배하는 세상에서 살아남기

 큰아들 녀석이 초등학교 2학년에 올라가자, 학교에서 숙제로 받은 시를 집으로 들고 와서 외우기 시작했다. 그것도 매주 새로운 시를 가지고 왔다. 덕분에 나도, 스펀지같이 모든 것을 빨아들이는 아들의 머리가 시의 모든 구절을 완벽히 흡수할 때까지, 반복해서 읽어주는 수고를 해야만 했다.
 아들과의 숙제 프로젝트는 최소한 한동안은 순조롭게 진행되었다. 그러나 아들이 하고 있는 이 정신적 스트레칭에 나는 조금씩 회의가 들기 시작했다. 당시 나는 10년가량 하버드 경영대학원에서 마케팅을 가르치고 있었다. 강의의 목표는 비즈니스 세계의 언어로 생각하고 대화할 수 있도록 학생들을 훈련시키는 것이었다. 다시 말해, 나는 학생들에게 비즈니스의 '문법'을 가르치고 있었던 것이다. 나는 학생들이 이 문법을 하나도 빠짐없이 그대로 흡수할 수 있도록, 계속해서 설명하고 또 설명했다.

하지만 오랜 시간 학생들을 가르치면서 깨달은 것은, 이 방법은 분명 가시적인 효과는 있지만, 학생들을 기계적인 사고에 가두어 버릴 수 있다는 사실이었다. 반복 학습이 사고능력과 상상력을 떨어뜨릴 수 있다는 위험을 진작 깨달은 많은 교수들은, 기계적이고 반복적인 강의방식을 최대한 멀리하고 있다. 그들은 똑같은 내용을 반복적으로 학습하는 것은, 새로운 정보를 받아들이는 시도를 중단하는 것이라고 믿고 있다. 하지만 오늘날 비즈니스 세계는 아직까지 반복 학습의 단계로부터 벗어나지 못하고 있는 듯하다. 비즈니스 세상에서 활약하고 있는 많은 전문가들이 지금 이러한 단계에 너무 익숙해져 있다. 그래서 창조적이고 획기적인 아이디어를 개발해 내는 능력을 점점 상실해 가고 있다. 그렇다고 해서 시장을 분석하는 지식과 기술이 부족하다는 것은 아니다. 오히려 그 반대다. 비즈니스 전문가들은 자신의 분야에 '지나치게' 많은 지식과 정보를 가지고 있다. 하지만 바로 그러한 이유로, 그들의 사고는 한 치의 오차도 없이 정확하게 돌아가면서 똑같은 제품을 반복해서 만들어 내는 기계와도 같이 움직이고 있다.

나는 경영학 교수이면서 동시에 한 사람의 시민이고, 아내이고 그리고 엄마다. 그리고 지금 이 순간을 함께 살아가고 있는 사람들과 비슷한 눈으로 세상을 바라보고 경험하고 있다. 이웃 주민들과 마찬가지로 할인마트에 가서 샴푸, 주스, 운동화 등을 산다. 그리고 때로는 마트 복도를 가득 메우고 있는 엄청나게 많은 브랜드에 현기증을 느끼기도 한다. 우리 부모님 세대만 하더라도, 한 종류의 제품에 대해 선택할 수 있는 가짓수는 4~5개에 불과했다. 하지만 지금은 수백 가지의 비슷비슷한 물건들이 우리를 당황하게 만들고 있다. 광고들 또한 흘러넘치고 있다. 오늘날, 마케팅이란 일종의 과장의 기술이 되어버렸다. 마케터들은 새로운 제품이 나왔다고 끊임없이 떠들어댄다. 그리고 세상의 모든 신제품들은 자신이 최고라고 우겨대고 있다.

하지만 이러한 흐름에 변수가 하나 발생했다. 그것은 바로 최근에 벌어진 세계적인 경기침체이다. 미국발 경제위기는 모든 사람들의 일상으로까지 파고들었고, 이제 우리 모두는 어떻게든 혼자서 어려움을 이겨 나가야만 하는 상황에 놓이고 말았다. 경제위기는 우리 모두를 집단적인 방식으로 몰아대고 있다. 나는 아직도 경제위기가 막 찾아왔을 때의 기억이 생생하다. 집값이 폭락하면서, 투자시장이 순식간에 얼어붙었다. 그동안 내가 부러워마지않았던, 우리 동네에서 가장 크고 멋진 집의 주인이 내가 아니라는 사실에 오히려 안도의 한숨을 쉬어야만 했다. 경제적으로 여유가 있는 사람들도 기본적인 소비패턴을 바꾸어나가기 시작했다. 마치 우리 사회가 일구어온 성공과 꿈이 하루아침에 무너져 내리고 있는 것만 같았다. 과소비는 이제 옛말이 되어버렸고, 사람들은 생필품을 살 때에도 신중하게 고민을 해야만 했다. 풍요의 시대는 그렇게 저물어가고 있었다. 하지만 그것은 풍요의 물질적인 기반이 사라진 것이라기보다, 풍요에 대한 정신적인 안도감이 사라진 것이었다.

비즈니스 세계에도 기술적인 측면이 다분히 존재한다. 그러한 측면은 특히, 관찰과 분석 활동에서 두드러지게 드러난다. 여기서 바로 마케터의 존재가 부각된다. 마케터는 자신이 원하든 혹은 원하지 않든, 모든 인간의 욕구를 관찰하고 분석하는 임무를 맡고 있다. 물론 인간의 욕망에는 한계란 없다. 하지만 분명한 사실은, 거기에는 어느 정도 패턴이 존재한다는 것이다. 하지만 오늘날 마케터들 대부분은 자신의 사명을 제대로 완수하지 못하고 있다. 그들은 소비자들의 욕망과 생각을 정확하게 읽어내지 못하고 있다. 비즈니스 전문가들은 지금까지 우리가 살아왔던 풍요로운 시대에 대한 수많은 분석과 전망을 내놓았다. 하지만 이제 우리 사회는 그 시절의 기억으로부터 점점 멀어져 가고 있다. 쇼핑몰만 둘러보더라도, 우리는 이러한 변화를 피부로 느낄 수 있다.

로큰롤이 그랬던 것처럼, 마케팅도 최고의 인기를 구가하던 시절이 있었다. 어느 정도의 과장이나 허풍은 당연한 것쯤으로 여겨졌다. 표절도 별로 문제될 게 없었다. 전형적인 멜로디와 리듬만으로 비슷비슷한 노래를 만들고 나서 카리스마 넘치는 무대매너를 보여주기만 하면 관중들이 열광을 했던 것처럼, 마케터들은 특별한 아이디어 없이도 얼마든지 쉽게 소비자들을 끌어모을 수 있었다. 조금의 속임수는 그냥 애교로 넘길 수 있었다. 하지만 오늘날 록밴드들이 어려움을 겪고 있는 것과 똑같이, 마케터들도 힘든 나날을 보내고 있다. 특히 최근에 풍요의 시대가 급속히 저물어가면서, 소비자들은 더욱 신중하고 조심스러워졌다. 예전의 시끄럽고 화려한 마케팅은 더는 사람들을 설득하지 못하고 있다. 이제 마케터들은 남들과 비슷한 전략으로는 살아남을 수 없다는 사실을 뼈저리게 실감하고 있다.

이러한 인식은 앞으로 많은 사람들의 공감대를 형성해 나갈 것이다. 바로 이러한 이유로, 나는 이 책을 쓰기로 결심했다. 비즈니스 세계의 사람들은 이제 뭔가 '다른different' 것을 만들어내야 한다는 절실함으로 가득 차 있다. 이러한 차원에서 이 책의 목표는, 오늘날 비즈니스 세계가 필요로 하고 있는 것이 무엇인지, 그리고 앞으로 추구해 나가야 할 '다름difference'이란 과연 어떠한 것인지 살펴보는 일이 될 것이다.

이 책을 통해, 나는 동일함이 지배하는 세상에서 차별화의 존재를 발견해 내고자 한다. 이를 위해 새로운 모험에 도전하고 고정관념을 거부하는 혁신적인 기업 사례들을 살펴볼 것이다. 오늘날 비즈니스 세계에는, 도전적이고 창조적인 방식으로 브랜드를 구축해 나가는 용감무쌍한 기업들이 드물지만 분명히 존재하고 있다.

그보다 앞서, 나는 비즈니스 전문가, 그중에서 특히 기업의 마케터들이 그동안 고집해 왔던 고정관념들을 가장 먼저 내려놓아야 한다고 생각한다. 물론 이는 결코 말처럼 쉽지 않을 것이다. 수업시간에 학생들에게 강조하듯이, 배우는 것보다 잊어버리는 것이 더 힘들다는 사실을 나는 잘 알고 있다. 하지만 앞으로 새로운 소비문화를 만들어가고자 한다면, 그리고 비즈니스 세계의 미래를 열어가고자 한다면, 고정관념의 한계를 과감히 넘어서야만 한다.

작년에 둘째 아들이 2학년이 되었다. 그리고 형과 마찬가지로 매주 새로운 시를 숙제로 받아가지고 왔다. 나는 또다시 매일 밤 아들 앞에서 시를 낭독해야 했다. 말 그대로 나는 데자뷰 현상을 체험했다.

하지만 내 생각은 예전 같지 않았다. 시를 암송한다는 것은, 그 속에 담겨진 소중한 의미를 잃어버린 채 그냥 기계적으로 읊어대는 것에 불과하다는 것을 나는 이미 알고 있었던 것이다.

전문직 여성인 내 친구 얘기를 잠깐 해 보자. 그녀는 웬만한 경영서의 내용은 한 시간 정도면 충분히 전달할 수 있다고 주장한다. 그런 경험이 있는 사람들은 아마도 그녀의 말에 쉽게 동의할 것이다. 실제로 가볍게 읽을 수 있는 경영서들은 아주 많이 나와 있다. 그러한 책들은 지하철 노선도처럼 자세한 정보는 가능한 제외하고, 중요한 개념들만 압축해서 설명하는 형태를 취하고 있다.

그러나 압축에는 항상 손실이 따르기 마련이다. 예일 대학에서 정보전달을 연구하고 있는 에드워드 터프트Edward Tufte 교수는 「파워포인트의 인식유형The Cognitive Style of PowerPoint」이라는 논문을 통해, 프레젠테이션 프로그램을 사용할 때 발생하는 정보전달의 특성에 대해 논의하고 있다. 여기서 터프트 교수는 과잉단순화oversimplication와 형식적 표현의 문제점을 지적하고 있다. 만약 파티에 참석한 사람들이 모두 파워포인트를 사용해 얘기한다면, 정보를 전달하는 과정에서는 아무런 문제가 없겠지만, 파티에 와 있다는 느낌은 전혀 받지 못할 것이다.

대학생 시절, 나는 노벨물리학상 수상자인 리처드 파인만 Richard Feynman의 『파인만 씨, 농담도 잘하시네!Surely You're Joking, Mr. Feynman!』라는 책을 읽은 적이 있다. 이 책의 가장 큰 특징은, 일상과 강의 그리고 연구에 관한 흥미로운 에피소드들이 어찌 보면 두서없이 섞여 있다는 점이다. 하지만 저자는 분명 다양한 이야기들을 자유롭게 오가면서 일관적인 메시지를 조금씩 엮어나가고 있다. 책의 마지막 부분을 읽을 즈음, 독자들은 저자가 이 책에서 과학적 원칙의 허구성을 신랄하게 고발하고 있다는 사실을 깨닫게 된다.

파인만은 여기서 정보를 전달하는 두 가지 접근방식에 대해 얘기하고 있다. 첫째, '파워포인트적인 방식'이다. 파워포인트적인 방식은 세부적인 사항들을 계속적으로 제거해 나가서, 결국 그 핵심만 남기는 방식을 말한다. 두 번째는 이와 정반대의 접근방식이다. 이는 현상의 복잡성은 그대로 놓아두고, 관찰자의 시선만 이동시키는 '시선 바꾸기' 방식이다. 시선 바꾸기 방식은 세부적인 정보를 제거해 나가는 것이 아니라, 계속해서 새로운 차원으로 관점을 이동하면서 새롭게 해석을 시도하는 방식을 말한다. 이 책에서 파인만은 후자의 방식을 선택한다. 그는 이러한 접근방식을 바탕으로 다양한 일상적인 에피소드들을 하나씩 기워나가면서 커다란 융단 하나를 완성하고 있다. 파인만은 정말로 수많은 천조각들을 가지고 화려하고 치밀하고 완벽한 작품 하나를 만들어낸 것이다. 파인만은 언젠가 꼭 한 번 저녁을 함께하고 싶은 마음을 갖게 만드는 사람이다!

터프트와 파인만의 책 이외에도, 나는 여러 다른 책들로부터 이 책을 써나가기 위한 접근방식에 대한 다양한 아이디어를 얻을 수 있었다. 그중에서 의사이자 저자인 아툴 가완디Atul Gawande가 쓴, 미국 의료 시스템에 관한 두 권의 책을 들 수 있다. 이 책들은 모두 조합과 숙성의 과정을 거쳐 이루어졌다. 가완디는 개인적인 부분과 전문적인 부분을 동시에 다루고 있다. 그리고 어떤 때는 차분하게, 또 다른 때는 열정적으로 자신의 주장을 펼쳐 나간다. 나는 가완디의 책을 통해 미국의 의료 시스템을 예전과는 전혀 다른 눈으로 바라보게 되었다. 다음으로 존 스틸고John Stilgoe 교수의 『외면에 마술이 존재한다Outside Lies Magic』라는 책을 들 수 있다. 나는 이 책을 읽고 나서, 현대건축에 대해 지금까지 가지고 있었던 생각들을 완전히 바꾸게 되었다. 그리고 대학원 시절에 읽었던 돈 노먼Don Norman의 『일상용품 디자인The Design of Everyday Things』이라는 책을 통해, 기술과 기능에 대한 개념을 새롭게 바라볼 수 있었다.

위의 책들은 모두 저마다 서로 다른 접근방식을 사용하고 있다. 하지만 그래도 그 속에는 한 가지 공통점이 있다. 그것은 바로, 학문적인 주제를 일상생활 속으로 끌어들였다는 점이다. 그들은 학문적인 내용들을 단순화하려는 시도를 결코 하지 않았다. 오히려 이를 더 풍부하고 생동감 넘치게 표현하고자 했다. 이들이 자신의 전문 분야를 설명하는 방식은, 미국의 저널리스트인 캘빈 트릴린Calvin Trillin이 음식에 대해 설명하는 방식을 떠올리게 한다. 다시 말해, 의료 시스템, 건축, 과학기술 분야에서 이들 모두는 자신들의 전문 분야가 더 큰 세상의 일부라고 생각하고 있다. 이들이 쓴 책은 얼핏 보기에 일상적인 이야기들을 두서없이 늘어놓고 있는 것처럼 보이지만, 그들은 결국 분명한 하나의 메시지를 독자들에게 전달하고 있다. 그 과정에서 이들은 특히 현학적인 표현의 비효율성에 각별히 주의하고 있다. 독특한 방식으로 자신의 이야기를 풀어 나가는 그들의 모습을 지켜보고 있노라면, 자신의 주장이 참이면서 동시에 거짓일 수 있다는 사실을 암묵적으로 인정하고 있다는 생각이 든다.

이들의 책은 독자들에게 빛나는 영감을 가져다준다. 저자들은 자신들이 최종적으로 제시하는 결론과 정확하게 맞아떨어지지 않는 다양한 이야기들을 늘어놓고 있지만, 그게 전부는 아니다. 이들 모두는 철저하게 다양한 이야기들 속에서 핵심적인 교훈을 끄집어 내고 있다. 이들의 날카로운 눈은 자갈밭에서 옥석을 가려낸다. 보석을 발견하는 순간, 그들은 집요하게 파헤친다. 그리고 마침내 발견한 진실을 독자들이 쉽게 이해할 수 있도록 자세하고 풍부하게 설명한다. 만약 학문이라는 것이 대화의 형식으로 존재해야만 한다면, 이들은 분명 가장 유능한 학자로 추앙을 받게 될 것이다. 이들은 모두 우리에게 낯선 어휘의 그물들을 과감하게 던지면서, 진리의 물고기를 힘차게 몰고 나가는 타고난 이야기꾼들이다.

오늘날 비즈니스 세계에서 마케팅은 배경음악과 같은 존재가 되었다. 소비하고 욕망하고 사랑하고 미워하는 인간의 모든 활동들 속에서, 마케팅은 이제 리듬과 패턴을 만들어내고 있다. 하지만 과거에 시장을 바라보았던 일차원적인 접근방식으로는 이러한 마케팅의 존재를 이해할 수가 없다. 그렇기 때문에 나는 이 책에서 입체적인 접근방식을 취하고 있다. 그리고 모순적인 개념들을 조금은 복잡한 방식으로 묘사하고 있다. 그렇지만 오늘날 우리가 살아가고 있는 세상을 이해하기 위해서는 어쩔 수 없는 선택이었음을 이해해 주기 바란다.

나는 학생들에게 마케팅이란 '기업'과 '실제의 사람'이 만나는 공간에서만 기능을 하는 것이라고 강조한다. 하지만 여기서 문제는, '실제의 사람'들은 기업들과 전혀 다른 방식으로 세상을 바라보고 있다는 사실이다. 현실 속의 사람들은 절대로 분명한 목표의식을 가지고 이야기를 하지 않는다. 그리고 그들을 둘러싸고 있는 환경을 알고리즘이나 생산공정으로 분석하지 않는다. 현실 속의 소비자들은 비즈니스 세계를 하나의 유기체로 이해한다. 그렇기 때문에 실제의 사람들이 가지고 있는 생각은 독특하고 복잡하고 모순적이고, 그리고 예측하기가 어려운 것이다.

이 책에서 나는 바로 현실 속의 소비자들이 가지고 있는 사고방식과 태도를 있는 그대로 바라보고자 한다. 그렇기 때문에 나의 이야기는 조금은 복잡하고 혼란스러울 수 있을 것이다. 하지만 바로 이러한 이유로 더욱 창조적일 수 있으며, 또한 그 속에서 여러분은 친숙함을 느낄 수 있을 것이다. 나는 이러한 접근방식이 분명 의미 있는 작업이라고 생각한다. 우리의 일상적인 생각과 행동들은 결코 논리적으로 이루어져 있지 않다. 일상 속의 생각들은 복잡하면서 앞뒤가 맞지 않는다. 그렇기 때문에 우리의 인생과 마찬가지로, 비즈니스 세계의 진실 역시 복잡하고 모순투성이인 길을 걸어가지 않고서는 발견할 수 없는 법이다.

마지막으로, 한 학생이 내 수업에 대해 했던 말을 소개한다. "교수님의 강의가 다른 수업들과 다른 점은, 너무나 인간적이라는 것입니다. 교수님의 강의는, 경영학 수업을 가장한, '우리' 자신을 위한 강의입니다."

나는 이 책 또한 마찬가지라고 생각한다. 『디퍼런트』는 경영서를 가장한, 바로 '우리' 자신을 위한 지침서이다.

목차

머리말
동일함이 지배하는 세상에서 살아남기 • 5

들어가는 글
왜 남들과 달라야 하는가? • 21

제품의 차이는 며느리도 몰라! | 카테고리 전문가 | 경쟁할수록 평범해지는 이유 | 브랜드 경쟁력의 약화 | 기업들의 꼬리잡기 놀이 | 비즈니스 아웃사이더들의 등장 | 남들과 달라지는 첫걸음

제1부 경쟁하는 무리들

chapter 1 경쟁의 본능
경쟁에 대해서 우리가 잘못 알고 있는 것들 • 43

평가 좋아하다가 본전도 못 찾는 이유 | 시장조사를 멀리한 기업이 1등이 되는 이유 | 스타벅스와 맥도날드가 비슷해지는 이유 | 무리 따라 이동하는 철새 vs. 차선을 요리조리 바꾸는 운전자 | 노련한 경영자일수록 함정에 잘 빠지는 이유 | 길이 없을 때 길이 보인다

chapter 2 진화의 역설
사람의 심리에 대해서 우리가 잘못 알고 있는 것들 • 71

바뀌는 것과 변하지 않는 것 | 진보가 무조건 좋은 건 아니다? | 제품 진화의 패러다임 | 사람들은 기업의 노력에 별 관심이 없다 | 복권당첨자들이 행복하지 못한 이유 |

브랜드 차별화가 어려워지는 이유 | 보스와 피지 | 질레트와 코카콜라 | 치열한 경쟁에서 남는 것은 오직 자기파괴뿐이다

chapter 3 카테고리 평준화
소비에 대해서 우리가 잘못 알고 있는 것들 • 98

소셜 네트워크에서 소비는 개인을 드러내는 무기다 | 까다로운 소비자를 공략하라 | 브랜드 충성도가 감소하는 이유 | 밀러, 쿠어스, 버드와이저는 그냥 맥주일 뿐이다 | 소비의 5가지 유형

chapter 4 경쟁 무리에서 탈출하는 방법
'다른' 아이디어가 '다른' 세상을 지배한다 • 121

고정관념 뒤엎기, 엉뚱한 가치를 선보여라 | 아이디어 브랜드, 무리를 벗어나 혼자만의 길을 가라 | 창조적 파괴, 미래의 시장을 만들어라

제2부 경쟁은 없다

chapter 5 역 브랜드
거대한 흐름에 맞서라 • 135

구글과 젯블루, 후발주자가 1등 기업을 뒤집는 비결 | 많이 주는 것보다 적게 주는 게 사람을 사로잡는 이유 | 친절할수록 손님이 도망가는 이유 | 이케아, 불친절한 브랜드가 뜨는 이유 | 거꾸로 가는 전략 | 인앤아웃 버거, 소비자 스스로 찾아오게 하라 | '더'가 지배하는 세상에서 사람들은 '덜'을 원한다 | 역 브랜드들의 과제

chapter6 일탈 브랜드
소비자들의 심리를 변화시켜라 • 159

소니의 마케팅 전략 | 소비자의 심리는 불합리하다는 것을 명심하라 | 아이보, 단점을 장점으로 바꾸는 비결 | 킴벌리, 이건 기저귀가 아닙니다 | 태양의 서커스단과 스와치, 차별화된 포지셔닝의 비밀 | 소비자들의 고정관념에 돌을 던져라 | 알레시, 신기하고 낯선 아이디어가 먹히는 이유 | 카테고리의 경계를 무력화시켜라 | 아이디어 브랜드가 시장을 바꾸는 방법

chapter7 적대 브랜드
고객은 왕이 아니다? • 187

따뜻한 이미지 광고가 안 먹히는 이유 | 적대적인 마케터가 뜨는 이유 | 광고들의 흔한 시나리오 | 미니쿠퍼, 뻔뻔하고 도도한 마케팅 | 레드불·마마이트·버켄스탁 어글리, 싫으면 그냥 떠나세요 | 소비자를 적으로 만드는 전략 | 베이딩 에이프, 당신한테는 안 팔아 | 홀리스터, 손님을 푸대접하라 | 그래도 난 이게 더 좋아 | 베네통, 공포감을 주는 광고 전략 | 오만한 브랜드

chapter8 디퍼런스
승자의 최고 전략 • 216

친숙함이 가져다주는 부작용 | 너무 익숙하면 지는 거다 | 치열한 경쟁의 결과는? 도토리 키재기 | 애플, 마니아를 몰고 다니는 이유 | 할리 데이비슨, 유행에 거슬러 유행 만들기 | 도브, 슈퍼 모델보다 아름다운 내 아내 | 차별화, 다시 생각하기 | 진정한 차별화, 쟤 도대체 왜 저러니? | 젊음을 유지하는 비결

제3부 미래의 비즈니스

chapter 9 거꾸로 읽는 경영학
시장을 주도하는 사람의 세상 경영법 • 243

2%의 아이디어가 세상을 움직인다 | 비슷하면 지는 거다 | 자료에 집착하지 마라 | 혁신의 세 가지 방법 | 모든 아이디어에는 이유가 있다 | 시장을 믿지 마라 | 인간을 이해하라

chapter 10 미래의 아이디어 브랜드
차별화는 전술이 아니라 새로운 생각의 틀이다 • 266

희귀한 가치의 제안 | 거대한 아이디어의 실천 | 인간적인 숨결

부록
아이디어 브랜드 사례연구 • 275

감사의 글 • 311

옮긴이의 글 • 316

찾아보기 • 319

들어가는 글
왜 남들과 달라야 하는가?

여러분은 지금 대형 할인마트의 시리얼 코너 앞에 서 있다. 지금 여러분이 해야 할 일은, 여태까지 한 번도 먹어보지 않은 새로운 시리얼 하나를 선택하는 것이다. 어떻게 해야 할까?

여러분이 아침 식사로 시리얼을 즐겨 먹는 편이라면 그다지 어렵지 않을 것이다. 시리얼 제품들을 한 번 쭉 둘러보고 나서, 예전에 먹어본 제품이나 어린이용, 혹은 설탕이 너무 많이 든 제품들을 목록에서 제외한다. 그리고 그래놀라나 식이성 섬유 등 특정한 요소가 포함된 제품들로 다시 한 번 걸러 낸다. 그러고 나면 6~7개의 후보가 남는다. 마지막으로 건포도가 들어 있거나 포장이 별로인 제품들을 제외하고 나면, 여러분의 장바구니엔 최종적으로 선택을 받은 시리얼 제품 하나가 들어가게 될 것이다.

이 기나긴 작업은 사실 몇 분이면 충분하다. 물론 가격에 지나치게 신경을 쓰는 사람이라면 조금 더 오래 걸릴 수도 있을 것이다.

어쨌든 시리얼을 선택하는 과정에서 생각해 보아야 할 점은, 여러분이 최종 제품에 접근해 들어가는 방식이다. 여기서 여러분은 수많은 시리얼 기업에서 일하고 있는 마케터들이 설정해 놓은 제품 카테고리를 자신의 기준대로 해체하고 다시 조합한다. 전체 시리얼 카테고리를 여러분만의 고유한 기준을 가지고 다시 다양한 하위 카테고리들로 세분화한다. 이러한 방식으로 여러분은 모든 시리얼 제품들을 분류하고 재배치한다. 그리고 이를 바탕으로 제품들의 특성을 비교하고 차이를 분석한다. 이러한 전체 과정을 통해, 여러분은 카테고리 전문가의 시선으로 매장에 있는 모든 시리얼 제품들을 연구하고 있는 셈이다.

 그런데 갑자기 여러분 앞에 화성인이 나타났다. 이 화성인 역시 여러분과 마찬가지로 최고의 시리얼 제품 하나를 고르려 하고 있다. 하지만 수백 가지가 넘는 시리얼 매대 앞에 선 화성인의 표정에는 당황한 기색이 역력하다. 인간들보다 더욱 뛰어난 두뇌를 가지고 있지만, 한참이나 결정을 내리지 못하고 복도를 서성이고만 있다. 이 가엾은 외계인에게 시리얼 제품들은 모두 비슷비슷해 보이는 것이다.

 그 이유는 무엇일까? 그것은 전문가들에게 분명하게 드러나는 차이점이, 초보자들에게는 하나도 보이지 않기 때문이다. 전문가들은 특정한 필터를 통해 수많은 제품들을 신속하게 분류해 낼 수 있는 반면, 초보자들에겐 필터가 아예 없다. 전문가들은 직관적으로 제품들을 검색하는 반면, 초보자들은 어디서 시작해야 할지 갈

피조차 잡지 못한다. 초보자들에게 쇼핑은 단순한 구매 행위라기보다, 고도의 지적 활동인 것이다.

사실 우리는 화성인을 만나는 경험을 종종 하게 된다. 가령 어르신들에게 여러 가지 치약 브랜드의 차이점에 대해 설명을 하거나, 어린이에게 혼다와 도요타의 차이에 대해 얘기를 할 때 그러한 느낌을 경험하게 된다. 나는 예전에 다양한 신발 브랜드를 한곳에 모아놓고 판매하는 '풋라커Foot Locker'라는 대형매장을 남편과 함께 들른 적이 있었다. 너무나도 다양한 신발 브랜드에 압도된 나머지, 나는 매장 한구석에 그냥 쭈그리고 앉아 있을 수밖에 없었다. 하지만 내 남편은 포도주를 고르는 소믈리에처럼 매장 곳곳을 쉴 새 없이 돌아다니면서 신발들을 감상했다. 신발이라고 하는 카테고리에서 남편은 전문가였던 반면, 나는 완전 초보자였던 것이다.

제품의 차이는 며느리도 몰라!

외국에 나가게 되면, 나는 그 나라의 소비문화를 파악해 볼 목적으로 비누, 식품, 신발 등 일상적인 용품들을 판매하는 매장에 종종 들어가 본다. 하지만 거기서 사람들이 물건을 고르는 모습을 보면, 마치 건초더미에서 바늘을 찾아내는 것 같은 느낌을 받는다. 이는 아마도 대형마트에서 사람들이 시리얼을 고르는 모습을 보는 화성인의 느낌과도 흡사할 것이다. 마트를 누비는 주민들은 내가 보기엔 도무지 구분이 되질 않는 다양한 브랜드 속에서 너무나도 빠르고 쉽게 자신들이 살 것을 골라낸다. 그들은 특정한 기준을 통해 최종 제품을 결정한다. 넘쳐나는 브랜드의 바다 속에서 그들은 아무런 어려움 없이 제품들을 선택한다.

이러한 능력은 성숙한 시장에서 더욱 진가를 발휘한다. 생긴 지 얼마 되지 않는 카테고리의 경우, 일반적으로 몇몇 소수의 브랜드들이 시장을 장악하고 있기 때문에, 제품들을 살펴보고 판단하기는 그리 어렵지 않다. 가령 에너지바, 휴대용 CD 플레이어, 콜라 시장이 처음 등장했을 때, 소비자들은 기껏해야 3~4개의 브랜드들 중 하나만 골라내면 되었다. 하지만 시간이 흐르면서 카테고리 내부는 더욱 복잡해진다. 에너지바 시장의 경우, 현재 60여 개의 브랜드들이 진출해 있으며, 그중 파워바PowerBar라는 브랜드 하나만 해도 40개가 넘는 제품이 나와 있다. 소니는 워크맨이라는 브랜드로 무려 200개가 넘는 제품을 출시했으며, 오늘날 음악 플레이어 시장에서는 100개가 넘는 브랜드들이 경쟁을 벌이고 있다. 특정 카테고리에 얼마나 많은 브랜드 및 제품이 출시되어 있는지를 살펴보면, 그 시장이 얼마나 성숙해 있는지를 알 수 있다.

제품 카테고리의 진화

하지만 카테고리가 성숙한다고 해서 다양성이 확보되는 것은 아니다. 오히려 그 반대다. 카테고리가 성숙할수록, 즉 카테고리 내 브랜드와 제품의 수가 증가할수록, 제품들 간의 차이는 점점 좁아지다가, 나중에는 구별하기가 힘든 지경에 이른다. 정말 그럴까? 못 믿겠다면, 우리에게 친숙한 비누, 시리얼, 신발 등 성숙한 카테고리를 하나 정해서, 그 카테고리 속의 제품 사이에서 차이점들을 찾아보자. 물론 여러분들은 여러 가지 차이점을 발견해 낼 수 있을 것이다. 하지만 여러분이 찾아낸 차이점들은 대부분 지극히 사소한 것에 불과할 것이다. 이를 다른 방식으로 표현해 보자면, '카테고리가 성숙해 나감에 따라 제품들은 이종heterogeneity의 단계에서 동종homogeneity의 단계로 진화해 나간다'고 할 수 있다. 그렇다고 해서 제품들 사이의 차이가 완전히 사라진다는 의미는 아니다. 그 차이의 경계가 점점 희미해진다는 뜻이다. 가령 파랑과 빨강의 차이에서 청록과 남색의 차이로 변해 간다는 뜻이다.

이종의 단계에서 동종의 단계로 나아갈수록, 그 카테고리 내에서는 문제점이 나타나기 시작한다. 그것은 바로, 오직 전문가들만이 제품들 간의 차이점을 인식할 수 있다는 사실이다.

카테고리 전문가

여러 가지 측면에서 카테고리에 대한 전문지식은 언어와 비슷하다. 하나의 문화를 깊숙이 이해하기 위해서는 거기서 사용되는 언어를 알아야 하듯이, 하나의 카테고리를 이해하기 위해서는 거기서 통용되는 전문지식을 갖고 있어야 한다. 그렇기 때문에 카테고리 초보자들은 아무리 제품들을 비교해 보아도 미묘한 차이점을 발견해 내지 못하는 것이다. 전문적인 지식이 없는 사람들은 그 카테고리에서 아웃사이더에 불과할 뿐이다.

카테고리의 전문지식을 가장 빨리 습득하는 방법은, 그 카테고리에 빠져 보는 것이다. 만약 날마다 추석이라면, 우리 모두는 아마도 잔치 음식의 전문가가 될 것이다.

만약 여러분이 어떤 카테고리를 어릴 적부터 경험했다면, 보다 수월하게 전문가의 반열에 오를 수 있을 것이다. 그 이유는, 일반적으로 대부분의 카테고리들은 점진적인 형태로 진화하기 때문이다. 휴대전화를 예로 들어보자. 휴대전화는 가장 먼저 통화를 하는 기계로부터 시작하여, 문자메시지를 보내고, 사진을 찍고, 동영상을 촬영하는 기능으로까지 발전했다. 여러분이 오래전부터 휴대전화를 사용하면서 진화의 과정을 체험했다면, 지금은 자연스럽게 휴대전화 카테고리 전문가가 되어 있을 것이다. 카테고리가 성숙하고 진화하면서, 여러분도 함께 카테고리 전문가로 진화하게 되는 것이다.

이와는 반대로, 카테고리가 완전히 진화한 시점에서 그 전체 과정을 한 번에 따라잡고자 한다면 많은 어려움을 겪게 될 것이다. 가령, 어느 날 갑자기 주방장이 되었다고 생각을 해 보자. 그러면 여러분은 요리를 배우는 것과 동시에, 다양한 주방기구들 사이의 미묘한 기능적 차이도 함께 공부해야 할 것이다. 또한 다양한 조미

료들의 맛의 차이도 하나하나 익혀 나가야 할 것이다. 그 과정에서 물론 배움의 기쁨을 느낄 수도 있겠지만, 스트레스도 엄청 받을 것이다. 그리고 카테고리 전문가 수준에 이르기까지 상당 시간이 걸릴 것이다.

카테고리가 계속해서 진화를 해 나간다고 하더라도, 전문가들은 쉽게 그 차이점을 인식하고, 각각의 제품들을 쉽게 분류할 수 있다. 이러한 의미에서 카테고리 전문가란 제품들을 분류할 수 있는 자기만의 필터를 가지고 있는 사람을 말하는 것이다. 내 친구 중에는 필기구 전문가가 한 명 있다. 그녀는 미식가가 저녁 메뉴를 고르듯 신중하게 펜을 고른다. 연필을 하나 사는 데도 30분은 기본이다. 또한 내 이웃 중에는 노트북 카테고리 전문가도 있다. 오랜 기간 출장을 다니면서 그는 자연스럽게 노트북 전문가가 된 것이다. 그는 노트북을 고를 때, 성능, 중량, 배터리 수명 등의 요소를 놓고 철저하게 다양한 브랜드 제품들을 비교, 분석한다.

카테고리 전문가는 또한 이상적인 소비자이기도 하다. 그들은 카테고리 속에서 다양한 제품들에 관한 정보를 수집하고, 이를 분석하고 분류한다. 가령, 카메라 카테고리 전문가들은 캐논의 EOS 40D와 니콘의 D90의 장단점들을 면밀히 비교, 분석한다. 그리고 세제 전문가들은 2x 울트라 타이드와 울트라 퓨렉스 파우더의 차이를 철저히 검토한다. 제품을 살 때, 이들은 이러한 정보와 자신의 직관을 총동원하여 결정을 내린다. 그리고 카테고리 전문가들은 오랜 시간에 걸쳐 다양한 정보를 쌓아나가기 때문에, 그들 대부분은 카테고리에 대해서 강한 애착을 갖고 있다. 이러한 점에서 카테고리 전문가는 또한 카테고리 마니아이기도 하다.

경쟁할수록 평범해지는 이유

하지만 카테고리 전문가라고 해서 항상 모든 게 쉬운 것은 아니다. 카테고리가 극단적으로 진화하면, 카테고리 전문가들마저도 제품들 간의 차이를 구별해 내는 것이 힘들어진다. 이는 언어학자라고 해서 유사어들 간의 차이를 언제나 명확하게 집어낼 수는 없는 것과 같은 것이다.

살아가는 동안 우리는 참으로 다양한 카테고리들을 만나게 되고, 그 세계를 이해하기 위해 노력을 해야만 한다. 노트북 카테고리 전문가인 내 이웃은 새 노트북을 장만할 때, 각 제품들의 가격, 중량, 성능을 철저하게 비교하고, 그중에서 최고의 것을 선택한다. 나도 예전에 노트북 하나를 장만할 때, 노트북 카테고리에 조금 관심을 가졌었다. 하지만 지금은 그나마도 모두 잊어버렸다. 사실 요즘 나온 노트북들은 모두 비슷비슷하게 좋아 보인다. 마찬가지로 한때는 용량과 기능을 중심으로 주방세제를 까다롭게 고른 적도 있었다. 하지만 최근에 나온 제품들을 보면 뭐가 다른지 도무지 알 수가 없다.

열성적인 소비자들마저도 카테고리 내부의 제품들을 비교하는 과정에서 유효한 차이점을 발견해 내지 못하는 단계에 접어들었다면, 그 카테고리는 극단적인 진화의 단계에 도착한 것이다. 그러한 경우, 소비자들은 아주 단순한 기준으로 제품을 선택하게 된다. 가령 주부들은 가격이 제일 싼 세제를 고르고, 노트북 마니아들은 가장 최근에 출시된 모델을 선택하는 것이다. 카테고리의 라이프사이클에서 이 단계는 아주 중대한 시점에 해당한다. 이 시점을 시작으로 제품들 간의 미묘한 차이를 느끼는 소비자들의 비중은 더욱 급격하게 줄어드는 반면, 모든 제품들이 비슷비슷하다고 생각하는 소비자들의 비중은 급격하게 증가하게 된다.

어떤 카테고리가 이 시점을 지났다면, 시장을 바라보는 태도를 기준으로 우리는 소비자들을 여러 계층으로 나누어볼 수 있다. 이 접근방식에 대해서는 차후에 자세하게 소개하도록 하고, 여기서는 카테고리 내 소비자들을 전문가, 기회주의자, 실용주의자, 냉소주의자, 그리고 브랜드 로열리스트로 나눌 수 있다는 점만 언급하고 넘어가기로 하자. 다만 여기서 짚고 넘어가야 할 사실은, 카테고리 전문가들도 시장이 진화함에 따라 수동주의자나 냉소주의자로 얼마든지 넘어갈 수 있다는 점이다.

브랜드 경쟁력의 약화

아이러니하게도 진화는 카테고리의 성장에 치명적인 악영향을 미칠 수 있다. 그 이유는 무엇일까? 그것은 카테고리의 진화가 기업의 경쟁력을 계속해서 갉아먹기 때문이다. 여기서 기업의 경쟁력이란 차별화를 의미한다. 비즈니스 세계에는 "차별화하거나, 아님 죽거나."라는 격언이 있다. 카테고리가 진화를 거듭할수록, 제품들 간에 차이를 인식하기가 점점 더 힘들어지고, 이는 곧 브랜드의 경쟁력 약화로 이어진다.

제품들이 모두 비슷비슷해지고, 그리고 이에 따라 소비자들이 혼란을 느끼는 순간, 그 카테고리는 진화의 마지막 단계에 이른 것이다. 마지막 단계에서 전문가가 계속해서 전문가로 남아 있으려면, 지극히 미묘한 차이까지도 인식하기 위한 능력을 갈고닦아야 한다. 아주 드물게 이러한 사람들을 우리 주변에서 발견할 수 있다. 그들은 자신들이 매일 쓰고 있는 양말이나 섬유유연제의 종류와 특성에 대해 지나치게 잘 알고 있으며, 그러한 지식을 쌓아나간다는 사실에 큰 의미를 부여하고 있다. 일반적인 소비자들이 가격이 싼 제품만 찾을 때에도, 이들은 특정 브랜드에 대한 고집을 버리지 않는다. 그들은 다른 사람들이 하찮게 여기는 부분에 대해 깊은 관심을 가지고 있다는 사실을 적극적으로 드러낸다. 하지만 대부분의 소비자들은 이들의 특별한 열정을 괴팍하고 비정상적인 것으로 받아들인다. 이러한 모습이 카테고리 속에서 분명하게 나타날 때, 그 카테고리 속의 기업들은 중대한 위기를 맞고 있는 것이다.

일반적인 소비자들의 눈에 열성적인 소비자들의 행동이 비정상적인 집착으로 보일 때, 그 카테고리는 '이종적 동종heterogeneous homogeneity'의 단계에 도달한 것이다. 이종적 동종 단계에서는 동일함이 차별화를 압도적으로 지배하고 있다. 그리고 차별화의 정도가 미약해질수록, 카테고리 전문가들은 점점 별종 취급을 받게 된다.

기업들의 꼬리잡기 놀이

비즈니스 세계에는 아무런 설명이 필요 없는 자명한 명제들이 있다. 가령, "싸게 사서 비싸게 판다.", "제일 중요한 것은 기업의 경쟁력을 파악하는 것이다.", "소비자의 말에 귀를 기울여야 한다." 등을 들 수 있다. 이 명제들은 오랜 지혜이자, 동시에 오늘날에도 성공을 위한 필수 덕목이라고 여겨지고 있다. 대부분의 기업들은 이 덕목들을 절대적인 지침으로 떠받들고 있다. 그렇기 때문에 만약 누군가가 이러한 덕목들이 쓸모없는 것이라고 비판을 한다면, 비즈니스 세계의 사람들은 아마도 그를 정신이 이상한 사람으로 여길 것이다.

하지만 절대적인 것처럼 보이는 덕목들이 하나의 미신이었다는 사실이 종종 드러나기도 한다. 이러한 경우를 농구의 역사를 통해 살펴보도록 하자. 1954-1955 시즌부터 미국의 NBA는 농구 경기의 박진감을 높이기 위해 '24초 룰'(공격 시작 후 24초 내에 슛을 해야 하는 규칙)을 도입했다. 당시 리드를 하고 있는 팀이 계속해서 드리블과 패스만 하면서 경기가 지루해지는 문제점에 대해 많은 비판이 일고 있었다. 하지만 24초 룰이 시작되면서 이야기는 달라졌다. NBA의 새로운 시도 덕분에 가장 큰 이익을 본 팀은 보스턴 셀틱스Boston Celtics였다. 보스턴의 성적은 24초 룰이 시작되면서 점차 좋아졌고, 결국 1956-1957 시즌에서는 우승까지 차지했다. 그들의 우승은 결코 우연이 아니었다. 그것은 당시 빌 러셀Bill Russel이 이끌던 셀틱스가 공격기술보다는 수비기술에 더욱 능한 팀이었기 때문이었다. 그 이후에도 셀틱스는 13년 동안 11번이나 챔피언십을 거머쥐었다. 24초 룰이 적용된 새로운 경기 환경에서는 수비기술이 뛰어난 팀이 유리하다는 사실을 셀틱스는 증명해 보였다.

그러나 24초 룰이 시작되기 전만 해도, 러셀을 주전 명단에서 제외하라는 비판의 목소리가 높았다. 셀틱스 팬들은 대부분 러셀이 농구의 가장 기본적인 전략을 무시하고 있다고 비판했다. 러셀과 같이 누군가가 갑자기 기존의 법칙들을 무시할 때, 사람들 대부분은 거기서 새로운 가능성을 발견하기보다, 예외적인 경우로 취급하려는 경향이 있다. 바로 이러한 이유로 혁신적인 개척자들은 대개 처음에는 대중들의 외면을 받게 된다.

하지만 분명 이러한 개척자들은 때로는 새로운 가능성을 우리들에게 제시하기도 한다. 그들은 기존의 패러다임을 뒤엎는 새로운 사고의 틀을 보여주기도 한다. 오늘날 농구팬이라면 누구든지 수비가 핵심 기술이며, 이것이 경기의 승패를 가르는 중요한 요소라는 사실을 인정하고 있다. 그렇다면 이러한 인식의 변화는 어떻게 일어나는 것일까? 가장 먼저, 예외적인 존재들이 하나둘 등장하기 시작한다. 그리고 이러한 흐름이 점차 가속화된다. 이에 따라 기존의 법칙들이 힘을 잃어가기 시작한다. 그리고 그것들이 결국 미신에 불과했다는 지적이 나타난다. 마지막으로 사람들은 기존의 법칙들이 단지 집단적인 사고, 또는 관념적인 유산에 불과했다는 것을 인정하게 된다.

이 과정에서 중요한 사실은, 진리와 미신의 경계가 시대에 따라 달라진다는 것이다. 1950년대 중반까지만 해도, NBA 경기에서 가장 중요한 요소는 공격기술이었다. 하지만 오늘날에는 거꾸로 수비기술이 더 중요해졌다. 이와 마찬가지로, 1960~1970년대에는 '새로 개선된'이라는 말들이 사람들의 영감을 자극했다. 하지만 오늘날에는 지극히 상투적인 표현이 되어버렸다. 이처럼 우리는 아침에 진실이었던 것이 저녁에 거짓으로 바뀌는 시대에 살고 있다. 진리와 미신은 시간에 따라 변화하기도 하면서, 동시에 나란히 공존하기도 한다. 그렇기 때문에 사람들은 혼란을 느끼는 것이다. 이러한 혼란은 비즈니스 세계에서도 마찬가지로 나타나고 있다. 과거의 진실이 서서히 힘을 잃어가고 있지만, 그럼에도 불구하고 아직까지는 강력한 힘을 발휘하고 있다.

오늘날 비즈니스 세계에서 이와 같은 혼란이 보편적으로 나타나고 있다. 가장 먼저, '경쟁을 통한 차별화competitive differentiation'의 허구성이 드러나고 있다는 사실을 들 수 있다. 대부분의 기업들은 치열하게 경쟁을 추구하다 보면 차별화는 자연스럽게 확보될 것이라고 믿고 있다. 그러나 상황은 정반대로 돌아가고 있다. 오늘날 기업들은 스스로를 경쟁자들과 구분할 수 있는 의미 있는 차별화를 만들어나가기 위해 최선을 다하고 있다. 하지만 기업들의 제품과 서비스는 점점 더 비슷해져만 가고 있다.

극단적인 성숙의 단계에 이른 카테고리 내에서는 동일화가 차별화를 압도한다. 카테고리 전문가들도 차별화를 발견하기가 어렵다. 수많은 제품들은 서로가 경쟁자라는 사실을 잊어버린 채, 한곳을 향해 나란히 달려가고 있다. 그리고 소비자들은 다양한 제품들을 하나의 덩어리로 인식해 버린다. 현재 미국의 통신시장에서는 버라이즌Verison과 AT&T가 치열한 각축을 벌이고 있다. 하지만 소비자들은 이 두 회사의 서비스가 어떻게 다른지 거의 모르고 있다. 만약 화성인들이 지금 지구에 내려온다면, 지구의 모든 기업들이 담합을 벌이고 있다고 의심할지도 모른다.

이러한 흐름은 우리 주변에서도 쉽게 확인할 수 있다. 시리얼, 휴대전화, 운동화 등 다양한 일상적인 카테고리들을 살펴보면, 브랜드들 모두 점차 그들만의 개성을 상실해 가고 있다는 사실을 쉽게 이해할 수 있다.

우리 아이들은 아주 어릴 적에 동네 친구들과 꼬리잡기라는 놀이를 즐겼다. 아이들은 꼬리잡기를 하는 동안 도망가고 쫓고 잡고 멈추고 가위바위보를 한다. 아이들이 꼬리잡기를 하는 모습을 지켜보면서, 나는 몇 가지 특이한 점을 발견할 수 있었다. 우선 나이, 성별, 달리기 실력과 관계없이 누구나 참여할 수 있다. 실력보다는 운이 많이 좌우하기 때문에, 덩치가 작은 아이들도 얼마든지 어울려 놀 수 있다. 한 판이 끝나면 한 명이 최종 승자가 되지만, 승자는 계속해서 바뀌게 되어 있다. 그리고 게임을 끝내는 공식적인 단계가 없기 때문에, 이론적으로 이 게임은 무한반복이 가능하다. 적어도 부모의 입장에서 볼 때 이 놀이의 최대 장점은, 아이들이 밖에서 오랫동안 뛰어놀 수 있고, 그리고 모든 아이들이 골고루 돌아가면서 승리의 기쁨을 맛볼 수 있다는 것이다.

오늘날 실제로 대부분의 기업들이 빠져 있는 것이 바로 이 꼬리잡기 놀이이다. 1부에서 우리는 치열한 경쟁이 차별화를 약화시키고 있다는 점을 살펴보게 될 것이다. 그리고 경쟁관계로 얽혀 있는 수많은 기업들이 서로를 모방하는, 그래서 유효한 차이점을 만들어내지 못하는 그저 그런 제품들만을 쏟아내고 있는 현실에 대해서도 살펴볼 것이다. 오늘날 기업들은 점점 '차별화의 대가'가 아니라 '모방의 대가'가 되어가고 있다. 더욱더 비관적인 것은, 자신들이 지금 만들어내고 있는 미묘한 차이들을 지나치게 과대평가한 나머지, 끊임없이 차별화를 추구하고 있다는 착각에 빠져 있다는 사실이다. 벌거벗은 임금님 혼자 자신이 멋진 옷을 입고 있다고 믿고 있는 것이다.

비즈니스 아웃사이더들의 등장

물론 이 책의 이야기가 이렇게 슬프게 끝나는 것은 아니다. 2부는 희망적이다.

비즈니스의 지평이 이동하면서 그동안의 진리가 허물어질 조짐이 보일 때, 미신을 포기하고 현실을 직시하려는 움직임이 나타난다. 지난 20년 동안 비즈니스 세계에서 벌어진 가장 거대한 변화를 꼽으라면, 기존의 법칙에 도전하는 아웃사이더들의 등장이라고 말하고 싶다. 1950년대 셀틱스가 일구어냈던 승리가, 이제 비즈니스 세계에서 나타나고 있는 것이다. 아웃사이더들의 등장으로 오늘날 비즈니스 세계는 지각변동을 일으키고 있다. 그리고 새로운 진리가 점차 미신을 대체해 나가기 시작했다.

이러한 아웃사이더들을 집중 조명함으로써, 우리는 오늘날 비즈니스 세계에서 벌어지고 있는 변화의 흐름을 보다 분명하게 이해할 수 있을 것이다. 이는 분명 의미 있는 작업이 될 것이다. 하지만 아직까지 이러한 작업의 중요성이 제대로 인정받지 못하고 있는 듯하다. 교육을 받으면 누구나 소설을 쓰고, 그림을 그리고, 음악을 작곡할 수 있다. 그러나 기존의 한계에만 머무른다면, 결코 그 분야에서 명성을 날릴 수 없다. 문학, 미술, 음악의 세계에서 역사적으로 이름을 날렸던 인물들은 기존의 한계를 끊임없이 파괴하려는 시도를 했던 사람들이다. 그러한 대가들의 삶을 거시적인 관점으로 살펴보면, 그들이 당시의 한계들을 잘 이해하고 있었으며, 동시에 이를 하루빨리 깨 버리고자 하는 사명감을 지니고 있었다는 사실을 확인하게 된다. 다시 말해 한 분야의 대가들은 당시 사람들이 모두 진리라고 믿고 있었던 것이 미신이었음을 선언한 아웃사이더였던 것이다.

이러한 모습은 비즈니스 세계에서도 마찬가지다. 안타깝게도 오늘날 진정한 차별화를 통해 소비자들에게 감동을 안겨 주는 기업들은 찾아보기가 대단히 어렵다. 하지만 지극히 소수의 아웃사이더들이 등장하여 지금 비즈니스 세계가 떠받들고 있는 원칙들이 미신에 불과하다고 고발하고 있다. 바로 이러한 모습을 우리는 2부에서 중점적으로 살펴보게 될 것이다. 결론적으로 1부에서는 다분히 비판적인 시선으로 오늘날의 비즈니스 세계를 바라보고 있다면, 2부에서는 우상을 파괴하고 새로운 비즈니스 비전을 제시해 나가는 아웃사이더들의 긍정적인 행보를 조망하고 있는 것이다.

물론 이러한 낙관주의에는 언제나 위험이 도사리고 있다는 것을 나도 잘 알고 있다. 아웃사이더들에 대한 칭송이 자칫하다가는 모든 이단자들을 영웅으로 떠받드는 무모함으로 이어질 수 있기 때문이다. 의류, 언론, 엔터테인먼트 산업은 물론, 최근 학계에서도 우상파괴자를 숭배하는 유행이 나타나고 있다. 하지만 여기서 내가 분명히 밝혀 두고 싶은 점은, 우상을 파괴하고 미신을 타파함으로써 우리 사회에 이익을 가져다주었다는 것만으로 아웃사이더들에게 무작정 승리의 왕관을 씌워주지는 않을 것이라는 사실이다.

남들과 달라지는 첫걸음

여기서 또 한 가지 밝히고 싶은 것이 있다. 그것은 이 책의 목적이 절대 구체적인 실천방안을 제시하는 것이 아니라는 점이다. 어찌 보면 의도적으로 그러한 부분을 제외시켜 버렸다고 해도 과언이 아닐 것이다. 그 이유는, 아무리 다양한 실천적인 방법들을 제시한다고 해도, 그것을 받아들이고 이를 실행에 옮기는 독자는 거의 없을 것이라는 현실적인 한계를 나는 경험을 통해 잘 알고 있기 때문이다. 그리고 지금 이 순간 비즈니스 세계에서 살아가고 있는 사람들에게 가장 필요한 것은 구체적인 실천방법을 제시하는 것이 아니라, 신선한 통찰력을 보여주는 것이라는 사실 또한 잘 알고 있기 때문이다. 이러한 생각을 바탕으로 3부에서는 새로운 시각으로 오늘날의 경쟁 환경을 둘러보고, 차별화의 개념을 보다 심층적으로 파헤쳐 보고 있다.

이 책을 쓰는 과정에서 가장 힘들었던 부분은, 오늘날 비즈니스 세계의 주류를 이루고 있는 많은 학자들 및 전문가들에게, "기존의 원칙들을 폐기하라!", "과거의 지혜를 잊어버려라!", "사고의 틀을 파괴하라!", "과거를 버리고 미래를 바라보라!"고 선전포고를 해야만 한다는 사실이었다. 하지만 이렇게 목소리를 높여 외치고 난 뒤에도, 그동안 비즈니스 세계의 근간을 이루어왔던 원칙들을 과연 얼마나 허물어뜨려야 하는지 결정하는 것은 내겐 여전히 힘든 숙제로 남아 있다.

이제 이렇게 한번 상상해 보자. 우리는 지금 대형서점의 여행 코너에 있다. 여행서적들을 죽 둘러보다가, 크게 두 가지 유형의 책들이 있다는 사실을 알아챈다. 우선 『카리브 해 2010Fodor's Caribbean 2010』이나 『초보자를 위한 이탈리아 여행Italy for Dummies』, 『하루에 85달러 유럽여행Frommer's Europe from $85 a Day』과 같이 여행에 관한 구체적인 정보를 담고 있는 책자들이 주류를 이루고 있다. 이러한 종류의 여행서적들은 반드시 둘러봐야 할 곳들을 평점 순으로 알려 주고 있다.

하지만 그동안 이런 종류의 책들은 너무나 많이 봤다. 그래서 이번에는 보다 색다른 형태의 여행서적을 사기로 결심을 한다. 그러한 것들로 『빌 브라이슨의 발칙한 영국산책Notes from a Small Island』이라든가, 존 맥피John McPhee의 『그곳을 향하여Coming into the Country』, 폴 서룩스Paul Theroux의 『이 세상 끝까지To the Ends of the Earth』와 같은 책들이 눈에 들어온다. 여기서 저자들은 최근에 들렀던 영국 교외, 고생스러웠던 히말라야 등정, 정처 없이 걸었던 숲길에 대한 개인적인 느낌을 들려주고 있다. 그리고 단지 실용적인 정보를 전달하는 것이 이 책의 목적이 아니라는 사실을 저자들은 은연중에 강조하고 있다. 그리고 어디를 방문하고 무엇을 보느냐보다, 어떻게 느끼고 어떻게 보느냐가 더 중요하다는 사실에 대해 언급하고 있다. 내가 이 책을 통해 전달하고 싶은 메시지 역시, 이러한 책들과 크게 다르지 않다.

3부의 주제는 한마디로 "과정이 결과를 낳는다."라고 할 수 있다. 우리는 여기서 오늘날 치열한 경쟁 환경이 동일함과 유사성을 낳고 있는 현상을 살펴보고 있다. 이러한 환경 속에서 진정한 차별화를 추구하고자 한다면, 기업들은 완전히 새로운 접근방식을 선택해야 한다. 오늘날 비즈니스 세계는 새로운 사고방식과 원칙을 만들어 나가야 하는 중대한 시점에 서 있다. 기업들은 이제 새로운 경쟁 환경을 만들어나가야 한다. 동일함이 아니라 차별화의 수준을 한 단계 높일 수 있는 새로운 비즈니스 문화를 만들어야 하는 것이다.

그래서 나는 여러분을 새로운 비즈니스 세계로 안내하고자 한다. 여행을 하는 동안 우리는 조금은 헤맬 수도 있을 것이며, 가끔은 골치 아픈 학문적인 용어들과 부딪힐 수도 있을 것이다. 하지만 바로 이러한 과정을 거쳐, 분명 새롭고 신선한 깨달음과 만나게 될 것이다. 결론적으로 말해서, 이 책에서 가장 중요한 부분은, 내가 들려주는 구체적인 이야기가 아니라, 책을 읽는 동안 여러분의 머릿속에 떠오르게 될 획기적인 아이디어들이라고 할 수 있다.

제1부

경쟁하는 무리들

chapter 1 경쟁의 본능
경쟁에 대해서
우리가 잘못 알고 있는 것들

　초등학생 시절에 한 담임선생님은 우리들에게 항상 우유를 많이 마시라고 말씀하셨다. 그러면서 선생님은 우유가 지능개발에 좋다는 점을 강조하셨다. 언제나 배움을 중요하게 생각하시던 우리 선생님에게 지능개발은 가장 소중한 보물이었다.
　그런 선생님에게 우리는 종종 이렇게 물어보았다. "선생님, 지능이 뭐죠?" 그때마다 선생님은 매번 다른 대답을 들려주셨다.
　"지능이란 아기가 세상에 나와서 처음으로 하는 말이랍니다."
　"지능이란 오늘 아침 수학시간에 현주가 한 농담 같은 거예요."
　"지능이란 서로 손을 잡고 있는 삼형제예요."
　"지능은 노란색이랍니다."

하지만 우리들은 도대체 그게 무슨 말인지 알 수가 없었다. 그로부터 30년이 훌쩍 지나버린 지금, 나는 그때 선생님의 대답들을 가끔씩 떠올려 본다. 나는 선생님이 쉽고 간단하게 설명해 주기를 바랬다. 선생님은 우리의 질문에 언제나 상냥하게 대답해 주셨지만, 나는 그 말이 무슨 뜻인지 도무지 이해할 수 없었다. 솔직히 말하자면, 선생님의 그러한 설명방식에 좀 짜증이 났었던 것 같다.

하지만 지금의 나는 선생님의 심정을 충분히 이해한다. 그동안 나이를 먹으면서, 어떤 개념을 설명하는 일이 무척이나 어렵다는 사실을 깨닫게 되었기 때문이다. 자신의 생각을 정확하고 깊이 있게 전달하려고 노력할수록, 우리는 단어들을 더욱 효과적으로 선택하고 조합해야만 하는 숙제를 떠안게 된다. 여기서 좋은 소식은, 다양한 단어들을 얼마든지 자유롭게 선택하고 조합하여 설명을 할 수 있다는 사실이다. 하지만 안 좋은 소식, 지나치게 독창적이고 새로운 방식으로 용어들을 선택하고 조합하다 보면, 듣는 이를 혼란에 빠트리게 된다는 사실이다.

성인이 되면서, 나는 설명을 하는 입장과 설명을 듣는 입장을 골고루 경험할 수 있었다. 예전에 어떤 와인을 놓고 소믈리에들이 이렇게 얘기하는 것을 들은 적이 있다. "도전적이면서도 지성적인 자극을 주는", "박하향과 유칼립투스의 감촉이 혀끝에 묻어나는", 또는 "목 넘김에서 아카시아 꿀과 바닐라의 향이 풍부하게 피어나는" 등. 나는 그들의 말을 모두 주의 깊게 들었지만, 도대체 그 와인이 무슨 맛인지 짐작조차 할 수 없었다. 영화 리뷰를 읽을 때도 비슷한 경험을 하게 된다. 잡지에 실린 영화평을 읽다 보면, 영화평론가들은 한결같이 독자들이 궁금해하는 부분들만 교묘하게 피해 가면서 카타르시스를 느끼는 게 아닌가 하는 의심이 든다. 평론가들은 새로 나온 영화에 대해 이렇게 말한다. "연기력은 충실하고, 조명기법은 혁신적이다." 그래서 그 영화가 재미있다는 말인가? 추천할 만한 작품이라는 것인가?

이와는 반대편에서, 나는 경영학 교수로서 매년 200명의 학생들에게 마케팅을 가르친다. 주변 사람들은 가끔 내게 요즘 학생들은 어떠냐고 묻는다. 그러면 나는 으레 지극히 일반적인 방식으로 설명해 준다. 가령 똑똑하고 재치있고 친절하고 사교적이라고 얘기를 한다. 그러면 사람들은 고개를 끄덕인다. 하지만 나는 사실 이렇게 설명하고 싶다. "그들은 방음장치가 되어 있고, 쥐어짜도 될 만큼 부드럽고, 매일 물을 줘야만 하는 존재들입니다."라고. 하지만 이렇게 얘기를 한다면, 그들은 나를 이상한 사람으로 여길 것이다. 이러한 점에서, 일반적인 설명방식이란 상대방의 기대에 맞게 대상의 특성을 효과적으로 끄집어내는 기술이라고 할 수 있다. 하지만 이러한 일반적인 방식에서 벗어나서 설명을 할 때, 우리는 상대방을 난감한 지경으로 몰아넣게 된다.

나 역시 이러한 상황을 아주 잘 알고 있다. 그럼에도 불구하고 내 머릿속에 들어 있는 이미지를 보다 정확하고 날카롭게 전달하고자 하는 욕심에, 나의 표현방식에 나만의 독특한 생기를 불어넣고 싶은 유혹에 종종 빠지게 된다. 그러다 보면 낯선 어휘들이 난

무하고 복잡한 조합이 꼬리에 꼬리를 무는 골치 아픈 상황에 이르게 된다. 예를 들어 한 사람의 성격에 대해 설명할 때, 나는 다양한 형용사를 동원하고픈 유혹에 빠진다. 그래서 혐오스런, 특이한, 까다로운, 나약한, 말이 많은, 활발한 등의 표현들을 다양한 형태로 조합하여 얘기를 한다. 하지만 그렇게 계속해서 설명을 하다 보면, 어느덧 끝없는 어휘의 심연 속으로 빨려 들어가고 있는 내 모습을 보게 된다.

바로 여기에 앞서 얘기한 '일반적인 설명방식'의 중요성이 등장한다. 어떤 대상을 설명하기에 앞서, 핵심 개념들 몇 가지를 정해 놓으면, 이를 중심으로 다른 어휘를 선택하고 조합해 나갈 수 있다. 이러한 방법을 통해, 우리는 수많은 어휘들이 난무하고 복잡하게 얽혀 들어가는 끝없는 심연으로 빨려 들어가지 않을 수 있는 것이다.

이러한 일반적인 설명방식을 채택하고 있는 대표적인 사례로, 성격검사를 들 수 있다. 성격검사는 미리 정해 놓은 몇 가지 차원을 기준으로 개인의 성격을 설명하도록 고안된 심리 테스트이다. 물론 성격검사에도 다양한 종류가 있다. 여기서는 그중에서도 지배/복종 그리고 우호/적대라고 하는 두 가지 차원으로 이루어진 가장 간단한 형태의 성격검사를 살펴보기로 한다.

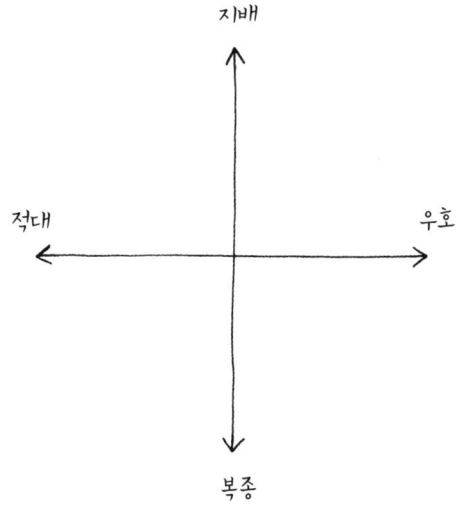

　이 성격검사의 장점은 아주 적은 정보만으로 한 사람의 성격을 효과적으로 설명할 수 있다는 것이다. 일반적으로 성격검사는 4~5가지의 차원으로 이루어져 있다. 하지만 두 가지 차원의 간단한 형태로도 우리는 충분히 많은 것을 설명할 수 있다. 가령 어떤 사람이 '복종-적대' 사분면에 속한다면, 우리는 거기서 '수동적이면서도 공격적인', '무뚝뚝한', '화를 잘 내는' 등과 같은 부차적인 정보를 이끌어내어, 보다 풍부한 방식으로 그 사람의 성격을 묘사할 수 있다. 이 점이 바로 이 성격검사의 가장 큰 매력이다. 즉, 핵심적인 개념을 기반으로 그 사람의 특성을 깊이 파고들어 갈 수 있는 것이다. 하지만 이러한 기반이 없다면, 우리는 그 사람의 성격을 설명하는 과정에서 언제라도 복잡하고 어지러운 어휘의 조합이라는 함정 속으로 빠져들어 갈 위험을 안고 있는 것이다.

이와 같은 2×2 형태의 성격검사를 보면, 사람들은 누구나 자신이 어디에 속하는지 자연스럽게 관심을 가진다. 그리고 그다지 큰 고민 없이 자신이 어디에 속하는지 금방 결정을 내린다. 게다가 가족이나 친구들의 얼굴을 떠올리면서, 다음과 같이 그들의 위치까지 일일이 정해 준다.

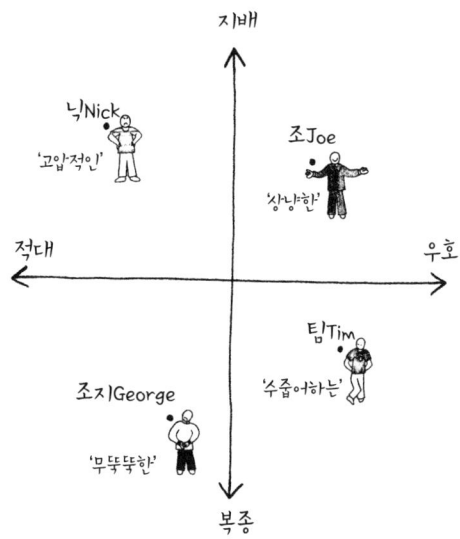

이 밖에도 이 성격검사의 장점은 더 있다. 그것은 비교분석을 가능하게 해 준다는 점이다. 비교분석이 가능해지면, 그 전에는 의식적으로 알지 못했던 여러 가지 특성들이 수면 위로 떠오르게 된다.(이러한 점에서 이 검사는 중독성이 강하다.) 가령 우리는 사분면에 배열해 놓은 여러 사람들을 보면서 이렇게 말한다. "음, 조지를 볼 때마다 리처드 얼굴이 떠오르는 이유를 이제야 알겠군."

심리학자들이 성격검사를 통해 개인의 심리상태를 파악하는 것처럼, 비즈니스 전문가들 역시 비슷한 방식으로 브랜드와 제품을 파악하기 위해 노력하고 있다. 그들은 문제점을 파악하고 아이디어를 얻기 위해, 다양한 기술적인 방법들을 동원한다. 그리고 이러한 기술적인 방법들은 대개 유사한 형태를 띠고 있다. 즉, 특정 제품과 브랜드에 대해 비슷비슷한 방식의 설문조사를 하고, 이를 바탕으로 그 제품과 브랜드가 다음과 같은 사분면상에서 어디에 위치하고 있는지 알아내고자 한다.

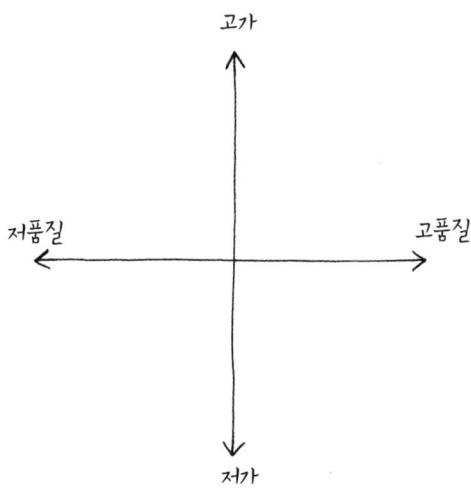

기업의 마케터들은 위의 도표를 '포지셔닝 맵positioning map'이라고 부른다. 포지셔닝 맵은 제품의 카테고리에 따라 다양한 형태로 나타날 수 있다. 가령 호텔업의 경우, 가격과 서비스 품질을 두 축으로 하는 포지셔닝 맵이 가능하다. 노트북 카테고리라면, 가격, 성능, 품질, 무게 등을 축으로 하여 그려볼 수 있겠다.

어쨌든 일단 하나가 완성이 되면, 그 포지셔닝 맵은 지속적으로 기업의 전략에 큰 영향을 미치게 된다. 포지셔닝 맵은 시장에서 특정 브랜드 혹은 제품이 차지하고 있는 위치를 드러내며, 소비자들 역시 이에 따라 특정 제품이나 브랜드의 정체성을 개략적으로 인식하게 된다. 제품 카테고리별로 포지셔닝 맵을 작성해 봄으로써, 기업은 자신과 경쟁자들의 강점과 약점을 한눈에 파악해 볼 수 있다.

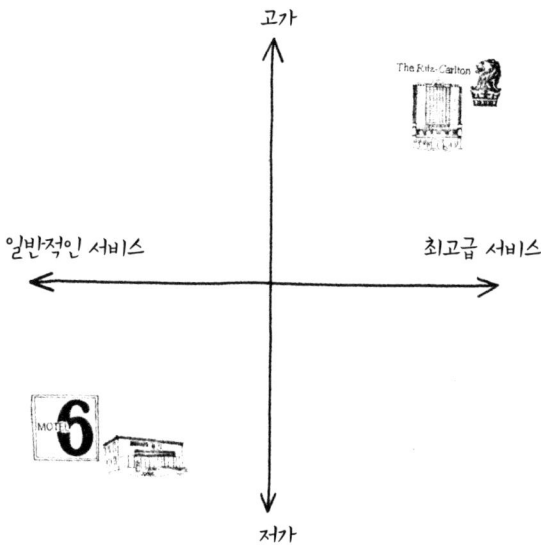

마찬가지로 소비자들 역시 이러한 도표를 가지고 많은 정보를 이끌어낼 수 있다. 가령 앞서 살펴보았던 것처럼, 시리얼 제품들을 골라야 하는 경우라면, 다음의 2×2 도표를 활용해 볼 수 있을 것이다.

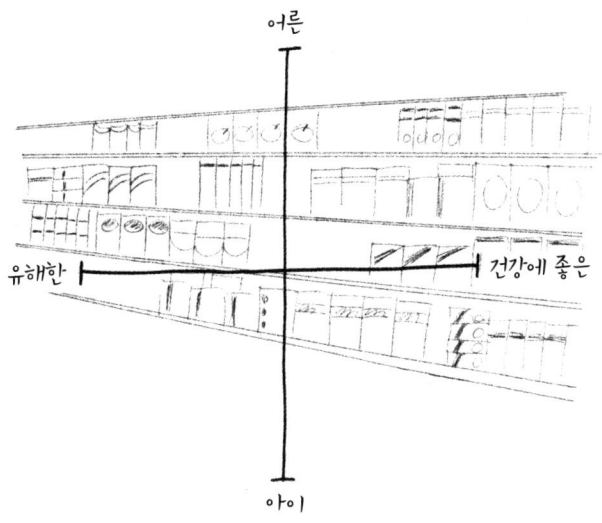

　사실 우리 모두는 의식적으로 그리고 무의식적으로 이러한 형태의 도표를 활용하고 있다. 약 20년 전, 미국의 시사주간지 「유에스 뉴스&월드 리포트U.S. News & World Report」는 대학들에 대한 평가보고서를 발표했다. 나는 그 기사를 보고 두 가지 점에서 놀랐다. 첫째, 평가작업이 아주 투명하게 이루어졌다. 당시 미국의 일류 대학들은 '명성' 하나만 가지고 신입생들을 쉽게 확보하고 있었다. 하지만 이 보고서는 보다 현실적이고 객관적인 차원으로 접근을 했다. 가령 등록금, SAT 점수, 교수 대 학생 비율 등 교육의 수준과 관련된 실질적인 항목들을 가지고 대학들을 평가했던 것이다. 이 보고서는 대학들의 '속사정'을 들여다본 최초의 시도였다.

　둘째, 그 보고서는 여러 가지 차원으로 이루어진 일종의 포지셔닝 맵이었다. 사람들은 이를 바탕으로 여러 대학들을 서로 비교,

평가할 수 있게 되었다.

소비자들 역시 이러한 방식으로 다양한 제품들을 비교, 평가한다. 물론 수집한 데이터들을 이러한 도표의 형태로 그려보는 것은 아니지만, 대학, 호텔, 자동차 등 여러 가지 카테고리에 포함되어 있는 다양한 대상들을 이러한 방식으로 파악한다. 한 번 더 말하지만, 이러한 평가방식은 꽤나 중독적으로 우리의 일상생활에 자리 잡고 있다.

평가 좋아하다가 본전도 못 찾는 이유

하지만 평가 자체가 상황에 영향을 주기도 한다. 가령, 육상경기는 선수들의 달리기 속도를 측정해서 일등을 가린다. 이러한 경기가 더 많을수록, 기록은 더 좋아지기 마련이다. 우리가 달리기 속도를 측정하면 할수록, 선수들의 실력은 더욱 높아진다. 다시 말해 어떤 대상에 관심을 갖고 측정을 하는 순간, 우리는 그 대상에 영향을 미치게 된다. 그리고 특정한 방향으로 상황을 몰아가게 된다. 일단 측정을 시작하게 되면, 곧 수많은 참가자들이 등장하여 하나의 방향을 향해 경쟁을 벌이게 된다.

1980~1990년대, 미국의 대형 병원들이 처음으로 환자의 사망률을 공개하기로 합의를 했다. 이는 병원의 투명성을 높이는 획기적인 시도였다. 그때까지만 해도 병원들은 한 번도 그들이 맡았던 환자들의 사망률을 공개하지 않았다. 하지만 병원은 결국 환자를 치

료하는 기관이다. 그렇다면 환자 사망률은 너무나 당연하게도 특정 병원의 실력을 나타내는 객관적이고 중요한 자료인 것이다.

하지만 사망률을 공개하기로 한 시도는, 뜻하지 않게 병원이 수용하는 환자의 유형, 실험적인 치료의 시도, 그리고 진료의 수준과 같은 다양한 요인에 영향을 미쳤다. 그리고 이 때문에 원래의 취지는 크게 훼손되고 말았다.

가장 먼저, 병원들은 사망률을 낮추기 위해 상태가 위중한 중환자들을 가능한 받지 않으려고 했다. 즉, 모든 병원들이 사망률을 낮추는 데에만 집중하는 바람에, 중환자들은 이제 오갈 곳을 잃게 되고 말았다. 이뿐만이 아니었다. 더 많은 병원들은 점차 실험적인 임상치료나 난치병 진료를 중단하려는 움직임을 보였다. 새로운 시도를 중단하고 안정적인 진료만을 추구함으로써, 병원들은 점차 차별성이 없는 비슷비슷한 모습으로 나아가고 말았다.

최근에 발표된 대학평가 보고서 역시 이와 비슷한 사회적 비난을 받고 있다. 실제로 많은 대학들이 평가항목에 빠져 있는 부분에 대해서는 전혀 관심을 기울이지 않고 있다. 결론적으로 볼 때, 대학을 평가하려는 시도가 모든 대학들을 차별성이 없는 비슷비슷한 모습들로 만들어나가고 있는 셈이다.

이러한 현상은 분명 평가 시스템의 치명적인 부작용이다. 평가 시스템이 더욱 구체적인 형태로 자리를 잡을수록, 개척자들의 입지는 점점 좁아지기 마련이다. 즉, 무언가를 평가하려는 시도는 결국 그 속의 다양한 구성요소들을 비슷비슷한 존재로 만들어버린다.(물리학에서도 관찰하는 행위가 관찰 대상에 영향을 미친다고 하는 '관찰자 효과observer effect'라는 유사한 개념이 있다.)

시장조사를 멀리한 기업이 1등이 되는 이유

다른 사례를 하나 들어보자. 지프Jeep는 스포츠 유틸리티 시장에서 유구한 역사를 자랑하고 있는 대표적인 브랜드이다. 지프는 미국의 SUV 시장 발전에 분명 큰 기여를 했다. 20년 전에 지프라는 브랜드는 곧 '4륜구동 자동차'의 동의어였다. 당시 지프는 '거칠다'라는 이미지를 가지고 있었다. 반면 닛산과 도요타는 '믿을 만하다'라는 이미지로 널리 알려져 있었다.

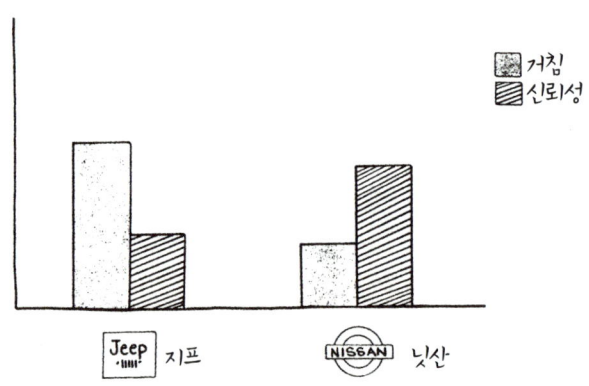

하지만 오늘날엔 다음과 같이 바뀌었다.

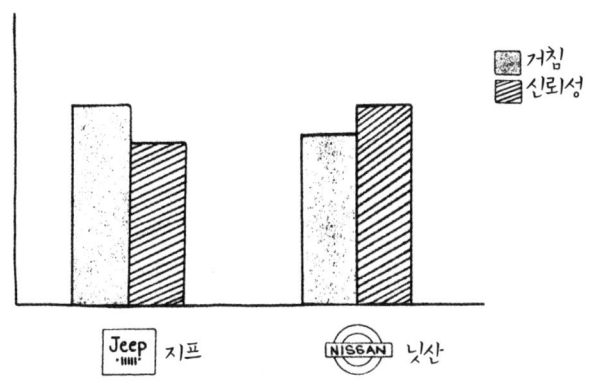

그렇다면 그동안 무슨 일이 있었던 것일까? 결론적으로 말해서, '거침'과 '신뢰성'이라고 하는 상반된 두 특성은 자동차 브랜드를 평가하는 필수 항목으로 자리를 잡았던 것이다. 그리고 이에 따라 모든 자동차 브랜드들이 두 가지 항목에서 높은 점수를 얻기 위해, 서로 치열하게 경쟁을 벌여 왔던 것이다. 물론 이 두 가지 항목 이외에도, 연비, 안정성, 승차감 등이 필수적인 평가 항목이 되었다. 이처럼 다양한 항목들이 SUV 시장의 표준적인 평가 기준이 되면서, 20년간 꾸준하게 '평준화' 현상이 이어져 온 것이다.

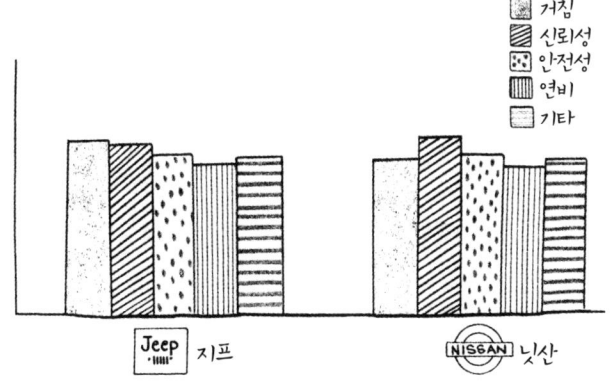

이러한 흐름은 세단 시장에서도 똑같이 나타나고 있다. 10년 전만 해도 볼보는 실용성과 안전성으로, 그리고 아우디는 스포티함의 대명사로 알려져 있었다. 하지만 오늘날 세단 시장을 살펴보면, 안전성 테스트에서 아우디가 볼보를 앞지르고 있다. 반면 볼보의 TV 광고는 운전의 재미를 역설하고 있다.

정리해 보면, 오늘날 모든 자동차 브랜드들이 친근함, 즐거움, 활동성 등 다양한 평가 항목에서 조금이라도 더 높은 점수를 얻기 위해 각축을 벌이고 있다. 이들의 모습을 보면, 마치 매력, 진지함, 겸손, 강인함과 같이 서로 모순된 이미지를 동시에 심어주고자 안간힘을 쓰고 있는 선거 후보자를 떠올리게 된다. 하지만 이러한 시도는 자신의 특징을 어느 것 하나 두드러지게 전달하지 못하는 결과로 이어지고 만다.

이러한 생각은 소비자들도 마찬가지다. 볼보 운전자들을 대상으로 개선점에 대해 물어본다면, 그들은 안전성에는 만족하지만, 동시에 좀 더 섹시한 디자인으로 바뀌었으면 좋겠다고 얘기를 할 것이다. 반면, 아우디 운전자들은 디자인에는 만족하지만, 좀 더 견고하게 만들어달라는 주문을 할 것이다. 그렇기 때문에 자동차 기업들이 소비자 조사를 통해 얻을 수 있는 것은, 오직 자신들이 상대적으로 가지고 있지 못한 특성들에 대한 지적뿐이다. 그리고 경쟁력을 높이기 위해서, 자신들의 약점을 보완해야 한다고 결론을 내리게 되는 것이다. 이러한 현상은 바로 시장조사의 치명적인 부작용이다. 이러한 시장조사에 의존한 나머지, 아우디는 볼보를 향해 달려가고, 볼보는 아우디를 향해 달려가고 있는 것이다.

분명한 사실 한 가지는, 차별화는 곧 포기를 의미한다는 것이다. 한 분야에서 최고가 되기 위해서는, 다른 분야를 포기해야 한다. 특정 분야에서 최고의 대학이 되기 위해서는, 절대 다방면의 교수들을 두루두루 초빙해서는 안 될 것이다. 서브와 발리가 주 무기인 테니스 선수는 굳이 스트로크에 집착할 필요가 없다. 하지만 소비자들 대부분은 이러한 사실을 중요하게 여기지 않는다. 그렇기 때문에 여러분이 만약 중간을 목표로 하고 있다면, 얼마든지 설문조사를 활용해도 좋다. 하지만 '최고'가 되기를 원한다면, 설문조사에 집착하는 태도는 가급적 멀리하는 편이 좋을 것이다.

스타벅스와 맥도날드가 비슷해지는 이유

대학원 시절 처음으로 강의를 하게 되었을 때, 나는 학생들이 좀 더 적극적으로 수업에 참여하도록 만들고 싶었다. 그래서 학기가 중간 즈음에 이르렀을 때, 학생들에게 중간 평가점수를 알려 주는 방법을 선택했다. 하지만 며칠 후, 한 학생이 떨떠름한 표정으로 내 방으로 찾아왔다. 그 학생의 중간 점수는 이랬다.

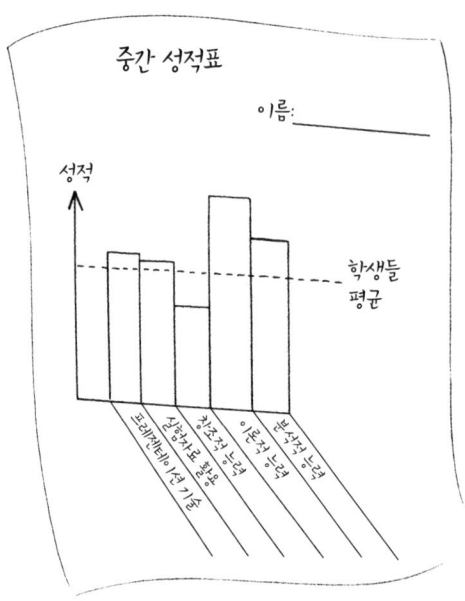

그 학생은 내게, 자신에게 가장 부족한 '창조적 능력'을 어떻게 높일 수 있을지 그 방법을 알려 달라고 했다.

그 학생이 찾아온 뒤로 몇 주가 더 지나서, 나는 중간 성적표가 학생들에게 어떠한 기능을 하고 있는지 깨닫게 되었다. 중간 성적표를 받은 이후로, 학생들은 오로지 자신의 약점을 보완하는 데 집중하고 있었던 것이다. 창조적인 능력이 뛰어난 학생들은, 분석적인 능력을 개발하기 위해 노력했고, 분석력이 뛰어난 학생들은 창조적인 측면을 높이기 위해 안간힘을 쓰고 있었다. 학생들이 제출한 과제와 수업 중의 토론 내용을 바탕으로, 나는 학생들의 이러한 경향을 확실하게 느낄 수 있었다. 안타깝게도 자신의 강점을 더욱 키워

나가려는 학생은 아무도 없었다. 그 결과, 수업 분위기는 시간이 갈수록 흥미가 떨어져 가고 있었다.

　이처럼 자신의 경쟁력을 도표로 확인할 때, 말도 안 되는 일들이 벌어지고 만다. 경쟁에 참여하고 있는 모든 구성원들은 오직 자신의 약점을 보완하는 작업에 주력한다. 학생들의 적극성을 높이기 위한 나의 시도 역시 수업 전체를 이러한 분위기로 몰아넣고 말았다. 오랜 시간 학생들을 가르치면서, 나 역시 학교 당국으로부터 연구 실적이나 강의 기술 등 다양한 항목에 대한 평가를 받아왔다. 그리고 특정 항목에서 놀라운 점수를 받았다고 하더라도, 나 역시 부족한 부분을 보강하려는 유혹을 떨쳐 버리기가 힘들었다.

　오늘날 대부분의 기업들 역시 이러한 유혹에서 벗어나지 못하고 있다. 자, 이렇게 한번 상상해 보자. 여러분은 지금 어떤 자동차 기업에서 브랜드 매니저를 맡고 있다. 그리고 최근 실시한 시장조사에서 다음과 같은 결과를 얻었다. 이제 여러분은 무슨 일을 하고 싶은가?

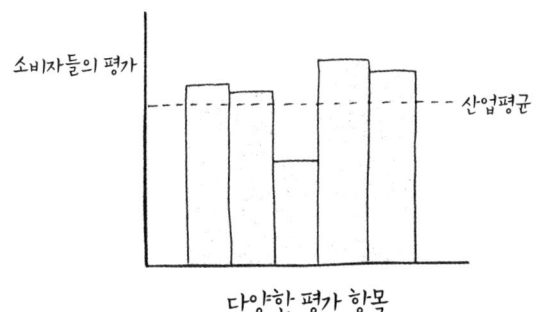

chapter1 경쟁의 본능 | 59

아마도 대부분은 취약점을 중간 정도의 수준으로 높이기 위한 일을 시작하려고 들 것이다. 반면 뛰어난 항목에 더욱 집중투자를 하여, 평균 점수와의 격차를 더 벌리려고 하는 사람들은 많지 않을 것이다.

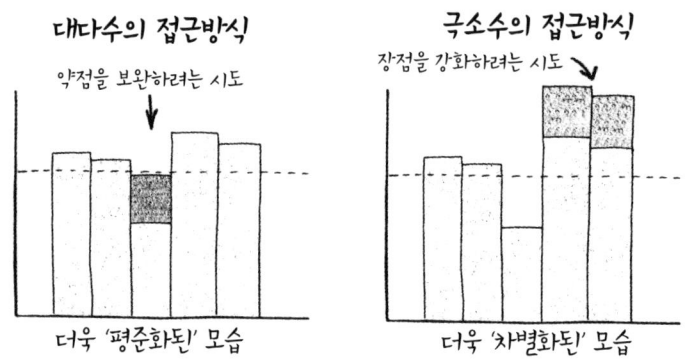

설문조사를 실시하거나 포지셔닝 맵을 그려보는 등 다양한 형태의 시장분석 작업들은, 브랜드의 위치를 파악하기 위한 순수한 시도라고 할지라도, 조직을 평범하게 만들어갈 위험을 안고 있다. 학생들의 중간 점수 사례를 다시 생각해 보자. 내가 학생들에게 중간 점수를 알려 주었던 것은, 그들이 수업 시간에 평범한 아이디어만을 내놓도록 만들려는 의도는 결코 아니었다. 하지만 결국 그렇게 되고 말았다. 이와 같은 일은 직장 내에서도 종종 일어난다. 상사가 부하직원들에게 내가 학생들에게 주었던 중간 성적표와 같은 것을 제공할 때, 원래의 취지와는 달리 직원들은 개성을 감추고, 업무환경은 평범해지고 만다.

여기서 문제는 진정한 차별화, 즉 지속적으로 유지가능한 차별화는 이러한 평준화와는 정반대의 길로 나아가야만 가능하다는 사실이다. 즉, 차별화란 불균형의 상황을 더욱 불균형하게 만드는 과정에서 얻어지는 것이다. 특정 분야에서 최고가 되고자 한다면, 우리는 이 진리를 명심해야 한다. 여러분이 지금 한 정형외과 전문의를 찾아갔다고 하자. 그런데 그 의사가 정형외과 외에 소아과, 신경정신과, 성형외과 진료도 동시에 가능하다고 말을 한다면, 여러분은 아마도 의심스런 마음이 들 것이다. 그 이유는 무엇일까? 그것은, 한 분야의 전문가가 되기 위해서는 다른 분야들을 포기해야 한다는 사실을 우리 모두는 잘 알고 있기 때문이다. 고등학교에서 축구 감독을 하면서 동시에 사회 과목까지 가르치는 선생님은 영화에서나 가능한 캐릭터다. 만약 실제로 이런 경우가 있다면, 그 선생님은 아마도 축구나 사회 중 하나에서만큼은 엉망일 것이다.

대표적인 대형 4륜구동 브랜드인 허머Hummer가 갑자기 경차를 출시한다면, 그동안 지켜온 오프로드 강자로서의 이미지가 큰 타격을 받게 될 것이다. 또한 페라리가 안전성을 강조한 자동차를 출시한다면, 최고의 스포츠카로서의 명성에 누가 될 것이다. 그렇기 때문에 평준화는 차별화를 이루기 위한, 그리고 한 분야의 최고가 되기 위한 과정에서 나타나는 최고의 장애물이다. 이것은 선생님, 의사, 자동차 등 모든 분야 또는 모든 카테고리에 공통적으로 해당된다.

하지만 기업들이 평준화의 유혹을 떨쳐 버리기란 말처럼 쉬운 일이 아니다. 아주 조금씩 그러한 유혹에 넘어가다 보면, 어느덧 남들과 똑같아진 자신의 모습을 발견하게 된다. 지금 내가 이 글을 쓰는 동안에도, 스타벅스는 아침 식사 메뉴를 개발하고 있고, 맥도날드는 매장 안에 커피바를 만들고 있다.

무리 따라 이동하는 철새 vs. 차선을 요리조리 바꾸는 운전자

철새들이 집단적으로 이동하는 모습을 떠올려 보자. 각각의 새들은 서로 간에 아무런 합의도 없이, 자신의 의지대로 움직이면서도 무리와 조화를 이룬다. 그 누가 나서서 명령을 내리지 않는데도, 새들은 줄을 맞춰 가지런하게 날아간다. 전문가들은 새들의 이러한 질서를 '자율조직 시스템self-organizing system'이라고 한다. 사전 조율 없이 협력을 한다는 차원에서, 나는 종종 '조직적 결합organic collusion'이라는 표현을 즐겨 쓴다.

우리는 다른 곳에서도 자율조직 시스템을 발견할 수 있다. 가령 개미들이 움직이는 모습이 그렇다. 그 밖에도 교통의 흐름이나 주식시장 속에서도 자율조직 시스템을 확인할 수 있다.

자율조직 시스템의 본질을 이해하기 위해서는, 우선 개체들의 움직임을 따로 살펴보는 작업이 필요하다. 애니메이션 전문가인 크레이그 레이놀즈Craig Reynolds는 1980년대에 새들이 무리지어 날아가는 현상을 연구하고 있었다. 그는 컴퓨터 프로그램을 가지고 새들의 움직임을 재현해 볼 수 있지 않을까 하는 아이디어를 갖고 있었다. 그래서 레이놀즈는 다음과 같은 세 가지 법칙으로 이루어진 프로그램을 컴퓨터상의 새에게 입력했다. (1)주위의 새들과 간격을 일정하게 유지한다. (2)다른 새들과 속도를 동일하게 유지한다. (3)다른 새들이 나아가는 평균적인 방향을 향한다.

물론 완벽한 시뮬레이션을 구현하기 위해서는 이보다 더 복잡한 법칙들을 추가해야 된다고 생각하고 있었지만, 레이놀즈는 일단 이 세 가지 법칙만으로 시도를 했다. 그리고 놀라운 결과를 얻었다. 컴퓨터 화면 속의 새들은 이 세 가지 법칙만으로도 충분히 자연스럽게 무리를 지어 날고 있었던 것이다. 레이놀즈의 발견은, 개체들이 각자의 단순한 법칙에 따라 움직여도 전체적인 차원에서 조화를 이루어낼 수 있다는 사실을 보여 주고 있는 것이다.

자율조직 시스템에서 흥미로운 점 한 가지는 시스템이 개별 구성원들에게 그리 많은 것을 요구하지 않는다는 점이다. 구성원들은 다만 두 가지 조건만 갖추면 된다. 첫째는 감각기관이다. 자신의 주위에 있는 다른 구성원들을 인식할 수 있어야 한다. 기업들이 포지셔닝 맵을 만들어보는 시도가 바로 이러한 감각기관의 기능에 해당한다. 이러한 시도를 통해 기업들은 거시적인 관점에서 자신의 위치를 파악할 수 있다. 즉, 우리와 밀접한 관련을 가진 경쟁자들과 우리 자신의 관계를 이해할 수 있다.

둘째, 방향을 수정하는 능력이다. 근처의 구성원들이 갑자기 방향을 바꿀 때, 여기에 따라 움직일 수 있어야 한다. 이는 무리 속에서 움직이기 위한 기본적인 능력이다. 자신의 근처에서 날고 있는 새들이 왼쪽으로 방향을 전환하면, 그에 맞게 자신의 방향도 수정할 수 있어야 한다.

오늘날 기업들 역시 이 두 가지 능력을 가지고 있다. 그것도 아주 본능적인 차원에서 발휘하고 있다. 기업들은 각자의 감각을 통해, 다른 기업들과 얼마나 가까워졌는지, 혹은 얼마나 멀어졌는지를 재빨리 간파하고, 여기에 따라 자신의 행동을 수정한다. 예를 들어, 아메리칸 에어라인American Airlines이 마일리지 프로그램을 처음으로 실시하여 업계 선두로 치고 나갔을 때, 또는 콜게이트Colgate가 최초로 치아미백 제품을 출시해서 일등의 자리를 차지했을 때, 동종 업계에 속한 기업들 대부분이 그들의 전략을 모방했다. 이러한 방향 전환은 업계 전반에서 아주 자연스럽게 이루어졌다.

무리를 따라 이동하려는 경향은 구성원들 간의 관계가 가까울수록 더욱 확연히 드러난다. 가령 하버드 대학이 무료 해외 교환학생 프로그램을 실시한다면, 이는 플로리다 대학보다는 예일이나 프린스턴 대학에 더욱 강력한 압력으로 작용하게 될 것이다. 또한 리츠칼튼 호텔이 객실 손님들을 대상으로 무료 드라이클리닝 서비스를 시작한다면, 포시즌스 호텔Four Seasons은 모텔 6Motel 6가 똑같은 서비스를 시작했을 때보다 더 강한 압력을 받을 것이다. 이처럼 더욱 긴밀하게 연결되어 있는 기업들은 서로의 움직임에 더욱 신속하게 반응한다. 그리고 무리를 따라 움직이려는 경향은 이러한 환경에서 더욱 뚜렷하게 드러난다.

그렇기 때문에 경쟁이 더욱 치열할수록, 기업들은 더욱 상대방에 신경을 쓰게 된다. 다시 말해, 경쟁이 치열할수록 그리고 구성원들이 더욱 긴밀하게 연결되어 있을수록, ⑴신중한 자세를 유지하고 있는 기업들도 무리의 움직임에 동조를 하고, 그리고 ⑵더 많은 기업들이 무리의 움직임으로 합류하는 현상이 두드러지게 나타난다. 이러한 기업들의 성향은 그다지 어렵지 않게 확인이 가능하다. 시장점유율을 놓고 치열하게 싸우고 있는 기업들을 살펴보면, 집단적인 움직임이 보편적으로 나타나고 있다는 사실을 쉽게 발견할 수 있다.

그렇다고 해서 경쟁이 치열한 카테고리에 속해 있는 개별 기업들이 아무런 생각 없이 기계적으로 무리의 움직임을 쫓아가는 것은 아니다. 가령 교통체증에 갇혀 있을 때, 운전자들은 모든 것을 체념하고 앞차의 꽁무니만 따라가지는 않는다. 이리저리 차선을 변경하기도 하고, 더 빨리 갈 수 있는 다른 길을 계속해서 모색한다. 어쨌든 여기서 내가 말하고자 하는 바는, 무리의 시선으로 개체를 바라보는 것과, 개체의 시선으로 무리를 바라보는 것은 완전히 다르다는 사실이다.

노련한 경영자일수록 함정에 잘 빠지는 이유

1972년 미국의 심리학자 어빙 제니스Irving Janis는 '집단사고 groupthink'라는 개념을 통해, 합리적인 평가나 비판 없이 무작정 합의를 이끌어내는 집단에서 개인의 모습을 묘사하고자 했다. 1970년대 당시, 집단사고라는 개념은 다양한 차원에서 미국 사회 전반에 폭넓게 퍼져 있었다. 다양한 형태의 집단적인 시도가 나타났으며, 오웰Orwell이 묘사한 전체주의적인 접근방식이 등장하기도 했다. 내가 한창 자라날 무렵, 집단을 따른다는 것은 일종의 경멸적인 말이었다. 친구들을 따라 하는 것은 한심한 짓으로 여겨졌다. 군중심리란 말은 상당히 부정적인 의미를 담고 있었다. 심지어 '집단적인'이라는 말만 써도, 공산주의와 관련이 있는 것으로 오해를 받을 정도였다.

그러나 그동안 우리 사회는 많은 변화를 겪었다. 집단적인 사고 혹은 집단적인 행동을 바라보는 우리들의 시선도 크게 달라졌다. 사람들은 자율조직 시스템이라는 표현에 대해 매력을 느낀다. 그리고 집단지성collective intelligence, 현명한 집단smart mob, 집단적 지혜wisdom of crowds라고 하는 신조어까지 등장했다. 최근에는 개별적인 아이디어들이 뭉치면 더욱 효과적인 해결방안으로 이어질 수 있다고 하는 낙관주의적 인식이 우리 사회에 보편적으로 나타나고 있다.

물론 여기서 내가 강조하고 싶은 것은, 개별적인 아이디어의 중요성이 아니라 그것들의 결합이 가지고 있는 중요성이다. 바로 이러한 차원에서, 나는 집단사고 혹은 집단지성이라고 하는 용어를 사용하고 있다. 집단지성이라는 개념에는, 결합과 협력이 개인들에게도 얼마든지 도움이 될 수 있다는 의미가 담겨 있다. 집단지성, 협력 필터링collaborative filtering(개별 소비자들의 검색 및 구매기록을 가지고 불필요한 정보를 걸러 내는 기술–옮긴이), 위키피디아Wikipedia와 같은 용어에는, 사전 조율이 없는 환경에서도 얼마든지 높은 수준의 협력을 만들어낼 수 있다고 하는 가능성이 담겨 있는 것이다.

하지만 집단사고라는 개념 속에는, 의사결정의 과정을 통해 도출된 결론이 개인들의 생각과 행동의 자율권을 침해하는 권력으로 작용할 수 있다는 위험성도 동시에 들어 있다. 여기서 중요한 점은, 그 속에서 다양성이 어느 정도의 가치가 있냐는 것이다. 가령 육상경기의 경우, 다양성은 의미가 없다. 관중들은 선수들이 모두 한 방향으로 달릴 것이라는 점을 알고 있다. 하지만 의료정책과 교육정책을 놓고 토론을 벌이는 경우, 다양성은 아주 중요한 의미를 지닌다.

비즈니스 세계의 경우, 이러한 다양성은 특히 가치가 있다. 경쟁에서 이기기 위한 가장 핵심적인 무기는 바로 차별화이기 때문이다. 이론적인 차원에서 볼 때, 경쟁이 치열해질수록 기업들이 차별화를 위해 더 많은 투자를 할 것이라고 생각할 수 있다. 하지만 현실은 완전히 거꾸로 나타나고 있다. 경쟁이 치열한 시장일수록, 기업들은 더욱더 비슷한 제품들을 내놓고 있다. 최소한 소비자들의 눈으로 볼 때, 이러한 성향은 아주 뚜렷하게 나타나고 있다.

여기서 아이러니하다고 할 수 있는 것은, 바로 이러한 집단적인 성향은 우리 사회의 뛰어난 경영자들이 오랜 경험을 거치면서 체득한 지혜를 통해 나타나고 있는 현상이라는 사실이다. 그들은 이렇게 외치고 있다. "기업의 포지셔닝 맵을 그려 보라. 소비자들의 말에 귀를 기울여라." 이들은 모두 객관적인 상황파악, 자기만족으로부터의 탈피, 그리고 이에 따른 신속한 반응을 최고의 덕목으로 삼고 있다.

지금까지 비즈니스 세계를 이끌어왔던 인재들이 모토로 삼고 있는 포지셔닝 맵과 시장조사라고 하는 평가도구들은 이제 기업의 핵심 전략으로 자리를 잡았다. 이 도구들은 이제 기업들을 집단적인 움직임으로 몰아가고 있다. 이러한 모습들을 가만히 살펴보면, 우리 사회의 모든 기업들이 하향 평준화되어가고 있다는 느낌을 지울 수가 없다.

길이 없을 때 길이 보인다

이제 이와는 정반대의 경우를 한번 상상해 보자. 지금 어떤 시장을 놓고 10개의 기업이 서로에 대해 전혀 알지 못한 채 경쟁을 벌이고 있다. 그러다 보니 각 기업들은 신제품 출시, 가격결정, 광고 등 주요 전략들을 독자적으로 결정하고 있다. 그 누구도 시장에서 자신의 위치가 어느 정도 되는지 알지 못하고 있다. 이런 경우, 경쟁 상황은 어떻게 전개될 것인가?

아마도 10개 기업 모두 제각각 다른 방향으로 나아갈 것이다. 즉, 열 마리의 새가 전부 제 마음대로 날아가 버릴 것이다.

물론 이러한 상황이 올바르다고 말하려는 것은 아니다. 이처럼 정반대되는 가정을 여러분에게 제시하는 이유는, 다만 사고의 전환을 도모해 보기 위함이다. 조금 더 상상해 보자. 모두가 뿔뿔이 흩어지고 나면, 그 다음에는 어떤 일이 발생할까?

아마도 일부는 계속해서 날아가고 있을 것이고, 또 다른 일부는 그만 사라져 버렸을 것이다. 그리고 그중에서 성공한 기업들은 멋진 비행을 만끽하고 있을 것이다.

이와 비슷한 경우를 하나만 더 들어보자. 학생들에게 과제를 낼 때, 나는 일반적으로 두 가지 형태를 취한다. 첫째, 구체적인 평가기준을 가지고 특정 기업들을 평가해 보라고 한다. 둘째, 기준과 기업을 전혀 제시하지 않은 채, 학생들보고 알아서 평가 보고서를 제출하라고 한다.

첫 번째의 경우, 나는 학생들의 보고서를 충분히 예측할 수 있다. 그리고 그들의 보고서를 기존의 방식으로 분석하고, 다른 학생들과 비교하면서 수월하게 점수를 매길 수 있다. 그러나 두 번째의 경우, 예측하기 힘든 변수들이 종종 나타난다. 그리고 과제에 대한 아무런 구체적인 지침을 제시하지 않았기 때문에, 나는 학생들이 혼란스러워하지 않도록 많은 관심을 기울여야 한다. 하지만 그 노력은 학기 말에 보상을 받는다. 학생들의 보고서는 창의적인 아이디어들로 빛이 난다. 몇 가지 중요 사항들을 간과해 버리는 경우도 있지만, 결과적으로 학생들 대부분이 더욱 훌륭한 보고서를 만들어낸다. 그리고 가끔은 나도 감탄해 마지않는 그런 탁월한 보고서를 만나기도 한다.

앞서 설명했던 내 초등학교 선생님의 사례로 다시 돌아가 보자. 내가 선생님의 설명에 혼란과 짜증을 느꼈던 이유는, 도무지 실천을 할 수 없었기 때문이었다. 나는 선생님이 바라는 대로 지성이 높은 학생이 되고 싶었다. 그런데 선생님은 어떻게 해야 지성이 높아지는지에 대해서는 한마디도 하지 않으셨다. 당시 내가 원했던 것은 지성을 개발할 수 있는 특수한 훈련방법이었다. 나의 꿈을 실현할 수 있는 단계적인 실천방안이 필요했던 것이다.

하지만 선생님은 우리들에게 자신이 그때 생각하고 있는 바를 들려주셨을 뿐이었다. 우리 모두는 지성, 품위, 성과, 우아함과 같은 추상적인 개념들을 들을 때, 뭔가 구체적이고 손에 만질 수 있는 정의를 발견해야 심리적인 안정감을 느끼는 경향이 있다.

손에 잡히는 정의가 존재하지 않을 때, 우리들은 혼란스러운 느낌을 받는다. 마치 고층빌딩에서 아무런 안전장치 없이 일하는 인부가 된 느낌이다. 하지만 장기적인 차원에서 이는 반드시 나쁜 것이라고 할 수 없다. 특히 구성원들의 다양성과 창조성을 높이고자 한다면, 구체적인 정의가 없는 상태가 더욱 긍정적인 효과를 발휘할 수 있다.

학생들에게 과제를 내면서 아무런 구체적인 방안들을 제시하지 않을 때, 나는 학생들에게 자유롭고 창조적으로 뛰어다닐 수 있는 무대를 만들어주는 것이다. 이를 통해 나는 학생들에게 한 집단의 평가 시스템이 결코 진리일 수 없다는 사실을 강조하고 있는 것이다. 그리고 생각지도 못했던 놀라운 결과물들을 학생들이 만들어낼 수 있다는 가능성의 문을 활짝 열어놓고 있는 것이다. 학생들 역시 본인의 가능성에 종종 놀라곤 한다.

chapter2 진화의 역설
사람의 심리에 대해서
우리가 잘못 알고 있는 것들

요즘 들어 부모가 된다는 것은, 한 시점에 가만히 머물 수 없게 되는 일이라는 생각이 든다. 어릴 적 나는 오로지 그 순간에만 존재했다. 여름방학은 내게 게으른 나날들의 무한한 연속일 뿐이었다. 나의 어린 시절은 끝이 없어 보였고, 나는 절대로 어른이 되지 않을 것만 같았다.

하지만 결국 나이를 먹고 한 아이의 어머니가 되면서, 과거와 현재 그리고 미래를 동시에 살아가고 있는 내 모습을 발견하게 된다. 가령 아이를 품에 안으면, 작년 이맘때 아이가 얼마나 조그마했던지 떠올리게 된다. 그리고 동시에 다시 일 년이 지나면 얼마나 더 자랄까 상상한다. 나는 지금의 아이 모습에서 과거와 미래를 한꺼

번에 떠올리는 것이다. 그리고 아이의 지능, 언어, 유머감각이 너무나도 빨리 자라나는 모습을 발견할 때, 깜짝깜짝 놀라곤 한다. 이렇게 아이를 바라보는 나의 눈은 언제나 과거를 향해 달려갔다가, 다시 미래를 향해 나아간다. 그럴 때마다 지금 이 순간을 놓치고 있다는 사실이 안타깝기도 하다. 마치 고향에 있으면서도 향수병에 시달리는 기분이다. 이상하게 들릴 수 있다고 생각은 들지만, 독자들 중에서도 분명 나와 같은 느낌을 경험한 사람이 있을 것이다.

다시 말해, 부모가 된다는 것은 과거와 미래를 끊임없이 왔다갔다하는 일이다. 어른들은 나이를 먹을수록 시간이 더 빨리 흘러간다고 얘기한다. 하지만 나는 이 말에 동의하지 않는다. 시간의 속도는 변하지 않는다. 다만 우리들의 머릿속에서 과거와 현재 그리고 미래의 경계가 허물어질 뿐이다.

바뀌는 것과 변하지 않는 것

나의 어릴 적과 비교해 볼 때, 우리 아이들의 삶은 크게 달라졌다. 하지만 가만히 생각해 보면, 많은 것들이 그대로 남아 있는 것 같기도 하다. 지나친 일반화의 위험을 감수하고서라도 결론을 내린다면, "세부적인 부분들은 많이 바뀌었다. 그러나 전체적으로는 크게 변하지 않았다."라고 말할 수 있겠다. 지금 우리 아이들은 인체에 무해한 제초제를 뿌린, 집 앞 잔디 마당에서 깃발 뺏기 놀이를 하고 있다. 아이들의 놀이 환경은 전반적으로 크게 달라졌다. 하지만 아이들이 하고 있는 것은 결국 내가 어릴 적에 하고 놀았던 바로 그 놀이다. 요즘 두 아들은 컴퓨터로 숙제를 하고, 휴대전화로 문자를 주고받는다. 하지만 여전히 방과 후에 숙제를 해야 하고, 엄마인 내가 확인을 한다. 이 장의 제목이기도 한 '진화의 역설'의 역설이란 바로 이와 같은 상황을 의미한다. 즉, "더 많은 것이 변할수록, 더 많은 것이 그대로 남아 있다(plus ça change, plus c'est la même chose)." 이러한 모습은 영화에서도 쉽게 찾아볼 수 있다. 감독과 배우 그리고 배경은 달라졌지만, 그 스토리라인은 예전의 유명 영화를 그대로 따르고 있는 작품들을 우리는 종종 만나게 된다.

우리 막내는 요즘 들어 〈젯슨 가족The Jetsons〉이라고 하는 만화영화에 푹 빠져 있다. 미래 시대를 살아가는 한 가족의 모습을 그리고 있는 이 만화는 사실 이미 1960년대에 방영이 되었던 것이다. 다른 공상과학 만화들과 마찬가지로 나는 〈젯슨 가족〉에서도 흥미로운 사실을 발견하게 된다. 즉, "겉으로는 다르지만, 실질적으로 모든 것이 똑같다."라는 말을 다시 한 번 실감하게 된다. 예를 들어, 조지 젯슨George Jetson은 지붕이 투명한 우주선에서 일을 한다. 하지만 요즘의 지구인들과 똑같이 매일 사무실에 출근을 한다. 〈스타워즈〉에 등장하는 한 솔로Han Solo 역시 다른 행성에서 외계인들을 만나 이야기를 나누지만, 여전히 바에 들러서 맥주를 마신다. 이러한 모습은 과거를 소재로 삼은 프로그램에서도 똑같이 나타난다. 〈고인돌 가족Fred Flinstone〉이라는 애니메이션에 등장하는 프레드는 석기시대의 사람으로 동굴에서 생활한다. 하지만 바니라는 여자 친구 때문에 아내를 화나게 만들고 있다. 시대와 장소는 크게 달라졌지만, 그 속에 등장하는 인물들의 삶은 크게 달라진 것이 없는 것이다.

그렇다고 해서 변하는 것은 주변 환경일 뿐이며 사람들은 옛날과 똑같이 남아 있다고 섣불리 일반화하려는 것은 아니다. 우리 아이들의 사고방식은 분명 내가 어릴 적 가졌던 생각과 크게 다르다. 그래서 다른 부모들과 마찬가지로, 나 또한 아이들을 타이르고 싶을 때, 나의 어린 시절이 지금에 비해 얼마나 어려웠는지에 대해 얘기를 들려주곤 한다.

우리 아이들에게 그들이 지금 얼마나 축복받은 세상에서 살고 있는지 강조하고자 할 때, 나는 아이들이 누리고 있는 주위의 물건들을 예로 든다. 나는 아이들에게 과거와 지금의 물질적 환경의 대비를 보여 주고자 하는 것이다. 하지만 이는 진부하기 짝이 없는 부모들의 케케묵은 전략이다. 이는 타자기, 아날로그 계산기, 공중전화, 카세트테이프 등 부모들의 추억을 이루고 있는 물건들을 아이들이 이해하도록 강요하는 것에 불과하다. 다시 말해, 주변을 둘러싸고 있는 환경이 변할 때, 사람도 변하기 마련이라는 사실을 부모들은 아이들에게 넌지시 강요하고 있는 셈이다.

나는 요즘에 인터넷으로 장을 본다. 빨래는 전자동 세탁기와 건조기가 알아서 해 준다. 우리 부모님들이 온종일 해야만 했던 일들을 나는 별로 힘도 들이지 않고 15분 만에 해치워 버린다. 과거에 비해 집안일에 들어가는 시간을 크게 줄일 수 있기 때문에, 우리는 가족들과 더 많은 시간을 보낼 수 있게 되었다. 다른 한편으로, 몇 년 전 나는 처음으로 자동차 사고를 당했다. 에어백이 내 목숨을 살린 경험을 하고 나서야, 나는 차가 달리는 기능뿐만이 아니라, 사람의 생명을 구하는 기능까지 한다는 사실을 비로소 깨닫게 되었다. 이처럼 우리를 둘러싸고 있는 물질적인 환경들은 과거에 비해 크게 변화했다. 그리고 그에 따라 우리의 생각도 변했다. 전반적으로 말해 본다면, 우리는 예전에 비해 더욱 풍요로워진 삶을 누리고 있다.

그렇기 때문에 현대인들은 진보와 발전이라는 말에 대단히 긍정적이다. 세상이 더 좋아지는 것을 싫어하는 사람이 어디 있단 말인가? 또한 우리는 진화의 과정은 천천히 그리고 점진적으로 이루어지는 것이라고 믿고 있다. 하나의 진보는 다음의 진보를 위한 디딤돌이라고 믿고 있다.

그래서 우리는 희망찬 미래를 꿈꾸고 있다. 새집을 장만하고 나서도, 이곳에 소파를 놓고, 저쪽의 벽지를 바꾸면 집이 더 멋져 보일 것이라고 머릿속에 그려 본다. 그리고 새로운 회사에 들어가게 되면, 거기서 향후 내가 얼마나 높은 자리로 올라갈 수 있을지 마음속으로 그려보게 된다. 이처럼 우리 모두의 생각은 언제나 미래를 향해 달려가고 있다. 그리고 더 좋은, 더 완벽한 미래를 꿈꾸고 있다.

진보가 무조건 좋은 건 아니다?

하지만 이것이 결코 진보의 전부는 아니다. 미래는 우리에게 희망뿐만 아니라 절망으로 다가오기도 하기 때문이다. 얼마 전 내 남편은 몇십 년 만에 처음으로 장난감 가게에 들렀다. 하지만 매장에 들어서자마자 남편은 실망감을 안고 매장을 나와야만 했다. 어린 시절 자신이 가지고 놀았던, 나무로 만든 팅커토이 같은 장난감들은 하나도 없고, 요란하고 화려한 완전히 새로운 차원의 장난감들만이 매장을 가득 메우고 있었기 때문이었다. 남편의 실망감은 아마도 어릴 적 향수 때문이었을 것이다. 하지만 분명한 사실은, 남편은 옛날과는 판이하게 달라진 현재의 장난감 매장에서 아무런 기쁨을 느끼지 못하고 돌아왔다는 것이다.

내 남편의 사례처럼 아주 오랜만에 어떤 카테고리에 발을 들여놓게 되면, 우리는 자신이 그동안 많이 뒤처져 있었다는 느낌을 받는다. 이를 통해 새로운 정보를 얻기도 하지만, 그저 당황하기도 한다. 여러분이 10년 만에 식기세척기나 TV 게임기 혹은 전자레인지를 교체하기 위해 전자매장에 들렀다고 생각해 보자. 아마도 그동안 일어난 변화에 얼마 동안 입을 다물지 못할 것이다.

공상과학 영화 또한 우리를 새로운 세계로 안내한다. 나 역시 이런 영화를 보면 갖가지 기발한 아이디어에 입을 다물지 못한다. 하지만 영화를 보는 내내 뭔가 이상하다는 느낌을 받게 된다. 젯슨은 왜 굳이 유리거품처럼 생긴 집에 살고 있을까? 음식 대신 캡슐을 먹는 이유는 무엇일까? 물론 옛날 사람들이 타임머신을 타고 와서 우리의 모습을 본다면 이렇게 생각할지도 모른다. '왜 현대인들은 저렇게 갑갑한 아파트에 살고 있을까?' 하지만 사실 우리는 그 이유를 이미 잘 알고 있다. 복잡하고 답답한 만큼, 더욱 편리하기 때문이다. 이는 지금 우리를 둘러싸고 있는 물리적인 환경에 대해 현대인들이 가지고 있는 이중적인 태도를 말해 주고 있는 것이기도 하다.

결론적으로 진화는 좋은 것이면서 동시에 나쁜 것이기도 하다. 미래는 하루빨리 맛보고 싶은 달콤한 열매이면서, 가능한 미뤄두고 싶은 숙제이기도 하다. 이처럼 우리는 미래에 대해 이중적인 태도를 취하고 있다. 어떤 때는 미래를 낙관적으로 바라보기도 했다가, 때로는 비관적으로 보기도 한다. 미래를 열망하다가도, 갑자기 두려워지기도 한다. 이러한 차원에서 미래에 대한 우리의 생각은 이중적이고 모순적이다. 현대인들은 변화를 갈망하면서도, 지금 자신이 있는 방식을 고집하기도 한다.

요즘 TV 리모컨을 보면 마치 공학용 계산기 같다는 생각이 든다. 그럴 때면 단순하기 그지없었던 옛날 리모컨이 그립다. 또한 두 배나 길어져 버린 컴퓨터의 부팅 시간이 너무 지겹다. 그리고 추억의 아이스크림 리어카, 아날로그 알람시계, LP 음반을 그리워한다. 하지만 다른 한편으로, 이제는 인터넷 없이는 못살 것 같다는 생각이 들기도 한다.

과거가 그립다고 해서 과거로 돌아가고 싶어 하지는 않는다. 물론 미래는 우리가 원하는 대로 이루어지지는 않겠지만, 그래도 우리는 이를 받아들여야만 한다. 진보에 대한 믿음을 저버릴 수는 없다. 하지만 미래가 생각대로 나아가지 않는다고 느끼는 순간, 나는 분명히 크게 실망하게 될 것이다.

제품 진화의 패러다임

하지만 마케터들은 이런 우리들과는 사뭇 다르다.

일반적인 사람들은 진보와 미래에 대해 이중적인 태도를 취하고 있지만, 마케터들은 절대 그렇지 않다. 그들은 언제나 일관적인 시선으로 미래를 바라본다. 소비자들은 변화를 이중적인 시선으로 바라보지만, 마케터들은 그렇지 않다. 제품의 진화에 대해서 소비자들은 무척이나 변덕스러운 반면, 마케터들은 흔들림이 없다. 그들은 놀라우리만치 일관적이다.

나는 결코 냉소적인 차원에서 이런 말을 하는 것이 아니다. 소비재 기업들을 방문해 보면, 거기서 일하고 있는 모든 마케터들이 소비자의 생각과 행동에 주목하고 있다는 사실에 강한 인상을 받게 된다. 만약 마케팅에 대해 부정적인 이미지를 가지고 있는 사람들이 기업을 방문하여 이러한 마케터들을 만나본다면, 분명 기존에 가지고 있었던 이미지들을 바꾸게 될 것이다.

좀 더 구체적으로 얘기해 보자. 자동차로부터 호텔, 음료, 세제 시장에 이르기까지 다양한 분야에서 일을 하고 있는 마케터들을 직접 만나보면, 우리는 그들이 제품의 진화에 대해 뚜렷한 생각을 가지고 있다는 사실을 발견하게 된다. 모든 마케터들은 그들이 맡고 있는 제품의 진화를 확신하고 있다. 마케터들은 이러한 제품의 진화를 종종 '제품확장product augmentation'이라는 용어로 설명한다. 여기서 마케터들이 말하는 제품확장을 우리는 크게 두 가지로 나누어볼 수 있다.

첫째, '추가적 확장augmentation-by-addition'이다. 마케터들은 소비자들에게 더 많은 가치를 제안하기 위해 최선을 다한다. 그리고 이러한 노력은 기존 제품에 기능을 추가하는 방식으로 나타난다. 가령 세제의 경우, 얼룩제거 기능을 강화한다. 전자제품의 경우, 품질보증 기간을 1년에서 2년으로 확장한다. 또는 기존에 없던 새로운 기능을 추가하기도 한다. 다시 말해 추가적 확장이란, 기존 제품의 특성을 강화하거나 새로운 기능을 추가함으로써 소비자들의 만족도를 높이려는 마케팅 전략을 의미한다.

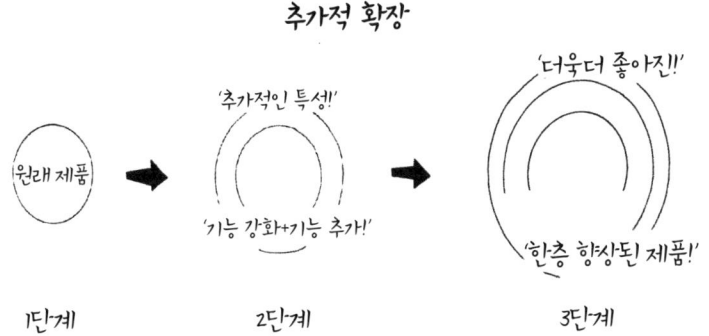

추가적 확장은 우리가 쉽게 접할 수 있는 제품 카테고리에서도

확인할 수 있다. 가령, 치약 제품을 보자. 처음에 치약은 충치예방이라는 기능만을 가지고 있었다. 하지만 요즘 새로 나온 치약들을 보면, 상쾌한 향기, 치석제거, 미백효과 기능까지 포함하고 있다. 세제 역시 마찬가지다. 기존 제품들과는 달리 최신형 세제들은 정전기방지, 얼룩제거, 섬유유연 기능까지 들어 있다. 이들 제품들은 조금씩 기존의 성능을 높이거나, 아니면 새로운 기능들을 추가해 나가고 있다.

둘째, '증식적 확장augmentation-by-multiplication'이다. 기업들은 소비자들의 욕구가 다양하다는 점을 잘 알고 있다. 그래서 기업들은 새로운 형태의 욕구를 충족시키기 위한 특화된 제품들을 출시한다. 예를 들어, 코카콜라는 기존의 코크와 더불어 다이어트 코크, 체리 코크, 무카페인 코크, 레몬 코크 등을 출시했다. 여기서 증식적 확장이란 소비자들의 선택의 범위를 넓히기 위해 제품 포트폴리오를 확장하는 것을 말한다. 포트폴리오에 새롭게 등장한 제품들은 모두 저마다의 새로운 가치를 담고 있다.

증식적 확장

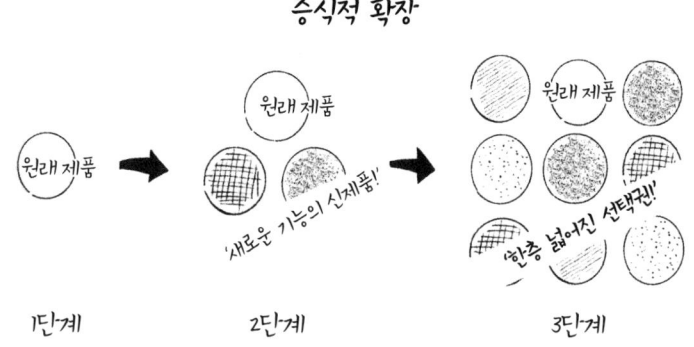

추가적 확장과 마찬가지로 증식적 확장의 사례 역시 주변에서 쉽게 발견할 수 있다. 가령 볼펜의 경우, 예전에는 몇 가지 브랜드들 중 하나를 고르면 그만이었다. 그러나 요즘에 대형 문구점에 가 보면, 커다란 매대 하나가 수많은 브랜드의 볼펜으로 가득 채워져 있다는 사실을 발견하고 놀라게 된다.

추가적 확장이든 증식적 확장이든 그 목적은 동일하다. 그것은 다름 아닌, 지속적으로 그리고 반복적으로 더 좋은 제품을 출시하는 것이다. 나는 학생들에게 하나의 제품 카테고리를 선택해서 5~10년 뒤의 미래를 전망해 보라는 과제를 종종 내준다. 그리고 학생들이 제출한 보고서들을 추가적 확장과 증식적 확장의 사례로 나누어본다. 컴퓨터 카테고리에 대해 어떤 학생은 향후 저장용량과 메모리가 더욱 증가된 모델이 쏟아져 나올 것이라는 예측을 내놓았다. 이는 전형적인 추가적 확장에 해당한다. 반면, 어린이용과 성인용으로 특화된 모델이 나올 것이라고 주장하는 학생도 있다. 이는 증식적 확장이다. 다른 한편으로 시리얼 시장의 경우, 제품의 포장 방식이 더욱 발전할 것이라는 전망을 하는 학생도 있다. 이는 추가적 확장이다. 그리고 유아용 및 당뇨병 환자용 시리얼이 나올 것이라는 예측도 있다. 이는 증식적 확장에 해당한다.

하지만 추가적 확장이든 증식적 확장이든, 기업들이 새롭게 출시할 제품들을 예측해 보는 것은 그다지 어려운 일이 아니다. 그 이유는, 제품 개선을 위한 기업들의 노력은 비교적 일관적인 형태로 나타나고 있기 때문이다. 기업들은 소비자들이 어떤 제품을 원하는지, 어떠한 방식을 선호하는지 정확하게 파악하기 위해 애를 쓴다. 그리고 그러한 정보를 바탕으로 최고의 제품을 시장에 출시하고 있다. 그렇기 때문에 제품의 진화는 우리가 충분히 예상할 수 있는 형태로 이루어지기 마련이다. 여기에는 의문의 여지가 없어 보인다.

사람들은 기업의 노력에 별 관심이 없다

1999년 웨스틴 호텔Westin Hotels은 '헤븐리 베드Heavenly Bed'라고 하는 새로운 객실 서비스를 선보였다. 헤븐리 베드란 최고급 매트리스, 베개, 이불 등으로 최고의 숙면 환경을 제공하는 특별 서비스를 말한다. 처음으로 헤븐리 베드 객실을 이용하게 되었을 때, 나 또한 정말 놀랍게도 달콤한 잠을 만끽하는 사치를 누릴 수 있었다.

하지만 안락한 하룻밤을 보내고 나서도, 나는 헤븐리 베드를 런칭하기까지 웨스틴 호텔이 얼마나 많은 노력을 기울였을까에 대해서는 별로 생각해 보지 않았다. 하지만 새로운 제품이나 서비스를 출시하기 위해서, 기업들은 마케팅, 엔지니어링, 전략기획, 제품개발 등 조직 내 모든 인적 자원을 최대한 활용한다. 웨스틴 호텔 역시 일 년이 넘는 기간 동안 3천만 달러의 예산을 투자하여 헤븐리 베드를 런칭했다. 아마도 그 과정에서 그들은 수백 가지의 매트리스와 베개, 침대보들을 테스트해 보았을 것이다.

몇 년 전 「뉴요커」의 한 기사에서는 하기스를 출시한 킴벌리, 팸퍼스를 출시한 P&G가 기저귀의 크기와 흡수력을 놓고 벌이고 있는 치열한 경쟁 상황을 집중적으로 다루고 있었다. 이 기사에서 특히 인상적이었던 것은 두 기업의 치열한 노력이었다. 그들은 기저귀의 흡수성, 재흡수력, 재질 등을 개선하기 위해 그동안 엄청난 노력과 비용을 투자했다. 그것은 일반 소비자들이 상상하기조차 힘든 수준이었다.

인텔과 같은 컴퓨터 기업들이 엄청난 투자를 통해 신제품을 개발하고 있다는 사실에 대해 사람들은 잘 알고 있다. 하지만 통조림이나 과자 혹은 세제 등 일상적인 제품들을 만드는 기업들 또한 인텔과 마찬가지로 엄청난 규모의 투자를 하고 있다고 하면 고개를 갸우뚱한다. 우리 아들이 집 앞 잔디에서 깃발 뺏기 놀이를 하고 있을 때, 우리 가족은 인체에 해가 없는 새로운 제초제의 가치를 톡톡히 누리고 있다. 하지만 이 제품을 개발하기 위해 많은 기업들이 얼마나 노력을 했는지에 대해서는 나 역시 별로 생각하지 않는다.

나는 얼마 전 가족들과 함께 바닷가로 나들이를 다녀왔다. 집을 나서기 전, 아이들은 비타민이 함유된 생수를 방수 기능이 되는 어린이용 가방에 챙겨 넣었다. 그리고 바닷가에 도착해서는 자외선 차단제와 모기를 쫓는 퍼스를 몸에 바르고, 해양 스포츠용 셔츠로 갈아입고, 물안경을 쓰고, 방수 샌들을 신고서 물속으로 뛰어들었다. 그렇게 우리 가족은 뜨거운 태양 아래서 온종일 놀다가 집으로 돌아왔다. 그런데도 우리는 거의 타지도 않고, 벌레에 물리지도 않고, 발에 상처도 입지 않고 무사히 집으로 왔다. 게다가 비타민과 미네랄 하루 권장량을 100% 섭취하기까지 했다. 이런 하루를 보내고 나니, 세상이 발전할수록 삶의 질도 분명히 높아지고 있다는 확신이 들었다.

물론 기업들이 제품을 개선해 나가는 목적은 결국 기업의 이윤을 높이기 위해서이다. 경영자는 결코 성직자가 아니다. 그리고 그래서도 안 된다.

하지만 소비자들은 이러한 기업의 노력에 그다지 큰 감동을 받지 않는다. 나는 동료들로부터 종종 이런 얘기를 듣는다. "그 기업에서 이번에 신제품을 출시했더구먼. 근데 나는 좀 더 기다려 볼 거야. 아마도 내년엔 더 획기적인 제품이 나올 것 같아서 말이야." 소비자들은 기업들이 앞으로 당연히 더 좋은 제품을 출시할 것이라고 생각하고 있다. 그리고 그들의 욕구를 충족시키기 위해 기업들이 끊임없이 경쟁하고 있다는 사실 또한 당연하게 받아들이고 있다.

복권당첨자들이 행복하지 못한 이유

지금으로부터 약 30년 전, 노스웨스턴 대학의 사회심리학자인 필립 브릭먼Philip Brickman 연구팀은 복권 일등 당첨자들의 행복지수를 조사하는 프로젝트를 추진했다. 그리고 그 결과, 복권당첨자들의 행복감은 초기에는 크게 높아졌다가, 이후 급속도로 떨어지는 경향을 보인다는 사실을 발견했다. 그 주요한 이유는, 당첨자들의 행복에 대한 기준이 전반적으로 크게 올라가기 때문이었다. 그러면서 예전에는 즐거움을 느낄 수 있었던, 독서나 음식을 통한 만족감이 갑자기 크게 떨어지는 것으로 나타났다. 실제로 당첨자들은 불과 몇 달 만에 행복지수가 예전의 수준으로 되돌아왔다고 말하고 있다. 브릭먼은 당첨자들의 이러한 심리적인 성향을 '행복의 쳇바퀴hedonic treadmill'라고 이름 붙였다. 행복의 쳇바퀴란, 어제 큰 기쁨을 느꼈던 상황을 오늘은 그저 당연한 것으로 받아들이는 인간의 심리적인 메커니즘을 의미한다.

이러한 심리적 현상을 밝혀낸 연구는 그 밖에도 많이 있다. 노벨상을 수상한 사회심리학자 대니얼 카너먼Daniel Kahneman과 그의 동료 재키 스넬Jackie Snell 역시 이러한 심리적 성향을 과학적으로 입증했다. 그들은 특별대우를 자주 제공해 줄수록, 사람들은 그에 대한 고마운 감정을 점차 망각해 버린다는 사실을 증명했다. 그들은 피실험자들에게 8일 동안 계속해서 그들이 가장 좋아하는 아이스크림을 주었다. 그리고 그 결과 그 아이스크림에 대한 피실험자의 선호도는 꾸준히 떨어진다는 사실을 확인했다. 굳이 과학적인 실험이 아니더라도, 우리는 일상생활에서 이를 직관적으로 느낄 수 있다. 가령 새로 나온 제품에 얼마 동안 크게 열광을 하다가도, 시간이 지나면 우리는 또 다른 신제품을 기웃거린다.

이러한 현상은 TV 프로그램에서도 찾아볼 수 있다. 최근 미국 드라마의 수준은 크게 높아졌다. 하지만 드라마에 대한 시청자들의 만족도는 예나 지금이나 큰 차이가 없다. 지금 이 순간 문득 볼테르의 말이 떠오른다. "행복은 환상일 뿐, 현실은 고통뿐이로다."

하지만 바로 이러한 이유 때문에, 마케터들은 자유롭게 시간을 이동하는 능력을 가져야만 한다. 여기서 잠깐, 추가적 제품확장의 전반적인 과정을 거시적인 관점에서 한번 살펴보도록 하자.

1. 기업이 신제품 출시를 통해 소비자들에게 새로운 가치를 제안한다.
2. 소비자들은 새로운 만족감을 얻는다.
3. 경쟁 기업들이 그 기업의 제품을 모방한다.
4. 카테고리 전반적으로 제품확장이 나타난다.
5. 소비자들의 만족수준이 높아진다. 이로 인해 신제품에 대한 만족감은 줄어든다.
6. 제품확장이 경쟁의 필수조건이 되면서, 기업들은 더 많은 투자를 퍼붓는다.
7. 다시 1번으로 돌아간다.

이 시나리오는 아주 다양한 형태로, 그리고 반복적으로 나타난다. 이와 관련하여 예를 한 가지 들어보자. 아메리칸 에어라인은 업계 최초로 마일리지 프로그램을 실시함으로써 탑승객들에게 새로운 가치를 제안했다. 그리고 경쟁 항공사들은 너 나 할 것 없이 그 프로그램을 도입했다. 그리고 얼마 후, 마일리지 프로그램은 항공업계의 표준으로 자리를 잡았다. 그리고 소비자들은 마일리지 프로그램을 당연하게 생각하게 되었다. 마지막으로 모든 항공사들은 다시 경쟁의 출발점으로 되돌아왔다. 여기서 달라진 것이라고는, 항공사들의 수익구조만 악화되었다는 사실이다. 즉, 항공업계의 경쟁 환경만 열악해지고 말았다.

결론적으로 말해서, 제품확장이란 경쟁 상황을 악화시키는, 가장 돈이 많이 드는 접근방식이다. 한 카테고리 내에서 제품확장이 보편적으로 나타날수록, 소비자들은 기업들의 노력과 투자에 더욱 무감각해지게 된다. 가령 모든 항공사들이 똑같이 마일리지 프로그램을 실시하고 있다는 사실을 알았을 때, 모든 세제들이 얼룩방지 기능을 가지고 있다는 사실을 발견했을 때, 그리고 모든 가전제품 브랜드들의 보증기간이 2년으로 늘어났다는 사실을 깨달았을 때, 소비자는 특정 브랜드를 선택해야만 하는 이유를 잃어버리고 마는 것이다.

브랜드 차별화가 어려워지는 이유

증식적 확장의 경우, 위의 시나리오는 약간은 변형된 모습으로 나타난다. 예를 들어, 몇 년 전의 생수 시장으로 돌아가 보자.

과거

그렇다면 오늘날의 생수 시장은 어떤 모습을 하고 있을까?

현재

이 그림을 보면 나는 세포분열을 떠올리게 된다. 세포가 분열을 거듭하면, 동일한 세포들의 수가 기하급수적으로 늘어난다. 이와 마찬가지로 접착식 메모지 시장에 대해 생각해 보자. 아래 그림은 오래전의 시장 상황이다.

과거

오늘날의 모습은?

현재

다양한 브랜드와 제품들이 카테고리를 잘게 쪼개어 들어가면서 치열한 경쟁을 벌이는 단계, 즉 '이종적 동종' 단계에서는 일반적으로 '초세분화hyper-segmentation' 현상이 나타난다. 초세분화 현상이란, 그동안 관심을 기울이지 않았던 소비자들의 특정 욕구를 발견하고, 이를 충족시킬 만한 새로운 제품을 출시함으로써 기존의 카테고리를 더욱더 세분화해 나가는 마케팅적인 움직임을 말한다.

여기에 굳이 '초hyper'라는 접두사를 붙인 까닭은, 이러한 기업들의 세분화 움직임이 지나치게 극단적이고 비상식적인 수준으로까지 나타나기 때문이다. 가령 요즘 맥주를 사러 가보면, 저칼로리 프리미엄 흑맥주와 프리미엄 라이트 흑맥주가 나란히 놓여 있다. 여러분은 이 두 맥주의 차이점을 알아챌 수 있는가? 마찬가지로 중거리 러닝화와 단거리 충격방지 운동화는 대체 무엇이 다르단 말인가? 이러한 초세분화 현상은 카테고리 내에서 두 가지 최악의 상황으로 이어진다. 첫째, 유사제품들의 수가 엄청나게 많아진다. 둘째, 실질적인 차별화가 사라지게 된다. 결론적으로, 증식적 확장 역시 추가적 확장과 마찬가지로 기업의 경쟁 환경을 악화시키는 데 기여한다.

보스와 피지

여기서 상황을 더욱 비관적으로 만드는 것은, 산전수전을 모두 겪은 베테랑 마케터들이 이러한 흐름을 계속해서 밀고 나가고 있다는 사실이다. 오늘날 추가적 확장 그리고 증식적 확장은 기업의 대표적인 마케팅 전략으로 자리를 잡았다.

최근에 나는 생수 시장을 조사한 적이 있다. 그 과정에서 업계의 다양한 전문가들을 만나, 그들의 제품이 타사 제품과 어떻게 다른지에 대해 장황한 설명을 듣게 되었다. 그중에서 노르웨이 프리미엄 생수 브랜드인 보스VOSS가 마케팅 자료를 통해 주장하고 있는 차별화의 근거를 살펴보도록 하자.

보스의 아테시안 워터Artesian Water는 서던 노르웨이 지역의 천연 암반지하수를 사용하고 있습니다. 이 지하수는 두터운 암반 및 모래층으로 둘러싸여 있어, 다른 지역에서는 찾아보기 힘든 수준의 청정함을 간직하고 있습니다.

지하수 자체의 강한 압력 덕분에, 인공펌프 없이 자연스러운 방법으로 물을 퍼 올리고 있습니다. 지하수를 둘러싸고 있는 두터운 보호층으로 인해, 외부 오염원으로부터 절대적으로 안전합니다.

다음으로 보스의 경쟁기업인 피지FIJI의 주장을 들어보자.

피지의 프리미엄 워터는 사람의 발길이 닿지 않은 지역의 지하수를 활용하고 있습니다. 그곳은 문명으로부터 아주 멀리 떨어진 원시우림 지역입니다. 그리고 태평양을 수천 마일 돌아온 적도의 신선한 공기가 이 지역의 비를 깨끗하게 정화시켜 줍니다. 그렇기 때문에 이 지역에는 산성비나 오염된 비를 찾아볼 수 없습니다. 피지 프리미엄 워터를 마시는 순간, 순수한 물의 새로운 차원을 느끼게 될 것입니다.

휴…

보스와 피지 둘 다, 자신들이 얼마나 멀리 떨어져 있는 신선한 물을 길어다가 생수를 만들고 있는지 강조하기에 혈안이 되어 있다. 하지만 내가 보기에, 이는 소비자들의 선택에 별다른 영향을 미치지 못하는 것 같다. 이처럼 기업의 마케터들은 차별화를 위해 안간힘을 쓰고는 있지만, 이렇다 할 효과는 얻지 못하고 있다. 하기스와 팸퍼스의 경쟁 역시 마찬가지다. 우선 팸퍼스는 '캐터필러 플렉스'라는 신축성 있는 허리밴드를 장착한 '베이비 드라이'라는 기저귀를 출시했다. 그리고 하기스는 샘방지 기능을 높인 '스너그&드라이Snug&Dry'라는 제품을 출시했다. 또한 팸퍼스 베이비 드라이는 〈세서미 스트리트〉에 나오는 엘모 캐릭터를 사용한 반면, 하기스의 스너그&드라이는 미키마우스 캐릭터를 사용했다.

여기서도 차별화는 존재감을 드러내지 못하고 있다. 지극히 사소한 부분에서 겨우 나타나고 있는 정도이다. 오늘날 두 기저귀 브랜드 모두 유효한 차별화를 만들어내지 못한 채 힘겨운 경쟁을 이어나가고 있다.

질레트와 코카콜라

1980년, 저명한 경영학자 테드 레빗Ted Levitt은, 이제는 마케팅 고전이 되어버린 『차별화를 통한 마케팅 전략Marketing Success Through Differentiation...of Anything』이라는 책을 발표했다. 여기서 레빗은, 기업들은 가장 가능성이 희박한 곳으로부터 차별화를 창조해야 한다고 역설하고 있다. 그의 주장에 따르면, 지금까지 모든 기업들이 별로 관심을 갖지 않았던 곳에서 경쟁적 확산competitive divergence을 이룩할 수 있으며, 이를 통해 시장점유율을 크게 끌어올릴 수 있다고 한다.

이 책이 세상에 나온 지 30년 만에 다시 읽어보면서, 나는 비즈니스 세계가 지금까지 레빗이 제안했던 과제를 너무나도 충실히 수행했다는 생각이 들었다. 오늘날 기업들은 지극히 사소한 특성을 발견해 내고, 이를 가지고 차별화를 만들어내는 대가들이다.

이와 관련된 사례를 살펴보자. 1930년, 질레트는 면도기의 원조라고 할 수 있는 '블루 블레이드Blue Blade'를 출시했다. 그리고 이후 그 첫 번째 업그레이드 버전인, 두 날을 장착한 '트랙 IITrac II'가 나오기까지 무려 40년의 세월이 걸렸다. 그 다음으로 '센서Sensor'가 나오기까지는 18년의 세월이 걸렸다. 하지만 다음 제품인 '센서 엑셀Sensor Excel'이 나오는 데에는 5년밖에 걸리지 않았다. 또한 그 다음 버전인, 3중 날을 장착한 '마하3Mach 3'는 4년 만에 나왔다. 이후 '마하3터보', '마하3파워니트로'를 포함한 네 가지 신제품들이 연달아 출시되었다. 그리고 요즘 편의점을 들러보면 가장 최근에 출시된 5중 날 '퓨전Fusion' 면도기가 걸려 있다. 게다가 퓨전이 출시된 지 얼마 지나지 않아, 퓨전 파워, 퓨전 페놈, 퓨전 파워 페놈과 같은 여러 가지 버전의 신제품이 등장했다.

또 다른 예를 들어보자. 코카콜라의 최초 제품확장이라고 할 수 있는 다이어트 코크는 무려 한 세기 만에 나왔다.(정확하게 96년) 그러나 지금은 수많은 버전의 코크가 시장에 나와 있다. 코크 제로, 바닐라 코크, 라임 다이어트 코크, 스플렌다 다이어트 코크, 비타민과 미네랄이 강화된 다이어트 코크 플러스……. 오늘날 코카콜라는 계속해서 제품 포트폴리오를 넓혀 가고 있다.

코카콜라의 경우, 제품확장은 그래도 비교적 느린 속도로 진행되었다. 코카콜라는 하나의 신제품을 출시하고, 이를 기반으로 그 다음 번의 제품을 출시하는 점진적인 방식을 취했다. 하지만 이와는 달리, 많은 기업들이 동시에 한 카테고리 속으로 몰려드는 경우, 제품확장은 기하급수적으로 이루어진다. 그러나 그 방식은 다분히 낭비적이고 비효율적이다. 그리고 한 카테고리가 이러한 형태로 발전해 나가면, 기존에 그 카테고리를 지배했던 원칙들은 한순간에 무너지고 만다.

나는 이러한 단계를 '과잉성숙hyper-maturity'이라는 용어로 부른다. 한 카테고리가 과잉성숙의 단계로 접어들면, 초세분화hyper-segmentation, 과잉확장hyper-augmentation, 과잉경쟁hyper-activity이 함께 나타난다. 과잉성숙 단계에 속해 있는 기업들 대부분은 아마도 마음 편하게 장사했던 옛 시절을 그리워하고 있을 것이다.

여기서 다시 한 번, 헤븐리 베드 사례를 거시적인 관점으로 들여다보자.

웨스틴 호텔이 헤븐리 베드 서비스를 런칭하자, 힐튼을 비롯한 다른 유명 호텔들이 '세러니티 베드Serenity Bed'와 같은 유사 서비스를 시작했다. 메리엇은 1억 9천만 달러를 들여 '리바이브 컬렉션Revive Collection'을 발표했고, 하얏트 호텔은 '그랜드 베드Grand Bed'를 선보였다. 또한 래디슨Radisson은 '슬립넘버 베드Sleep Number Bed'를 내놓았고, 크라운 플라자Crowne Plaza는 '슬립 어드밴티지Sleep Advantage'를 시작했다. 이처럼 세계적인 호텔들은 지극히 전형적인 방식으로 경쟁을 벌여 나갔다.

나는 가끔 호텔을 이용한다. 최근에 워싱턴의 한 호텔에 묵게 되었을 때, 거대한 침대가 방을 한가득 차지하고, 매트리스와 이불 및 쿠션들이 침대 위에 산더미처럼 쌓여 있는 모습을 보고 깜짝 놀랐다. 21세기를 살아가다 보면, 아마도 이처럼 당황스런 순간들을 종종 맞이하게 될 것 같다.

「어니언The Onion」이라고 하는 풍자신문은 몇 년 전, 120킬로그램의 30리터짜리 코카콜라 런칭 기사를 실었다. 콜라의 높이는 자그마치 1.2미터나 되었고, 어른 3명이 달라붙어야 간신히 들 수 있을 정도였다. 하지만 나는 그 기사를 보면서 끊임없이 제품확장을 이어나가야 하는 기업들의 슬픈 운명을 느꼈다. 어느 순간 멈추어야 할 때가 왔다는 사실을 분명히 알고 있으면서도, 기업들은 결코 멈추지 못하고 계속해서 새로운 것을 선보여야만 하는 것이다.

하지만 이러한 운명을 짊어진 기업들의 진정한 비극은 그들의 노력이 점점 사람들의 관심을 끌지 못하고 있다는 사실에 있다. 이러한 경우는 일상생활에서도 경험하게 된다. 예를 들어 날씬한 사람이 다이어트를 하거나, 흠잡을 데 없는 미인이 기어이 성형수술을 받겠다고 하는 경우가 그렇다. 그들은 더 날씬해지기 위해, 그리고 더 예뻐지기 위해 노력을 하고 있지만, 주변의 사람들은 공감하지 못한다. 그 이유는 무엇일까? 그것은 그들의 노력이 이미 상식적인 범위를 벗어났기 때문이다. 오늘날 슬픈 운명을 지닌 많은 기업들의 노력 역시 소비자들의 상식 범위를 넘어서고 있기 때문에 관심을 끌지 못하고 있는 것이다.

치열한 경쟁에서 남는 것은 오직 자기파괴뿐이다

하버드의 최고경영자 과정에서 강의할 때, 나는 과잉성숙 단계에 접어든 카테고리의 특성에 대해 설명한다. 그리고 과잉성숙 단계에서 보편적으로 나타나는 제품확장의 흐름에 대해 자세하게 논의한다. 또한 '행복의 쳇바퀴'와 '이종적 동종'의 개념에 대해서도 자세하게 설명하면서, 이와 관련하여 주로 세제, 운동화, 휴대전화 카테고리 사례들을 다루어본다.

그리고 그 과정에서 제품이 지속적으로 진화하고(추가적 확장),

소비자 선택권이 확대되고(증식적 확장), 그리고 그 과정에서 소비자들이 얻게 되는 이익에 대해 함께 들여다보는 시간을 갖는다. 물론 비즈니스 현실은 상당히 복잡하고 혼란스러운 형태로 이루어진다는 사실도 빠트리지 않고 강조한다. 다른 한편으로, 대부분의 카테고리 내에서, 소비자 만족의 전반적인 수준은 오랜 세월이 흘러도 그리 크게 바뀌지 않았다는 사실에 대해서도 이야기를 한다. 40년 전 롤링 스톤즈는 "TV 속의 한 남자가 내게 셔츠를 하얗게 만드는 비법에 대해 알려줬지."라고 노래했다. 하지만 소비자로서 우리의 만족도는 그때나 지금이나 별반 차이가 없다.

무척이나 아이러니하게도, 기업들은 제자리를 지키기 위해 열심히 달리고 있다. 이러한 현상은 과잉성숙 단계의 특징이다. 카테고리 내에서 경쟁이 치열해질수록, 경쟁자들보다 한 걸음 앞서 가기가 더욱 힘들어지는 것이다.

과잉성숙 단계에 이른 카테고리 내에서 활동하는 기업들은 제자리를 지키기 위해 엄청난 에너지를 소비한다. 이 점에 대해서는 최고경영자 과정에 참여한 다양한 기업의 중역들도 인정하는 바이다. 그리고 이와 관련하여 그들의 고충에 대해 적극적으로 늘어놓는다. 또한 그들은 현재 치열한 경쟁 상황에 갇혀 있으며, 거기서 빠져나가는 것은 절대적으로 불가능하다는 사실을 솔직하게 인정한다. 그중 일부는, 이러한 상황은 모든 기업들이 어쩔 수 없이 짊어져야 할 운명이라고 결론을 내리는 사람도 있다.

아마도 많은 기업의 간부들이 이렇게 생각하고 있을 것이다. 우리는 그들의 이러한 생각에 대해 자세하게 살펴볼 필요가 있다. 이 주제에 관해서는 특히 이 책의 후반부에서 보다 자세하게 다루어 볼 것이다. 여기서는 다만 간단하게 짚어보고 지나가기로 한다.

비즈니스 세계의 많은 사람들이 쉽게 저지르는 실수가 한 가지 있다. 그것은 다름 아닌, 치열한 경쟁 상황 속에 갇혀 있다고 느낄 때, 바로 그 순간이 과거 그리고 미래와 연결되어 있다는 사실을 망각하는 것이다. 사실 그 실수의 위험성을 제대로 인식하고 조심하는 사람은 극소수에 불과한 듯하다.

마케터들이 스스로 자유롭게 시간을 왔다갔다할 수 있어야 한다고 반복해서 강조하는 이유가 바로 여기에 있다. 만약 과거-현재-미래를 동시에 이동할 수 있다면, 과잉경쟁이 결국에는 파멸로 이어진다는 사실을 분명하게 이해하게 될 것이다. 그리고 그동안의 치열한 경쟁에서 남는 것은 오직 자기파괴뿐임을 분명하게 깨달을 수 있을 것이다. 또한 최고의 미래와 최선의 미래의 차이는 바로 지금 이 순간의 결단에 달렸다는 절박함을 느끼게 될 것이다.

결론적으로 말해서 진화의 역설이란, 모두들 발전을 위해 달려가지만, 마지막에 도달하는 곳은 공동의 파멸뿐이라는 사실을 의미한다.

여기서 한 가지 결론을 내려야 한다면, 나는 이렇게 말하고 싶다. 현재 여러분이 처해 있는 경쟁 상황의 과거와 현재 그리고 미래를 바라보자. 일 년 전과 지금, 그리고 일 년 후의 시점을 자유롭게 돌아다녀 보자. 그리고 이러한 시선으로 시장 전체를 바라보자.

chapter 3 카테고리 평준화

소비에 대해서
우리가 잘못 알고 있는 것들

자신의 존재를 드러내는 행위는 사교댄스와도 같다. 내가 조금 다가서면, 상대방도 조금 다가온다. 그리고 더 많이 다가가면, 더 많이 다가온다. 다른 사람과 관계를 맺기 위해서는 이처럼 주고받는 복잡미묘한 과정이 필요하다. 내가 먼저 나의 존재를 드러내면, 상대방도 그만큼 드러낸다. 그리고 더 많이 드러내면, 상대방도 더 많이 드러낸다. 이러한 과정이 반복되면서 서로를 인식하고, 호감이 싹트고, 유대감을 형성하는 단계로 서서히 나아가게 된다.

하지만 인터넷은 이러한 인간관계의 법칙을 송두리째 바꿔놓고 있다. 이에 관한 대표적인 예로, 매치닷컴Match.com, 페이스북Facebook, 플리커Flickr, 유튜브YouTube 등 세계적인 소셜 네트워크 사이트를 들 수 있다. 이러한 사이버 공간에서 자신을 노출하는 행동은 더는 상호교류의 형태가 아니라, 일방적인 형태로 이루어지고 있다. 게다가 비용도 거의 들지 않는다. 사람들은 블로그를 통해 자신의 일기를 대중들에게 공개한다. 그리고 페이스북을 통해 자신의 사생활을 그대로 드러낸다. 마치 오늘날의 인터넷 환경이 지금까지 억눌려 있었던 사람들의 노출증을 해방시키고 있는 듯하다.

이러한 공간에서는 제한도 그리고 의무도 없다. 트위터의 경우, 사용자들은 자유롭게 자신의 일상생활을 다른 사람들에게 공개한다. 최근에 트위터에서 발견한 몇 가지 글을 잠깐 살펴보자.

"……집안 대공사를 벌였다. 맥주가 늘었다. 그리고 욕도 함께 늘었다."

"……디지털 시대에 펜으로 글을 쓰는 사람은 나밖에 없단 말인가?"

"……한 시간 반 동안 심장에 좋다는 운동을 하고 나서, 린 퀴진Lean Cuisine(냉동식품 브랜드–옮긴이)으로 점심을 때우고, 메일을 확인하고, 아들 수학 숙제를 봐주고, M&Ms 초콜릿을 한 움큼 먹었다. 기분이 울적해서 너무 많이 먹은 것 같다."

트위터는 실로 역동적인 공간이다. 여기서 사람들은 무의식적으로, 적극적으로 그리고 과감하게 자신을 드러낸다. 그러다 보니 두서가 없는 글들이 많이 올라오기는 한다. 마이스페이스에 올라온 글들도 함께 살펴보자.

> 나의 소개: 음악을 사랑한다. 락, 인디밴드, 어쿠스틱, 얼터너티브, 레게, 펑크 등 다양한 장르를 좋아한다. 컨트리 음악만 빼고. 최근 예술작품을 만드는 일에 몰두해 있다. 특히 그림 그리기에 빠져 있다. 내 눈동자 색깔은 잘 모르겠다. 푸른색인 듯싶지만, 솔직히 말해서 때때로 변하는 것 같다. 나는 가식적인 사람이 싫다. 물론 완벽하게 솔직한 사람은 없겠지만, 그래도 뒤돌아서서 욕을 하는 사람들을 혐오한다. 그리고 영화 얘기를 즐겨 나누는 편이다.

온라인 세상에서 이러한 글들이 모두 모여 한 사람의 이미지를 형성한다. 이러한 글들은 "사이버 공간에서 어떤 이미지를 만들어 볼까?"라는 질문에 대한 대답인 셈이다. 온라인 공간의 이러한 특성은 분명 비즈니스 세계에서 큰 의미를 갖고 있다. 그 이유는, 소비자들이 자발적으로 열린 공간으로 뛰쳐나온다는 사실 때문이다.

소셜 네트워크에서 소비는 개인을 드러내는 무기다

자, 이제 마법의 티셔츠가 개발되었다고 상상해 보자. 이 옷을 입으면 가슴팍에 어제 보았던 TV 프로그램의 목록이 나타난다. 지난밤 보았던 토크쇼와 시트콤, 그리고 별로 보고 싶지는 않았으나 어찌어찌 보게 되었던 시시한 프로그램들의 제목이 티셔츠 중앙에서 빛나고 있다. 사무실 동료들은 출근하자마자 서로의 목록을 확인한다. 이러한 옷이 실제로 개발된다면, 어떤 일이 벌어지게 될까? 가장 먼저, TV를 시청하는 습관에 상당한 변화가 나타날 것이다. 직장 동료들이 내가 본 프로그램을 내일 아침 확인할 것이라는 생각에, 아마도 더욱 신중하게 TV 프로그램들을 골라 보게 될 것이기 때문이다.

소비활동 역시 이와 마찬가지다. 소비가 개인적인 차원에서 공적인 차원으로 변화하게 되면, 사람들은 자신의 소비활동에 더욱 주의를 기울이게 된다. 혼자 사고 혼자 쓸 때, 사람들은 크게 신경을 쓰지 않는다. 하지만 남들이 우리가 구매한 물건들을 확인하고, 이를 가지고 우리를 평가한다고 생각하는 순간, 각별한 주의를 기울이게 된다. 가끔은 지나치리만치 신경을 쓰게 된다. 그 이유는, 자신이 사고 그리고 사용하는 모든 소비활동이 자신의 정체성을 드러내는 통로라고 생각하기 때문이다. 그래서 자연스럽게 더욱 신중하고 조심스런 태도로 소비활동을 관리하기 시작한다. 가령 외출하기 전, 상황에 따라 적당한 옷으로 갈아입는다. 상사와 저녁식사를 할 때에는 더욱 신중하게 메뉴를 정한다. 의도적으로 다른 사람들의 시선을 무시하자고 결심했을 때에도, 가령 공식적인 파티에 찢어진 청바지를 입고 갔을 때에도, 우리는 결코 타인들의 시선에서 완전히 자유롭지 못하다. 이처럼 소비활동은 다양한 차원에서 자신을 드러내는 통로의 역할을 한다.

이러한 현상은, 특히 온라인 공간에서 두드러지게 드러난다. 소셜 네트워크 사이트에 글을 올린다는 것은, '드러내고 말하기show-and-tell'라고 하는 사회적 게임에 참여하는 것을 의미한다. 이러한 공간에서도 소비는 자신의 정체성을 드러내는 가장 강력한 무기로 작용한다. 사람들은 온라인 공간에서 소비를 통해 자신의 모습을 드러낸다.

페이스북에 실린 글을 보자.

> 내가 좋아하는 것들: 문신, 레인지로버, 레드삭스, 아이폰, 어그 부츠, 웨이트 트레이닝, 가볍고 부드러운 술, 파피루스 카드, 예쁜 옷♥, 세포라 화장품, 일광욕, 허드슨 청바지, 브리트니 스피어스.

이 글에서 우리는 브랜드의 역할이 완전히 거꾸로 바뀌었다는 사실을 확인할 수 있다. 원래 브랜드라 함은, 기업이 자신의 제품과 서비스를 알리기 위해 가장 전면에 내세우는 이미지를 말한다. 하지만 위에서 글쓴이는 소비자의 입장에서 자신의 정체성을 드러내기 위해 여러 가지 브랜드들을 언급하고 있다. 사람들이 온라인 공간에서 아무런 생각 없이 글이나 사진을 올린다고 생각하기 쉽다. 하지만 여기서 우리가 잊지 말아야 할 것은, 사람들은 자신의 사회적 이미지를 온라인 공간에서 형성하기 위해 트위터나 페이스북에 글을 올린다는 사실이다. 한 사용자가 그냥 무심코 "난 커피랑 컨버스 운동화 없이는 살 수 없어."라는 글을 올렸다고 해도, 여기에는 분명히 어떠한 의미가 담겨 있는 것이다. 소셜 네트워크 사이트에 올라온 글들을 하나씩 찬찬히 훑어가다 보면, 사람들이 마치 홍보 전문가처럼 자신을 알려 나가기 위한 마케팅을 벌이고 있다는 사실을 확인할 수 있다.

못 믿겠다고? 그렇다면 직접 한번 관찰해 보자. 유명 사이트에 접속해서, 올라온 글을 조심스레 살펴보자. 분명 특정 브랜드를 언급함으로써 자신의 정체성을 드러내고자 하는 무수한 글들을 쉽게 발견할 수 있을 것이다.

까다로운 소비자를 공략하라

내가 살고 있는 지역의 아이들을 가만히 관찰해 보면, 대부분 5~6세가 되면서 소비에 눈을 뜨기 시작하는 것 같다. 어떤 소녀는 홀리스터Holister 청바지만 고집하고, 또 어떤 소년은 리복 대신 반스Vans 운동화를 사달라고 조른다. 이는 분명 주목해야 할 중요한 대목이다. 아이들은 처음으로 또래 친구들의 소비 형태를 받아들이거나 혹은 거부함으로써 자신의 정체성을 형성해 나가기 시작한다. 물론 그 과정에서 말도 안 되는 고집을 부리기도 한다.(16살짜리 자녀와 옷을 사러 가본 경험이 있다면 이 말에 공감할 것이다.) 부모에겐 자녀의 괴상한 고집을 꺾을 힘이 없다. 아마도 사춘기가 시작되면, 성호르몬과 함께 소비 호르몬도 함께 분비되는 것 같다.

물론 그 형태는 개인별로 다양하게 나타난다. 하지만 아이들은 최소한 한 번은 이러한 단계를 거친다. 그리고 이 단계를 거침으로써 비로소 자신만의 소비 취향을 가진 성인으로 발전한다. 어떤 사람은 골프클럽을 선택할 때 유독 까다롭다. 또 다른 사람은 자동차 혹은 화장품에서 독특한 취향을 가지고 있다.

비즈니스적 관점에서 아이들의 단계는 큰 의미가 있다. 이런 단계가 없다면, 사람들은 소비에 대한 자신만의 취향을 개발하지 못하게 된다. 그러면 기업의 마케팅 전략도 아무런 의미가 없어지는 것이다. 한번 생각해 보자. 나이키는 작년에 20억 달러에 달하는 어마어마한 예산을 마케팅에 쏟아부었다. 나이키가 이처럼 엄청난 투자를 과감하게 할 수 있는 바탕에는, 소비자들이 그들만의 고유한 취향을 통해 운동화를 고른다고 하는 기본적인 가정이 깔린 것이다. P&G는 광고비로 자그마치 50억 달러를 썼다. 여기에도 소비자들이 주방세제를 고를 때 그들만의 취향을 기준으로 선택을 한다는 기본 명제가 깔린 것이다.

이러한 관점에서 마케팅의 역할을, '사람들의 소비 취향을 더욱 까다롭게 만들기 위한 조직적 노력'이라고 정의해도 좋을 것이다. 물론 현실적인 차원에서 마케팅은 다양한 접근방식을 취하고 있다. 하지만 그 목적은 지극히 단순하다.

여기서 잠깐 시선을 기업 내부로 돌려 보자. 기업들은 그들의 마케팅이 성공적으로 진행되고 있는지 어떻게 확인하는 것일까? 우선 가장 확실한 방법은 매출실적을 보는 것이다. 특정 제품이 얼마나 많이 팔렸는지를 보면, 바로 마케팅의 성공여부를 판가름할 수 있다. 하지만 이러한 접근방식은 소비자들의 패턴에 대한 거시적인 이해에 별 도움이 안 된다. 가령 여러분과 내가 어떤 제품을 샀다고 해 보자. 하지만 그 제품을 구매한 동기는 얼마든지 서로 다를 수 있다. 내가 그 브랜드에 대한 애착을 가지고 구매한 반면, 여러분은 그냥 한번 사보았거나, 아니면 다른 좋은 제품을 발견하지 못해서 구매한 것일 수도 있다. 이 경우 나의 브랜드 충성도는 여러분보다 훨씬 높다. 즉, 나는 여러분에 비해 다른 브랜드의 유혹에 덜 휘둘린다.

그렇기 때문에 마케팅의 실질적인 성과를 판단하기 위해서는, 단지 매출실적만이 아니라, 소비자들의 브랜드 충성도에 대해서도 함께 점검해 보아야만 한다. 그러기 위해서는 소비자들이 어떤 브랜드를 소셜 네트워크 사이트에 올리고 있고, 그리고 그 공간에서 어떤 브랜드를 자랑하고 추천하고 있는지 살펴보는 것이 큰 도움이 될 것이다. 한 사람이 어떤 브랜드의 제품을 네트워크 사이트에 올린다는 것은, 그 소비자가 그 브랜드에 대해 각별한 애착을 가지고 있음을 드러내는 것이기 때문이다. 이러한 방식을 통해 기업들은 보다 간편하게 소비자들의 브랜드 충성도를 가늠해 볼 수 있다.

브랜드 매니저들의 최고의 바람은, 다른 브랜드가 주지 못하는 가치를 그들이 줄 수 있다고 소비자들을 설득시키는 것이다. 예를 들어, 어떤 사람이 "나는 브리검 민트 초콜릿칩 아이스크림이 미치도록 좋아."라고 말을 한다면, 그 사람은 그 제품에 대한 강한 브랜드 충성도를 나타내는 것이다. 이러한 열성적인 소비자들은 특정 브랜드뿐만이 아니라 그 카테고리에 해당하는 다양한 브랜드들에 대한 자세한 정보를 가지고 있는 경우가 많다.

물론 이러한 소비자들이 가지고 있는 정보는 객관적, 기능적, 합리적인 차원에서 수준이 떨어지는 것일 수도 있다. 예를 들어, 내 연구실에서 근무하는 한 조교는 휴고보스 신발에다가 프라다 선글라스, 그레이구스 보드카만을 고집한다. 하지만 그의 고집은 지극히 상대적이다. 그는 이 브랜드들이 다른 브랜드에 비해 조금 더 낫다고 생각하기 때문에 좋아하는 것이다. 이 말은 그가 다른 브랜드 제품들에 대한 정보도 상당히 많이 확보하고 있다는 뜻이기도 하다. 즉, 그의 브랜드 충성도는 다양한 브랜드들 간의 비교평가를 기반으로 하고 있는 것이다.

결론적으로 말해서, 브랜드 충성도는 소비자의 '열정'과 '상대평가'로 이루어져 있다. 기업의 마케터들은 소비자들의 브랜드 충성도를 높이기 위해 안간힘을 쓴다. 여기서 마케터들이 추구하는 소비자는, 브랜드에 대한 열정뿐만이 아니라, 상대평가를 위한 다양한 지식을 확보하고 있는 사람들을 말한다.

브랜드 충성도가 감소하는 이유

비즈니스 세계에서 분명한 것은 그리 많지 않다. 하지만 그중에서도 내가 확실하다고 믿고 있는 것은, 오늘날 브랜드 충성도를 구축하는 것이 점차 힘들어지고 있다는 사실이다. 그럼에도 불구하고 앞에서 살펴본 것처럼, 오늘날 소비자들은 소셜 네트워크와 같은 사이버 공간에서 특정 브랜드에 대한 애착과 호감을 적극적으로 표현하고 있다. 이는 분명 비즈니스 세계의 모순된 현상이다. 이를 어떻게 설명할 수 있을까?

브랜드 충성도가 점점 더 찾아보기 어렵게 된 것은 사실이지만, 그렇다고 해서 완전히 사라진 것은 결코 아니다. 앞서 살펴보았던 것처럼, 소비자들은 특정한 분야에서 대단히 까다로운 취향을 가지고 있다. 내 조교는 프라다를 사랑하고, 이웃의 소녀들은 홀리스터에 열광한다. 다만 예전과 비교하여 이와 같은 브랜드 충성도를 만들어내기가 더 힘들어졌을 따름이다. 하지만 패션, 구두, 액세서리 등 유행에 민감한 카테고리에서는 브랜드 충성도가 비교적 강한 존재감을 드러내고 있다. 소비자들은 이러한 카테고리에서 자신만의 고유한 취향을 고수하고 있다. 하지만 그러한 소비자들도 일상적인 카테고리에서는 그 정도의 엄격한 기준을 들이대지 않는다.

나는 오늘날 브랜드의 존재감이 강한 카테고리보다, 약한 카테고리가 수적으로 훨씬 많다고 생각한다. 또한 그 비율은 계속해서 극단으로 치닫고 있다. 지금 이 순간도 수많은 브랜드들이 소비자들의 취향을 만족시키기 위해 경쟁을 벌이고 있다. 하지만 대부분의 소비자들이 대부분의 카테고리에서 높은 수준의 브랜드 충성도를 보여 주고 있지 않다. 나의 경우, 호텔이나 은행 혹은 에너지바와 같은 카테고리에서는 브랜드 충성도를 전혀 느끼지 못하고 있다. 수많은 식품 및 음료 브랜드들이 청소년들의 마음을 사로잡기 위해 최선을 다하고 있다. 하지만 그들 중 지극히 일부만이, 그것도 일시적으로 십 대들의 주목을 받고 있는 것이 현실이다.

구체적으로 기억이 나는 것은 아니지만, 예전에는 이렇지 않았던 것 같다. 어릴 적, 집안 곳곳의 다양한 물건들로부터 나는 우리 부모님의 브랜드 충성도를 쉽게 확인할 수 있었다. 우리 부모님은 펩시 대신에 코크, 그리고 쿨십Cool Ship 휘핑크림만을 고집하셨다. 어머니는 화장품은 올레이Olay, 샴푸는 허발 에센스Herbal Essence, 세제는 레몬향이 나는 팜올리브Palmolive 브랜드만 쓰셨다. 아버지의 경우, TV는 소니, 공구는 크래프트맨Craftsman, 자전거는 스윈Schwinn 브랜드만을 사셨다. 어릴 적 친구 중에는 자신이 귀족가문의 출신이라고 뻐기는 아이가 하나 있었다. 그래서 그는 언제나 하겐다즈 아이스크림만 먹었다.

하지만 요즘에는 이 정도의 브랜드 충성도를 찾아보기 어렵다. 우리 부모님 세대는 일상적인 물건에 대해서도 까다로운 고집을 가지고 있었다. 하지만 이와 같은 모습은 서서히 사라져 가고 있다.

이렇게 생각하는 사람이 비단 나뿐만은 아닐 것이다. 얼마 전 나는 브랜드 충성도를 주제로 한 마케팅 컨퍼런스에 참석하게 되었다. 참석한 많은 전문가들은 오늘날 브랜드 충성도가 감소한 이유로, 통합되지 않은 마케팅 활동, 소비자들의 변덕 등을 들었다. 하지만 브랜드 충성도가 점점 희박해지고 있다는 점에 대해서는 그 누구도 이의를 제기하지 않았다.

브랜드 충성도와는 별로 관련이 없다고 생각되는 카테고리들이 있다. 이들 카테고리는 크게 두 가지 유형으로 나누어볼 수 있다. (1)설탕, 종이, 주유소 등 브랜드가 다양하지 않은 카테고리. (2) 식당, 와인, 책 등 너무나 많은 브랜드가 존재하는 카테고리. 이러한 카테고리에서 활동하는 기업들은 대부분 브랜드를 정면으로 내세우지는 않는다. 브랜드 다양성이 지나치게 부족하거나, 아니면 넘쳐흐르는 카테고리 환경이 브랜드 충성도의 구축을 어렵게 만들기 때문이다.

포화단계에 이른 카테고리는 (2)의 경우에 해당된다. 가령 앞에서 살펴본 시리얼 카테고리의 경우, 엄청나게 다양한 브랜드들이 경쟁을 벌이고 있지만, 제품들은 모두 거기서 거기다. 보는 관점에 따라 운동화와 생수 시장도 그렇다고 할 수 있다.

우리 부모님 세대는 갖가지 쿠폰으로 가득한 신용카드 우편물을 열어보고 당황해 할 필요도 없었고, 또한 끊임없이 신제품이 터져 나오는 요거트 제품들 중 하나를 골라야 하는 고민도 할 필요가 없었다. 한편으로, 하겐다즈가 프리미엄 아이스크림 시장에서 절대 강자였던 시절, 그들은 아주 높은 수준의 브랜드 충성도를 확보하고 있었다. 하지만 이후 수많은 아이스크림 브랜드들이 프리미엄 시장에 진출하면서, 하겐다즈의 브랜드 충성도는 급속히 위축되었다. 우리 부모님들이 보면 이상할 정도로, 나와 내 남편은 샴푸에서 주방세제에 이르기까지 일상생활의 다양한 제품들을 고르는 와 중에 브랜드에 대해 특별히 생각하지 않고 있다. 그것은 부모님들과 소비 성향이 달라서라기보다, 엄청나게 폭넓은 선택권이 우리에게 주어져 있기 때문이다.

한 카테고리 속에서 경쟁이 치열해질수록, 그 속에서 브랜드 충성도를 찾아보기 더욱 힘들어진다. 그리고 그만큼 기업들은 소비자들을 설득하기가 어려워진다. 바로 오늘날의 지나친 경쟁 환경이 브랜드 충성도를 계속적으로 약화시키고 있다.

밀러, 쿠어스, 버드와이저는 그냥 맥주일 뿐이다

조금 더 구체적으로 들어가 보자. 카테고리가 과잉성숙 단계에 이르면, 두 가지 현상이 나타난다. 첫째, 소비자의 관점에서 카테고리 내 브랜드들의 구분이 희미해진다. 앞 장에서 얘기했던 것을 떠올려 보자. 새들이 집단적으로 이동을 할 때, 그들은 마치 하나의 거대한 생명체를 이루듯 날아간다. 과잉성숙 단계에 이른 카테고리에서 바로 이러한 모습이 나타나는 것이다. 카테고리가 하나의 존재로서 정체성을 가지기 시작할 때, 그 속에서 활동하고 있는 브랜드들의 개별적인 정체성은 점차 희미해진다.

얼마 전 남편과 함께 TV로 미식축구 경기를 본 적이 있었다. 경기 중간에 특히 맥주 광고들이 많이 나왔다. 광고들 대부분이 남성적인 이미지를 강조하고 있었다. 나는 소비자들이 이렇게 많은 맥주 광고들을 보고 브랜드들 간의 차이점을 인식할 수 있을지 의문이 들었다. 이와 마찬가지로, 나는 수많은 케이블 업체들이 다양한 요금 프로그램들을 제시하고 있는 전단지를 종종 받게 된다. 하지만 소비자로서 나는 그들이 주장하고 있는 서비스들이 도대체 어떻게 다른 것인지 도무지 알 수가 없다.

이처럼 카테고리 내 차별화가 희미해지기 시작할 때, 소비자들은 그 카테고리를 거시적인 차원에서 바라보려고 한다. 다시 말해, 그 카테고리 내 다양한 기업들의 전략들을, 개별 브랜드의 관점이 아니라, 하나의 카테고리 차원에서 이해하려고 한다. 그렇기 때문에 특정 브랜드에 대한 구체적인 특성은 외면하게 된다. 결론적으로 말해서, 숲을 바라보게 되면서, 그 속에 있는 나무들을 보지 못하게 되는 것이다.

그렇게 되면 소비자들은 하나의 브랜드를 바라보는 것처럼 하나의 카테고리를 바라보게 된다. 그리고 여기서 과잉성숙 단계로 인한 두 번째 현상이 나타난다. 소비자들의 애착은 이제 특정 브랜드가 아니라, 특정 카테고리에 대해서 나타나게 된다. 밀러, 쿠어스, 버드와이저의 차이는 더는 소비자에게 큰 의미가 없다. 오직 맥주라고 하는 하나의 카테고리만이 의미가 있을 뿐이다.

다음 글을 한번 살펴보자.

자기소개: 나는 초콜릿 없이는 못 산다. 차는 좋아하지만, 커피는 끔찍이 싫어한다. 나는 대중교통을 좋아한다. 차는 없지만, 그

래도 SUV는 사지 않을 것이다. 바디로션을 즐겨 사용한다. 그러나 동물실험을 하는 기업의 제품은 사지 않는다. 그리고 향수는 절대 쓰지 않는다.

이 글에서 나타나는 글쓴이의 취향은 개별 브랜드가 아닌, 카테고리 전체를 향한 것이다. 그는 개별 제품이 아니라, 대중교통과 SUV, 차와 커피, 바디로션과 향수라고 하는 카테고리들을 비교하고 있다. 여기서 특정 브랜드에 대한 선호도는 전혀 찾아볼 수 없다. 글쓴이에게는 오직 카테고리만이 의미가 있을 뿐이다.

그러나 기업들은 오직 자기 브랜드에게만 초점을 맞추고 있기 때문에, 소비자들의 이러한 태도를 제대로 인식하지 못하고 있다. 가령 보스턴에서 뉴욕까지 기차를 타고 가는 경우, 여러분은 비행기보다 기차를 선호하는 승객들을 많이 만나게 될 것이다. 그러한 승객들의 취향은, 특별히 어떤 브랜드의 항공사를 싫어하거나, 또는 특정 브랜드의 열차 서비스를 좋아하는 그런 것이 아니다. 그들은 기차라고 하는 카테고리 전체를 좋아하거나, 또는 비행기라고 하는 카테고리 전체를 싫어하는 것뿐이다. 또 다른 예로, 대형 화장품 매장을 방문했을 때, 여러분이 만나게 되는 소비자는 특정 브랜드의 화장품 마니아라기보다, 화장품이라는 카테고리 자체에 관심이 높은 사람들일 확률이 높다. 오늘날 이처럼 카테고리를 거시적인 차원에서 접근하는 소비자들의 수가 급격하게 증가하고 있다.

특정 브랜드보다 카테고리 전반에 관심을 갖기 시작할 때, 어떤 카테고리에 대해 갑자기 흥미를 잃어버리거나 혹은 갑자기 호기심이 생겼을 때, 그리고 가격과 기능만 따지고 브랜드에 대해서는 신경을 쓰지 않기 시작할 때, 카테고리에 대한 소비자의 태도는 그 카테고리 속에 들어 있는 개별 브랜드에 대한 태도에도 상당한 영향을 미치게 된다.

우리는 주변에서 카테고리별로 서로 상이한 태도를 보여 주고 있는 사람들을 쉽게 만날 수 있다. 예를 들어, 나의 한 친구는 샴푸 카테고리에 있어서는 전문가지만, 초콜릿에서는 실용주의자, 자동차에 있어서는 냉소주의자다. 또한 내 남편은 운동화 카테고리에서는 전문가지만, 전자제품에서는 실용주의자, 그리고 골프 장비에서는 냉소주의자다.

어떤 부류에 대해서는 특정 카테고리에 대한 그들의 태도를 충분히 예상할 수도 있다. 가령 십 대 소녀들은 대부분 음악, 화장, 의류, 패션 카테고리에 대단히 열성적이다. 그리고 얼리 어답터들은 혁신적인 제품에 특히 호의적이다. 물론 예외는 존재한다. 내가 알고 있는 17살짜리 한 소녀는, 톨킨의 유품들을 광적으로 수집하는 반면, 화장과 패션에 대해서는 아주 냉담하다.

지금까지 이야기를 정리해 본다면, 오늘날 카테고리에 대한 관심이 점차 브랜드에 대한 관심을 대체해 나가는 흐름이 가속화되고 있다. 하지만 이러한 가운데에서도 개인으로서 소비자들은 자신만의 독특한 소비 취향을 고집하고 있다. 그리고 과거에 비해 사회적,

문화적으로 더 많은 영향을 받고 있다. 우리는 여기서 일정한 패턴과 흐름을 발견해 내고자 한다.

소비의 5가지 유형

1950년대 말에서 1960년대 초, 아이오와 주립대학의 사회심리학자 에버렛 로저스Everett Rogers가 주축이 된 연구팀은 '기술수용technology adoption' 이론을 제시했다.(이후 '혁신의 확산Diffusion of Innovations'이라는 이름으로 알려졌으며, 제프리 무어Geoffrey Moore의 『캐즘 마케팅Crossing the Chasm』을 통해 유명해졌다.) 이 이론에서 그들은 아직 성숙되지 않은 시장에서 새로운 제품이 등장할 때, 이를 남들보다 빨리 받아들이는 사람들이 나타나며, 이들로 구성된 시장이 독립적으로 형성된다는 사실을 밝히고 있다. 그리고 새로운 제품을 받아들이는 성향에 따라 소비자들을 개척자, 얼리 어답터, 선두 그룹, 후위 그룹, 꼴찌 그룹으로 구분하였다. 이후 그들이 만들어낸 이 용어들은 일반적인 비즈니스 용어로 정착했다. 새로 떠오르는 시장을 설명하는 과정에서 이 용어들은 특히 유용하게 사용될 수 있다.

나 역시 최근에 과잉성숙 단계에 접어든 카테고리, 즉 소비자 선택권이 지나치게 넓어진 시장에 대한 태도를 중심으로 소비자들을 분류하는 작업을 이 책에서 시도하고 있다. 아직 완성된 형태는 아니지만, 일단 다음과 같은 용어들을 중심으로 구분을 해 두었다.

- 첫 번째 부류는 '카테고리 전문가'이다. 그들은 카테고리에 대해 강한 애정을 가지고 있으며, 제품들 간의 미묘한 차이를 구분해 낼 수 있는 전문적인 지식도 갖고 있다. 하지만 애정과 지식이 있다고 해서, 특정 브랜드를 좋아하는 것은 아니다. 그들은 많은 정보를 바탕으로 다양한 브랜드들을 까다롭게 선택한다. 그리고 다양성을 추구하면서, 여러 가지 브랜드 제품들을 동시에 소비하기도 한다. 이들은 브랜드 충성도가 아니라, 카테고리 충성도가 높은 소비자들이다.

- 두 번째 부류는 '기회주의자'이다. 이들은 특정 브랜드에 집착하지 않고, 동시에 카테고리에 대한 전문 지식을 가지고 있다는 점에서 카테고리 전문가들과 비슷하다. 다만 그들과 다른 점은, 그 카테고리에 대한 열정이 그다지 높지 않다는 것이다. 기회주의자들은 거래 자체를 중요시한다. 예를 들어, 쿠폰을 모으고, 세일 행사를 쫓아다니고, 마일리지 적립에 관심을 보인다. 그들은 때때로 냉소적인 태도를 보이기도 하고, 현실적인 차원에서 카테고리를 바라보기는 하지만, 그래도 상대적인 측면에서 카테고리에 대한 충성도를 어느 정도 유지하고 있다.

- 세 번째는 '실용주의자'이다. 실용주의자는 브랜드 간의 차이에 별 관심이 없다. 그들은 최근 시장에서 벌어지고 있는 경쟁 상황

을 파악하는 데 별 관심이 없다. 그들은 차별화에 대해 다분히 회의적인 생각을 가지고 있다. 그리고 소비를 할 때 일반적으로 습관, 가격, 편리함과 같은 부분을 중요시한다. 이러한 성향이 심화되면, 카테고리를 하나의 브랜드처럼 대하게 된다.(심리학자들은 이러한 현상을 '선택에서의 의욕상실choice demotivation'이라고 한다. 이는 선택의 폭이 넓을수록, 자신의 선택에 대해 관심을 덜 가지게 되는 심리적인 기제를 의미한다.)

- 네 번째 부류는 '냉소주의자'이다. 이들은 마지못해 억지로 이끌려 가는 사람들이다. 이들은 시장에 참여하기를 두려워한다. 때로는 자신에게 선택권이 없다는 사실에 불평을 하지만, 언제나 카테고리 아웃사이더로 남고 싶어 한다. 카테고리에 대해 그들은 싫증을 느끼고, 불편해하고, 혼란스러워하는 경향이 강하다. 이들은 특정 물건을 사러 매장에 들어가더라도, 가능한 빨리 빠져나오고 싶어 한다.

- 마지막 부류는 '브랜드 로열리스트'이다. 이들은 특정 카테고리 속에 수많은 경쟁 브랜드들이 존재하고 있음에도 불구하고, 특정 브랜드에 대한 강한 애착을 버리지 않는 사람들이다. 그들은 가령 HP 컴퓨터나, 하겐다즈 아이스크림만을 고집한다. 하지만 과잉성숙 단계에 접어든 경우, 그들의 취향은 일반 소비자들 눈에 괴상하고 시대에 뒤떨어진 것으로 보일 가능성이 높다. 오늘

날 이들은 대부분의 카테고리 내에서 극소수를 차지하고 있다.

물론 위 다섯 가지 부류 속에서도 정도의 차이는 분명 존재할 것이다. 가령 실용주의자들 중에서도 어떤 사람은 취향이 다소 까다로울 것이며, 또 다른 사람은 좀 더 무관심한 태도를 보일 것이다. 그렇다고 하더라도 나는 카테고리 전문가, 기회주의자, 실용주의자, 냉소주의자 그리고 브랜드 로열리스트라고 하는 소비자의 다섯 가지 부류는 과잉성숙 시장에서 사람들이 드러내는 모든 태도를 포괄하고 있다고 생각한다.

위의 다섯 가지 부류에서 흥미로운(아마도 가장 유용한) 사실은, 어떤 카테고리가 어떠한 부류의 조합으로 구성되어 있는지 분석함으로써 그 카테고리의 특성을 이해할 수 있다는 점이다. 예를 들어, 항공산업 카테고리는 대부분 기회주의자와 냉소주의자들로 이루어져 있다. 즉, 항공산업이라고 하는 카테고리 속에는, 가장 싼 티켓만을 찾거나 마일리지를 최대한 사용하려는 기회주의자, 그리고 비행기 여행을 별로 좋아하지 않지만 어쩔 수 없이 이용해야 하는 냉소주의자들이 대다수를 차지하고 있다.

반면 기회주의자와 실용주의자들이 많은 부분을 차지하는 카테고리도 있다. 대표적인 것으로 휴대전화 시장을 들 수 있다. 이 시장에는 관련된 지식을 풍부하게 가진 기회주의 소비자도 있고, 그렇지 않은 실용주의 소비자도 있다. 하지만 공통적으로 특정 브랜드에 대한 충성도는 별로 높지 않다.

또한 실용주의자들의 비중이 꾸준히 증가하고 있는 카테고리도 있다. 사실 오늘날 많은 카테고리에서 이러한 현상이 나타나고 있다. 주로 편의점 매대를 가득 메우고 있는 제품들이 여기에 속한다. 이러한 카테고리에 들어 있는 브랜드들은 다양한 마케팅 노력을 통해 차별화를 부르짖고 있지만, 정작 소비자들은 그 차이를 제대로 알지 못한다. 그들은 대부분 '모르겠어' 또는 '관심 없어'라는 태도로 일관한다.

소비자 부류의 구성에 대한 분석 작업을 통해, 어떤 카테고리가 10년 동안 어떻게 달라졌는지 비교해 보는 것도 충분히 가능할 것이다. 그리고 이러한 조사작업이 폭넓게 이루어진다면, 각 카테고리들별로 나타나는 변화의 흐름을 한눈에 살펴볼 수도 있을 것이다. 그렇게 된다면 아마도, 브랜드 로열리스트의 비중은 줄어드는 반면, '브랜드 불가지론자brand-agnostic'의 비중은 증가하고 있는 현상을 객관적으로 증명할 수 있을 것이다.

반복해서 얘기하지만, 비즈니스 세계에서는 확실한 것이 정말로 많지 않다. 하지만 그중에서 하나 분명한 것은, 브랜드 충성도를 구축하기가 계속해서 힘들어지고 있다는 사실이다. 하지만 아이러니하게도, 정체성을 드러내는 통로, 그리고 문화적 언어로서 소비가 현대인의 삶에서 차지하고 있는 비중은 지속적으로 높아지고 있다.

나의 올케의 경우를 한번 살펴보자. 올케는 자신의 소비활동에 큰 의미를 부여하고 있다. 티셔츠, 신발, 헤어 관련 제품, 야구경기

티켓, 칵테일 등 다양한 소비활동을 통해, 그녀는 자신의 삶을 화려하고 풍부하게 가꾸어나간다. 그리고 의식적이고 열정적으로, 그리고 대단히 까다로운 방식으로 소비를 한다.

여기서 잠깐 그녀의 소비활동의 내역을 들여다보자.

- 목욕용품, 보드카 마티니, 샌들, 레스토랑에서는 카테고리 전문가다.

- 공연티켓, 가구, 항공권 등의 카테고리에서는 기회주의자다.

- 컴퓨터, 호텔예약, 렌터카에서는 실용주의자다.

- 패스트푸드, 케이블 방송, 탄산음료에서는 냉소주의자다.

- 액세서리(폴프랭크), 화장품(프린세스 보르게세), 시계(토이와치), 그리고 패션 카테고리에 있어서만큼은 브랜드 로열리스트다.

결론적으로 말해서, 왕성한 소비 에너지의 소유자임에도 불구하고, 내 올케는 놀랍게도 아주 제한된 카테고리에서만 브랜드 로열리스트로 활동하고 있다. 특정 카테고리에서 그녀는 브랜드 충성도를 구성하는 두 가지 핵심 요소인 열정과 전문 지식을 모두 가지고 있다. 하지만 아주 제한된 카테고리에서만 그러하다. 내가 보기에 올케는 분명 브랜드 로열리스트로서의 자질을 타고났다. 하지만 대부분의 카테고리에서 그녀는 단지 조금 더 부지런한 소비자일 뿐이다.

올케의 사례는 예외적인 경우가 아니다. 나는 주변에서 그녀처럼 특정 카테고리에서만 브랜드 로열리스트 태도를 보이는 사람들을 종종 만나게 된다. 아마 여러분들도 주변에서 이러한 사람들을 쉽게 발견할 수 있을 것이다. 이처럼 브랜드 로열리스트로서 자질을 가진 소비자가 많이 존재하고 있음에도 불구하고, 대부분의 카테고리에서 이들을 발견하기가 점점 더 어려워지고 있다면, 이는 우리의 비즈니스 세계가 분명 잘못된 방향으로 흘러가고 있음을 말해 주고 있는 것이다.

chapter 4 경쟁 무리에서 탈출하는 방법
'다른' 아이디어가
'다른' 세상을 지배한다

여기서 잠깐 지금까지의 이야기들을 정리해 보는 시간을 갖도록 하자. 앞에서 우리는 카테고리가 성숙할수록 카테고리 내 기업들은 점차 집단적인 움직임을 보이게 된다는 사실을 살펴보았다. 그리고 이러한 집단적인 움직임은 비교적 뚜렷하고 일관적인 형태로 나타나기 때문에 예측가능하다는 점도 지적했다. 그리고 그 결과, 카테고리는 '이종적 동종'의 특성을 띠게 된다. 이러한 현상이 나타나게 되면 소비자의 선택권은 크게 확대되지만, 정작 소비자들은 제품들 간에 유효한 차이를 발견하지 못한다.

이러한 과정을 거치는 동안, 기업의 마케터들은 반복과 따라 하기의 고수들로 거듭난다. 마케터들은 지극히 사소한 차이를 크게 확대하는 기술자가 된다. 그들은 똑같은 제품을 가지고서도 차이를 만들어내는 비상한 재주를 갈고닦는다. 하지만 그 과정에서 자신의 노력이 상식적인 차원에서 소비자들의 설득력을 얻지 못하고 있다는 사실을 깨닫지 못하고 있다. 그것은 마케터들이 개체의 입장에서 집단을 바라보는 데에만 익숙해져 있기 때문이다. 실제로 내가 보스사를 방문했을 때, 그들이 자사의 생수가 다른 경쟁사들보다 맛이 더 좋다고 진심으로 믿고 있다는 사실에 나는 꽤나 충격을 받았다.

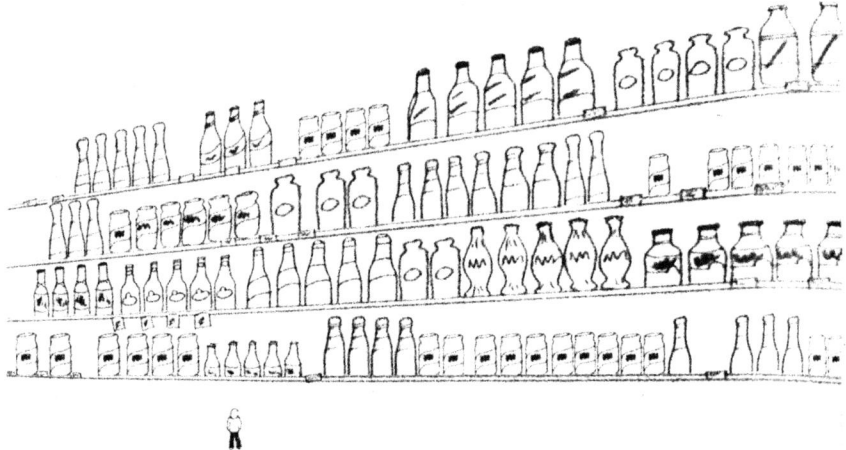

하지만 반대로 소비자들은 거시적인 시선으로 카테고리를 바라본다. 그들이 바라보고 있는 대상은 나무가 아니라 숲이다. 그렇기 때문에 오늘날의 소비자들에게 의미가 있는 것은 개별 브랜드가 아니라 전체 카테고리이다. 그리고 이들은 특정 카테고리에 대해 전문가, 기회주의, 실용주의, 냉소주의, 로열리스트 등 다양한 태도를 드러내면서 소비활동을 하고 있다. 하지만 아쉽게도 그중에서 브랜드 로열리스트의 비중은 가장 낮다.

더욱 심각한 것은, 브랜드 로열리스트의 비중이 시간이 갈수록 점점 더 줄어들고 있다는 사실이다. 일 년 전, 나는 새로 TV를 장만하기 위해 대형 전자매장에 들렀다. 하지만 매장에 들어서는 순간, 나는 벽을 가득 메운 수많은 벽걸이 TV에 그만 압도당하고 말았다. 그리고 바로 그때, 내가 평생 간직해 온 소니에 대한 브랜드 충성도에 금이 가기 시작하는 소리가 들렸다.(사실 그건 부모님으로부터 물려받은 것이다.) 그런 나에게 (당연하게도 카테고리 전문가인) 매장 직원은 하나의 브랜드에 집착하는 것은 너무 순진한 생각이라고 나를 설득했다. 그리고 그를 따라 다양한 TV를 둘러보면서, 나는 브랜드 로열리스트에서 실용주의자로 바뀌었다. 즉, 나의 태도가 변한 것이다.

오늘날 대부분의 소비자들이 다양한 카테고리 속에서 나와 같은 변신의 경험을 하고 있다. 그리고 이런 경험이 쌓여나가면서 카테고리들은 위기를 맞고 있다. 그 결과, 브랜드 충성도는 점차 희박해지고, 심지어 브랜드 충성도가 시대착오적인 것으로 취급을 받기에까지 이른다. 왜 소니 TV를 좋아하는지를 매장 직원에게 설명하면서도, 나 역시 겸연쩍은 마음을 감출 수 없었다. 점점 더 많은 브랜드 로열리스트들이 이와 같은 느낌을 가지게 되면, 그 카테고리는 더욱 위험한 수렁 속으로 빠져들게 되는 것이다.

1970년대 인기를 끌었던 시트콤으로 〈해피데이즈Happy Days〉가 있다. 거의 10년간 방영을 하는 동안, 이 프로그램의 인기도는 지극히 전형적인 곡선을 그렸다. 시작할 즈음 폭발적인 관심을 끌었고, 그 다음 몇 년 동안 상당한 인기를 누렸으며, 이후 정점을 찍고 나서 하향곡선으로 추락했다. 방송 전문가들의 말에 따르면, 〈해피데이즈〉 인기도의 추락을 알리는 가장 분명한 순간은, 주인공인 폰지가 수상스키를 타고 상어를 뛰어넘는 장면이었다고 한다. 실제로 그 장면을 보고 많은 시청자들이 채널을 돌렸다고 한다. 그리고 그 에피소드가 나간 이후, 방송계에서는 "상어를 뛰어넘다jump the shark"라는 말이 어떤 프로그램이 갈 때까지 갔다는 의미로 사용되고 있다.

　우리는 일반적인 카테고리에 대해서도 이러한 인기도 곡선을 확인할 수 있다. 한 카테고리가 등장하면, 이후 새로운 제품들이 계속해서 쏟아져 나오고, 이에 따라 소비자 만족도는 급속도로 증가하게 된다. 하지만 어느 순간 상어를 뛰어넘는 장면이 나오고 나면, 소비자들의 관심은 하향곡선을 그리며 추락한다. 나는 최근 TV를 구매하면서 이러한 느낌을 받았다. 그리고 지난 몇 년간 그 밖의 다양한 카테고리에 대해서도 비슷한 느낌을 받았다. 여러분도 이러한 느낌을 받은 적이 있는가? 만약 그렇다면, 여러분도 나와 마찬가지로 오늘날 비즈니스 세계가 맞이하고 있는 중요한 시점을 함께하고 있는 것이다.

고정관념 뒤엎기, 엉뚱한 가치를 선보여라

하지만 2부에서는 지금까지와는 조금 다른 이야기를 하고자 한다. 그것은 카테고리의 진화가 '어느 시점'에 이르게 되면, 예측하지 못했던 변수들이 튀어나오기 때문이다. 그렇다면 그 어느 시점은 언제를 말하는 것일까? 그것은 바로 기존에 없었던 완전히 새로운 무언가를 들고 나오는 브랜드들이 하나둘 등장하는 순간을 말한다. 이러한 기업들의 등장은 카테고리의 경쟁 환경과 소비자들의 태도를 아무도 예상치 못한 곳으로 이끌고 나아간다. 그리고 카테고리의 진화를 완전히 새로운 방향으로 몰고 간다.

나는 이러한 창조적인 시도를 하는 기업들, 그리고 이러한 기업들이 내놓는 브랜드에 특히 관심을 갖고 있다. 이 브랜드들은 그동안 고정적인 소비패턴을 유지하고 있던 소비자들의 태도를 단번에 흔들어놓는다. 그동안 실용주의나 냉소주의 태도에 머물러 있었던 소비자들의 열정을 다시 한 번 일깨운다. 그리고 때로는 이들을 브랜드 로열리스트로 개종시키기도 한다.

물론 이러한 변화는 그리 쉽게 일어나는 것이 아니다. 그 이유는, 앞에서 언급했던 것처럼, 특정 카테고리에 대한 소비자들의 태도는 그 속에 존재하는 다양한 브랜드들을 오랜 시간 체험하는 과정에서 무의식적인 차원으로 형성되는 것이기 때문이다. 그렇기 때문에 기업들이 아무리 막대한 마케팅 예산을 퍼붓는다고 하더라도 소비자들의 태도를 쉽게 바꾸지는 못한다. 예를 들어 이동통신

사업자나 항공사들은 막대한 예산을 들여 치열하게 경쟁을 벌이고 있지만, 시장점유율은 쉽게 변하지 않는다. 생수 브랜드들 역시 마찬가지다. 소비자들 마음속에 깊숙이 자리 잡고 있는, 특정 카테고리에 대한 고정관념은 개별 브랜드에 대한 소비자들의 태도에 큰 영향을 미치고 있다. 그럼에도 불구하고, 분명 극소수의 브랜드들은 이러한 고정관념을 깨는 데 성공을 거두고 있다. 이들 브랜드는 소비자들이 가지고 있는 고정관념을 깨고 들어가서 그들의 관심과 애정을 새롭게 자극하고 있다.

나는 대학생 때 브로드웨이 라이시엄 극장Lyceum Theatre에서 한 젊은 코미디언의 공연을 보았다. 그 코미디언은 다름 아닌, 우피 골드버그였다. 우피는 현재 오스카상까지 수상한 슈퍼스타이지만, 당시만 해도 무명의 여성 희극배우에 불과했다. 그날, 나는 사실 배꼽 잡는 코미디를 기대하고 공연을 보러 갔다. 하지만 정작 가장 기억에 남았던 것은, 유머나 익살이 아니라, 우피의 신랄한 비판과 풍자였다. 우피의 공연은 과감하면서도, 서민들의 애환을 달래고, 그리고 동시에 관객들의 심금을 울리기까지 했다. 마치 연극과 사회적 비판이 한데 어우러진 특별한 형태의 퓨전 공연이라는 생각이 들었다. 분명 그 공연의 장르는 코미디였지만, 거기서 웃음은 부수적인 것에 불과했다. 하지만 공연장을 빠져나오면서, 나는 정말 대단한 공연을 보았다는 뿌듯함을 감출 수 없었다.

다시 비즈니스 세계로 돌아와 보자. 기업들은 대부분 그들이 제공하는 가치와 소비자의 만족도에 대해 수직적인 차원으로만 생각을 하는 경향이 있다. 다시 말해, 그들이 출시한 제품이 소비자들의 기대보다 높으면 성공한 것이고, 낮으면 실패한 것이라고 결론을 내린다. 하지만 여기에는 한 가지 빠진 것이 있다. 그것은 수직축 외에 수평축도 있다는 사실이다. 기업이 제공하는 가치는 수직축뿐만이 아니라, 수평축을 타고 이동할 수 있다. 여기서 수평축을 타고 이동한다는 것은, 소비자들이 기존에 가지고 있던 기대와는 전혀 차원이 다른 가치를 제공한다는 뜻이다. 가령 우피의 공연은 웃음이라는 차원에서는 분명 나의 기대보다 아래에 있었다. 하지만 신랄한 비판과 뭉클한 감동이라는 차원에서 그녀는 관객들에게 새로운 차원의 기쁨을 주었던 것이다.

며칠 전 아이들과 함께 〈톰과 제리〉를 보았다. 그 만화에서 치즈가 갑자기 하늘을 나는 융단으로 변하고, 다이아몬드 반지가 서커스 그네가 되었다가, 다시 훌라후프로 변하는 모습을 보고 나는 간만에 신선한 느낌을 받았다. 만화영화는 보는 이의 눈을 즐겁게 하지만, 그 방식은 시청자들의 기대에 부응하는 것이 아니라, 오히려 우리의 기대를 완전히 벗어난 전혀 엉뚱한 장면들을 보여 주는 것이다. 우리가 살고 있는 현실, 그리고 우리의 논리구조와는 전혀 차원이 다른 장면들을 보여 줌으로써, 만화는 시청자들을 웃게 만드는 것이다.

소비자들의 관심을 사로잡는 브랜드는 바로 만화와 같은 브랜드라고 할 수 있다. 그들은 소비자들이 기존에 가지고 있었던 기대들을 한순간에 무력화시킨다. 그리고 전혀 차원이 다른 가치를 제시함으로써, 소비자들의 기대가 마치 아무런 의미가 없는 양 만들어 버린다. 이러한 브랜드들은 현실적인 한계를 과감하게 떨쳐버린다.

여기서 우리가 주목해야 할 사실은, 이러한 브랜드들이 제안하는 새로운 가치는 기존의 경쟁자들이 내놓았던 가치들보다 좋다 혹은 나쁘다고 수직적으로 비교, 평가할 수 없다는 점이다. 그것은 이들 브랜드가 제시하고 있는 것은 수직적인 비교를 벗어난, 수평적인 차별화이기 때문이다. 이들이 추구하는 것은, 소비자들의 고정관념을 뒤엎는, 그리고 경쟁 무리로부터 벗어나는 진정한 차별화이다.

아이디어 브랜드, 무리를 벗어나 혼자만의 길을 가라

다음 장에서 소개하고 있는 다양한 브랜드들 중 일부는 여러분들도 잘 알 만한 세계적인 브랜드들이다. 또한 그 밖에 많이 들어보지 못했을 중소 브랜드들도 있다. 하지만 그들은 모두 한 가지 공통점을 지니고 있다. 이러한 점에서 나는 그들을 '아이디어 브랜드 idea brand'라고 부른다. 아이디어 브랜드들은 구태의연한 시장조사를 기반으로 그저 그런 제품들을 만들어내는 브랜드가 아니다. 그들은 불확실하고 모순적이라고 하더라도, 창조적인 방식으로 시장에 접근하는 브랜드들이다.

지금 여러분이 새로운 집을 장만하고 있다고 하자. 그러면 집을 수리해서 쓸 것인지, 아니면 완전히 허물고 새로 지을 것인지 고민하게 될 것이다. 전자의 방법은 집의 기본적인 골격을 유지하면서 외형적인 부분만 수정을 하는 것이다. 하지만 후자는 다르다. 이는 완전히 백지상태에서부터 시작하는 것이다. 비용과 시간이 당연히 더 많이 들 것이다. 하지만 그만큼 자유롭게 여러분이 원하는 대로 집을 지을 수 있다.

2부에서 소개하고 있는 아이디어 브랜드들은 바로 집을 허물고 새로 짓는 방식을 선택한 브랜드들이다. 그들은 시장 내에서 기존의 가치를 전면적으로 재검토한다. 이 말은, 사소한 것들을 수정하는 것이 아니라, 전반적인 구조를 완전히 뜯어고친다는 것을 의미한다. 이들은 기존의 기업들과는 완전히 다른 시각으로 전혀 다른 형태의 새로운 집을 설계하고 있는 것이다.

하지만 과잉성숙된 카테고리에서 움직이고 있는 대부분의 기업들은 사소한 가치들을 수정하는 작업에 지나치게 집착하고 있다. 그들은 틀에 박힌 아이디어들을 기반으로 치열하게 경쟁을 벌이고 있다. 2부에서 소개할 아이디어 브랜드들에 대해 내가 매력을 느끼는 한 가지 이유는, 그 브랜드들이 무리를 벗어나 혼자만의 길을 가고 있다는 점이다. 이 브랜드들은 특정 시점에서 경쟁 무리를 떠나, 자신만의 길을 개척해 나가고 있다. 그리고 혁신적인 아이디어를 통해, 전체 카테고리를 완전히 새로운 방향으로 이끌어 나아간다.

창조적 파괴, 미래의 시장을 만들어라

오늘날과 같이 치열한 경쟁 상황 속에서 아웃사이더가 된다는 것은 대단한 모험을 의미하는 것이 되었다. 그러다 보니 차별화된 독특한 가치를 들고 나오는 기업들을 찾아보기가 점점 더 힘들어지고 있다. 다른 경쟁자들과 동떨어져서 혼자 차별화된 전략을 구사하기가 지극히 위험한 시대가 되어버린 것이다. 그리고 나 역시 이러한 기업의 현실을 잘 알고 있다.

오늘날 소비자와 주주들의 기대를 뒤로하고 혁신적인 시도를 하는 것은 대단히 위험한 일이다. 그럼에도 불구하고 2부에서 소개하고 있는 아이디어 브랜드들은 '창조적 파괴creative disruptive'를 통해 이러한 모험을 실천으로 옮기고 있다. 이들은 뚜렷한 목표를 향해 반항아임을 자처하고 있다.

아이디어 브랜드들은 파괴하면서 동시에 창조한다. 건물을 허물어뜨리고 나서, 곧바로 그 자리에 새 건물을 짓는다. 그리고 거기에 자신들의 고유한 생명력을 불어넣는다. 과연 어떤 브랜드들이 이런 시도를 하고 있는지 의아해하는 독자들도 있을 것이다. 하지만 오늘날 비즈니스 세계에서 이러한 브랜드들은 분명히 존재하고 있고, 우리는 이들을 찾아내야 한다. 이들은 적어도 기존 브랜드들과 다른 방식으로 비즈니스를 풀어나가고 있다. 그들은 관성에서 벗어나, 미래의 시장을 만들어가고 있다.

물론 2부에서 소개하고 있는 아이디어 브랜드들을 선정하는 과정에서 분명히 나의 주관적인 판단이 작용했을 것이다. 그리고 내 개인적인 경험이 영향을 미쳤을 것이다. 하지만 어떤 브랜드가 진정한 차별화를 이룩했다고 판단을 내리기 위해서는, 어쩔 수 없이 개인적인 경험이 개입될 수밖에 없다. 물론 그렇다고 해서 브랜드를 선택하는 능력이 내가 여러분보다 더 뛰어나다고 말하고 있는 것은 아니다. 그렇게 선언해 버리고 만다면, 그건 단지 나의 오만일 뿐이다.

하지만 여기서 나는 다시 한 번 이 책의 목표를 떠올려 보고자 한다. 그것은 바로, 오늘날 진정한 차별화란 과연 무엇이며, 그리고 냉담한 소비자들에게 차별화된 가치를 제안하는 것이 과연 어떤 의미를 갖는 것인지 대화를 나누어보는 것이다. 나는 바로 이러한 목표를 위해 이들 브랜드들을 선택했다. 진정한 차별화의 개념에 대해 논의를 이끌어나가기 위해, 이들 브랜드들은 충분히 살펴볼 가치가 있다고 생각한다. 그렇다고 해서 내가 개인적으로 이러한 브랜드들을 특별히 더 선호한다는 것은 아니다. 사실 내가 한 번도 접해 보지 못한 브랜드들도 여기에 포함되어 있다. 어쨌든 내가 관심을 가지고 있는 것은, 브랜드 자체라기보다 그들의 독창적인 접근 방식이다. 나는 이러한 브랜드의 사례들을 통해, 여러분과 많은 이야기를 나누어볼 생각이다.

2부에서는 이들 브랜드들을 몇 가지로 분류해 보고, 그리고 그 분류들을 챕터별로 하나씩 살펴볼 것이다. 물론 이러한 분류 방식 역시 다분히 주관적이고 자의적일 것이다. 다시 한 번 말하지만, 내가 선택한 브랜드, 그리고 그 분류 방식은 결코 객관적이거나 절대적인 것이 아니다. 나의 접근방식은 이러한 브랜드들이 경쟁 상황으로부터 벗어나 새로운 가치를 창조할 수 있도록 만든 원동력을 이해하기 위한 하나의 도구에 불과하다.

1부를 마무리하면서, 오늘날 비즈니스 세계에서는 집단적인 움직임이 뚜렷하게 드러나고 있다는 사실을 다시 한 번 강조하고자 한다. 수많은 기업들이 천편일률적인 경쟁 상황에서 헤어나지 못하고 있다. 하지만 희망적인 소식은, 이러한 집단적인 흐름 속에서도 아웃사이더들이 끊임없이 모습을 드러내고 있다는 사실이다. 기성세대의 문화가 사회를 지배하고 있지만, 그 속에서도 진보적인 젊은이들은 새로운 비전을 우리 사회에 던지고 있다. 그리고 지치고 힘든 현실을 살아가는 우리에게, 만화영화는 즐거움과 판타지를 선사하고 있다. 이와 마찬가지로, 비즈니스 세계의 획일화된 경쟁 환경 속에서 아이디어 브랜드들은 새로운 가치를 제시함으로써 소비자들에게 새로운 빛을 던지고 있다. 이 사실을, 나는 여러분이 분명하게 이해하고 넘어갔으면 한다. 아이러니하게도, 우리가 앞으로 살펴볼 아이디어 브랜드들의 가치는 경쟁 환경이 더욱 획일화될수록 그 빛을 더 발휘하게 될 것이다.

제2부

경쟁은 없다

chapter 5 역 브랜드
거대한 흐름에 맞서라

　새로운 기술의 출현은 우리 사회에 큰 변화를 몰고 온다. 내가 캘리포니아 주에서 대학원을 다니고 있던 1995년 즈음, 그러한 일이 벌어지고 있었다. 그리고 나는 우연하게도 그 변화를 몸소 실감하게 되었다. 어느 날 나는 노트북 하나를 장만했다. 그리고 나의 새로운 노트북을 본 한 친구가 내게 넷스케이프라는 프로그램을 알려주었다. 그때 그 친구는 이렇게 말했다. "일단 야후에 한번 접속해 봐!"

　인터넷이라고 하는 새로운 세계를 접하게 되면서, 나는 순식간에 주변 사람들과 '사이버공간'이나 '초고속 통신'이라는 용어들을 스스럼없이 사용하게 되었다. 당시 나에게 인터넷이란, 단지 야후나

AOL, 익사이트Exite, 알타비스타AltaVista 같은 유명 포털 사이트에 접속한다는 의미였다. 당시 한 가지 웃긴 점은, 이러한 사이트에 들어가서 과연 내가 무엇을 해야 할지 전혀 모르고 있었다는 사실이었다. 그때 인터넷을 처음으로 접했던 사람들은 대부분 정보의 바다를 항해할 수 있도록 도와줄 안내자를 필요로 하고 있었다. 그리고 이러한 사람들의 필요성을 충족시키기 위해 등장한 것이 바로 다양한 검색 포털 사이트들이었다. 포털 사이트들은 저마다 인터넷 사용자들이 망망대해에서 길을 잃어버리지 않도록 등대가 되어주겠다고 선언을 하고 있었다.

실제로 그 당시 나에게 야후는 인터넷의 시작이자 끝이었다. 처음으로 내가 인터넷을 시작할 무렵, 야후는 하나의 신생 기업에 불과했다. 하지만 나의 온라인 세계가 넓어지면서, 야후의 비즈니스도 함께 발전해 나갔다.(아니면 야후기 성장하면서, 나의 인터넷 세계가 넓어진 것일 수도 있겠다.)

가장 먼저 야후는 사이트에 뉴스 코너를 만들었다. 그리고 점차 주식 및 스포츠 기사로 범위를 넓혀 나갔다. 또한 계속해서 날씨, 인물, 이메일, 경매 서비스를 추가했다. 이러한 일반적인 서비스와 더불어, 야후는 게임, 광고, 일정, 여행 등 새로운 서비스까지 추가했다. 게다가 나중에는 취업, 별점, 연예정보도 생겼다. 이처럼 야후는 놀라운 속도로 서비스 종류를 확대해 나갔다. 야후의 이러한 움직임에, 익사이트, 알타비스타, AOL 역시 다양한 항목들을 신설해 나갔다. 그리고 이러한 움직임들은 포털 사이트들 사이에서 표준적인 흐름으로 자리를 잡았다.

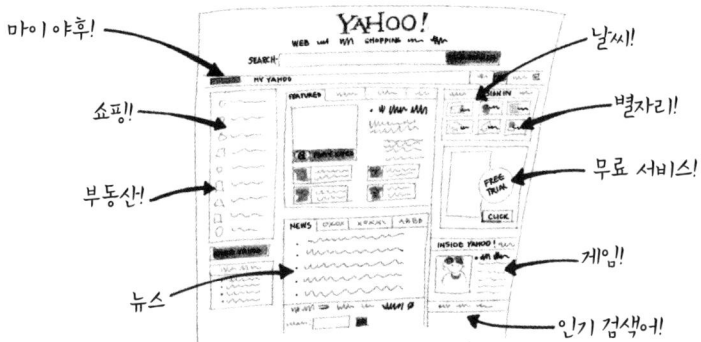

    유명 포털 사이트들은 검색 포털이라고 하는 새로운 시장의 경쟁 환경을 조성했을 뿐만 아니라, 사용자들이 인터넷 공간에서 정보에 접근하는 전반적인 틀을 마련했다. 만약 누군가가 예언자로서 명성을 떨치고 싶어 했다면, 아마도 그때만큼 좋은 시기는 없었을 것이다. 당시 포털 사이트들은 모두 너무나도 뚜렷한 방향으로 달리고 있었기 때문이었다. 대형 포털들은 모두 프론트페이지에 경쟁 사이트보다 조금이라도 더 많은 서비스를 담기 위해 안간힘을 쓰고 있었다. 그리고 이러한 요란스러운 행진은 아직까지도 계속되고 있다.

    하지만 이러한 흐름에 예상치 못한 돌발 변수가 하나 나타났다. 그것은 바로 구글의 등장이었다.

    오늘날 구글은 우리들의 삶에 아주 깊숙하게 자리를 잡고 있다.

그러다 보니 포털 시장에 구글의 등장이 얼마나 충격적인 사건이었는지에 대해서 종종 잊어버리게 된다. 구글이 사람들을 놀라게 했던 것은, 사실 그들이 한 것이 아니라 그들이 하지 않았던 것에 있었다. 포털 시장에 뒤늦게 합류한 구글은 아주 단순한 형태의 프론트페이지를 제시했다. 그들은 프론트페이지에 들어가야 할 것들을 모조리 없애 버렸다. 프론트페이지라기보다 차라리 백지에 가까웠다. 인터넷 사용자들에게 야후가 드넓은 바다라면, 구글은 그야말로 텅 빈 공간이었다. 실제로 구글의 프론트페이지는 아래와 같이 로고와 검색창으로만 이루어져 있다.

구글이 세상에 처음 모습을 드러냈을 때, 사람들은 그 중요성을 제대로 인식하지 못했다. 구글은 포털 사이트에 대해 사용자들이 갖고 있는 기대를 저버린다고 하더라도, 프론트페이지를 최대한 단순하게 만들겠다고 선언했다. 구글은 실제로 뉴스, 날씨, 주식, 쇼핑, 사진 등 기존의 포털들이 기본적으로 담아놓고 있던 항목들을 하나도 보여 주지 않았다. 그리고 홈페이지를 고급스럽게 만들려는 어떠한 시도도 하지 않았다. 야후나 AOL과 같은 대형 포털들이 최대한 풍부하게, 그리고 최대한 화려하게 프론트페이지를 가꾸고 있을 때, 구글은 정반대의 길을 걷고 있었다.

구글과 젯블루, 후발주자가 1등 기업을 뒤집는 비결

구글이야말로 내가 '역포지셔닝 브랜드reverse-positioned brand'라고 생각하는 가장 대표적인 기업이다. 여기서 말하는 역포지셔닝 브랜드란, 아주 독특한 아이디어를 통해 소비자들의 기대와는 전혀 다른 방향으로 나아가기로 결단을 내린 아이디어 브랜드를 의미한다. 그들은 기존 브랜드들이 반드시 필요하다고 생각하고 있는 요소들을 과감하게 삭제하기로 결정을 내린 용기 있는 브랜드다. 역 브랜드들은 다른 기업들이 예라고 할 때, 아니오를 외친다. 그것도 구차한 변명 없이 너무나도 당당하게!

역 브랜드가 갖는 의미에 대해 한번 생각을 해 보자. 기업의 업무활동에서, 특히 마케팅 활동에서 소비자의 기대를 저버리는 것만큼 심각한 죄는 없다. 그리고 소비자들의 욕망을 무시하는 것만큼 어리석은 짓도 없다. 그럼에도 불구하고 역 브랜드들은 소비자들의 기대와 욕망을 거슬러 나아간다. 물론 모두가 예를 말할 때, 혼자 아니오를 외치는 일은 결코 말처럼 쉬운 것이 아니다.

역 브랜드들은 아니오를 외치는 대가로 심각한 어려움에 봉착하게 된다. 가장 먼저, 소비자들의 기대를 저버린 죄로 시장에서 외톨이 신세로 전락하기 십상이다. 우리는 시장에서 이와 같은 브랜드들을 발견할 수 있다. 예를 들어 모텔 6, K-마트, 밥 디스카운트 가구Bob's Discount Furniture, 패밀리 달러 스토어Family Dollar Stones와 같은 브랜드들은 덩치가 큰 경쟁자들 사이에서 외로운 싸움을 벌이고 있다.

하지만 역 브랜드들은 그들만의 독창적인 가치를 기반으로 불리한 상황을 거꾸로 뒤집는다. 역 브랜드들은 핵심에서 벗어난 모든 부가적인 가치들을 털어내고, 혁신적인 조합을 통해 아무도 예상하지 못한 새로운 가치를 창조한다. 이들은 자칫 그동안 사람들이 눈여겨보지 않았던 가치들을 기발한 방식으로 결합한다. 그리고 이를 통해 시장에서 자신들만의 고유한 입지를 마련한다.

한 가지 예를 들어보자. 10년 전으로 돌아가서, 미국의 항공산업에 대해 생각해 보자. 당시 대형 항공사들은 모두 무료 기내식, 비즈니스 클래스, 왕복티켓 할인 등의 다양한 서비스를 실시하고 있었고, 소비자들 역시 이를 당연한 것으로 받아들이고 있었다.

그러나 2000년, 젯블루항공JetBlue이 등장하면서 이러한 관행에 제동이 걸렸다. 젯블루는 기내식 서비스와 비즈니스 클래스, 그리고 티켓 할인 프로그램을 몽땅 없애 버렸다.(항공료는 오직 편도 기준이다.)

하지만 젯블루는 많은 관행을 없애는 데에서 멈추지 않았다. 그들은 동시에 소비자들이 상상하지 못했던 새로운 가치를 제시했다. 전 좌석 최고급 가죽시트, 개인용 LCD, 그리고 위성 TV 시스템 서비스를 제공했다. 이러한 서비스는 당시 승객들이 한 번도 경험하지 못했던 획기적인 것이었다.

나는 젯블루 역시 대표적인 역 브랜드의 사례로 종종 소개한다. 그들은 소비자들이 기존에 가지고 있던 기대의 수준을 한 방에 날려버렸다. 그리고 동시에 상상하지 못했던 새로운 가치를 선물했다. 다른 항공사들이 예를 말할 때, 젯블루는 아니오를 선택했다. 그리고 동시에 다른 경쟁사들이 아니오라고 할 때, 예를 외쳤던 것이다. 그 결과, 젯블루의 소비자들은 차원이 다른 새로운 서비스를 경험할 수 있었다.

구글 역시 인터넷 사용자들에게 예전에 느끼지 못했던 새로운 자유를 주었다. 구글에서 가장 좋은 점은 광고가 없다는 사실이다. 구글이 등장하기 전, 인터넷 사용자들은 검색 서비스를 공짜로 사용하는 대신, 수많은 어지러운 배너 광고들을 참고 보아야 한다는 사실을 일종의 암묵적인 합의로 받아들이고 있었다. 대형 포털 사이트들 역시 이를 당연한 것으로 여기고 있었다.

이러한 상황에서 백지의 모습으로 나타난 구글의 출현은 충격 그 자체였다. 구글에 접속한 사용자들은, 복잡한 물건들로 넘쳐나는 할인매장을 빠져나와 최고급 부티크 매장으로 들어가는 기분을 만끽할 수 있었다. 구글은 여백이 주는 우아함의 가치를 제대로 이해하고 있었다. 그리고 다른 포털 사이트에서는 찾아볼 수 없는 단순함의 미학을 인터넷 사용자들에게 제시했던 것이다.

그리고 구글 또한 여기서 멈추지 않았다. 그들은 엄청나게 빠른 검색 스피드 서비스를 제공했다.(구글에서 검색해 보면, 0.01초 단위로 검색 시간을 확인할 수 있다.) 그리고 기념일에는 로고의 모양이 거기에 맞는 기발한 형태로 바뀌기까지 한다. 구글 사용자들 대부분은 그들의 검색 서비스가 적절하고 합리적인 수준에서 이루어지고 있다고 만족감을 드러내고 있다.

이러한 차원에서 나는 구글을 역 브랜드의 대표적인 사례로 꼽고 있다. 역 브랜드는 기존 가치들을 없애 버리면서, 동시에 새로운 가치를 만들어낸다. 많은 것들을 없애고, 그 자리에 새로운 것들을 세운다. 그리고 부가적인 가치들을 없애고, 핵심적인 가치들로만 조합을 만들어낸다. 이러한 모습은 처음에는 낯설고, 때로는 당황스럽기까지 하다. 하지만 바로 그렇기 때문에 역 브랜드가 진정한 차별화를 이룰 수 있는 것이다.

1990년대 후반, 야후 및 AOL과 같은 대형 포털들은 자신의 차별화에 대해 목소리 높여 외쳤다. 하지만 실제로 그들이 주장하고 있는 가치들은 대동소이한 것들이었다. 그리고 델타항공, 아메리칸에어라인, 유나이티드항공 역시 그랬다. 하지만 동일성이 지배하고 있던 포털과 항공 시장에서, 구글과 젯블루는 완전히 새로운 가치를 들고 시장으로 들어왔다. 경쟁자들이 서로 치열하게 싸우고 있을 때, 그들은 무리를 떨어져 나와 혼자만의 길을 걸어갔던 것이다.

많이 주는 것보다 적게 주는 게 사람을 사로잡는 이유

오늘날 대부분의 기업들은 더 좋은 것이란 곧 더 많은 것이라는 관성적인 사고에 빠져 있다. 더 좋은 세제를 만들기 위해서 기업들은 섬유유연제나 향료와 같은 부가적인 기능들을 계속해서 추가하고 있다. 항공사들은 끊임없이 마일리지 프로그램을 강화하거나 새로운 할인 프로그램을 추가하고 있다.

물론 이러한 움직임이 긍정적인 결과로 이어지기도 한다. 기업들은 계속해서 기존의 제품과 서비스를 개선해 나가고, 소비자들은 더 큰 만족을 얻게 된다. 리츠칼튼 호텔, 노스트롬Nordstrom, 포시즌Four Seasons 모두 최선을 다해 서비스를 개발하고 있고, 소비자들은 계속해서 새로운 만족을 얻고 있다. 하지만 이들 기업들은 아무리 노력한다고 해도 소비자들의 욕구를 100% 만족시킬 수는 없다는 사실을 잘 알고 있다. 그래도 최대한 목표에 접근하기 위해 애를 쓰고 있다.

하지만 치열한 투자와 노력에도 불구하고, 기업들 대부분은 평준화의 흐름에서 벗어나지 못하고 있다. 우리는 앞에서 이와 관련된 사례들을 살펴보았다. 어떤 지역에서 한 레스토랑이 점심시간에 뷔페 서비스를 시작해서 성공을 거두면, 인근의 다른 식당들도 뷔페 서비스를 따라 하게 된다. 그러면 소비자들은 처음의 레스토랑을 고집해야 할 이유를 잃어버리게 된다.

그렇기 때문에 역 브랜드가 되기 위해서는, 관성적인 경쟁의 흐름에서 과감하게 뛰쳐나오는 길밖엔 없다. 이러한 차원에서 역 브랜드란 제품 확장이라고 하는 일반적인 비즈니스 흐름을 거부하고 있는 브랜드라고 할 수 있다. 역 브랜드들이 그렇게 하는 이유는, 소비자의 기대에 관심이 없어서가 아니다. 다른 기업들과는 전혀 다른 방식으로 시장에 접근하고 있기 때문이다. 기업들은 대부분 소비자들이 항상 불만족에 빠져 있다고 생각한다. 하지만 역 브랜드들은 소비자들이 오히려 과잉만족over-satisfied의 상태에 빠져 있다고 생각을 한다. 즉, 역 브랜드들은 과잉성숙된 시장에서 소비자들은 그들 스스로 별로 필요하지 않다고 생각하는 제품과 서비스로 둘러싸여 있다고 느끼고 있다는 사실을 잘 이해하고 있다. 이처럼 역 브랜드들은 소비자들을 완전히 다른 시선으로 바라보고 있기 때문에, 기존 가치들을 계속해서 확장해 나가는 대신, 넘쳐나는 가치들을 관리가능한 수준으로 낮추고 이를 창조적인 방식으로 재조합하려는 시도를 하는 것이다.

물론 오늘날 소비자들이 과잉만족 상태에 빠져 있다고 해서, 지금보다 더 낮은 품질과 서비스를 원하고 있다는 말은 아니다. 또한 오늘날의 기업들이 제공하는 다양한 가치들이 전혀 쓸모없는 것이라는 말도 아니다. 다만 오늘날 역 브랜드들이 하고 있는 일은, 기존의 가치들을 부정하는 것이 아니라, 부가적인 가치들을 없애고, 여기에다가 예전에는 경험할 수 없었던 새로운 가치를 집어넣는 방식으로 새로운 가치조합을 만들어내는 것이다. 여기서 새로운 가치조합이란 사람들이 지금까지 별로 어울리지 않는다고 여겨 왔던 다양한 가치들을 창조적으로 결합하는 시도를 의미한다. 그렇기 때문에 역 브랜드들이 제안하는 새로운 가치조합은 처음에는 무척이나 낯설게 느껴지지만, 시간이 지나면서 소비자들은 거기에 점차 적응을 해 나간다.

친절할수록 손님이 도망가는 이유

이제 이렇게 한번 상상해 보자. 여러분은 지금 막 결혼을 했다. 그리고 신혼집 가구세트를 장만하기 위해 남편 혹은 아내와 함께 대형 가구 매장에 들렀다. 하지만 매장에 들어서는 순간, 수많은 가구의 종류에 압도당하고 만다. 여러분의 배우자도 긴장된 표정이 역력하다. 우리들뿐만이 아니다. 매장을 둘러보고 있는 다른 사람들도 마찬가지다. 다들 이렇게 많은 가구들 속에서 하나를 골라야 한다는 중압감에 사로잡혀 있는 듯하다.

사실 이러한 느낌은 아주 일반적인 것이다. 대형 가구 매장에서 마음에 드는 하나를 고르는 것은 절대 쉬운 일이 아니다. 오랜 시간을 함께 보내야 할 소파나 침대는 더욱 그렇다. 한 번 선택을 하면 한 10년은 기본적으로 써야 한다는 생각에 더욱 신중해진다.

가구 매장들도 이러한 소비자들의 부담을 잘 알고 있다. 그래서 그들은 최선을 다해 소비자들의 선택을 도와주고자 한다. 가장 먼저 소비자들에게 충분한 선택권을 제공하기 위해, 최대한 많은 가구들을 매장 안에 채워 넣는다. 그리고 영업사원들을 배치하여 손님들에게 적극적으로 조언을 한다. 또한 쇼핑을 마치고 나면, 집까지 가구를 배달해 주는 것은 물론, 안전하게 설치까지 해 준다. 게다가 자신이 선택한 가구가 과연 얼마나 오래갈지 걱정하는 소비자를 위해 이런 말도 놓치지 않는다. "아마 평생 안심하고 쓰시게 될 겁니다."

하지만 여기서 주목해야 할 점이 한 가지 있다. 그것은 가구 매장의 친절한 서비스에도 불구하고, 대부분의 소비자들은 쇼핑을 하는 내내 냉소주의적인 태도를 취한다는 사실이다. 매장의 과잉친절은 때로는 역효과를 내기도 한다. 드넓은 가구의 바다를 보는 순간, 소비자들은 막막함을 느낀다. 그리고 계속해서 따라다니는 매장 직원들 때문에 슬슬 짜증이 나기 시작한다. 평생 쓸 수 있을 것이라는 직원의 말에 어깨가 더욱 무거워지기도 한다.

이처럼 가구 매장의 노력은 소비자들의 만족감을 높이지 못하고, 오히려 더 떨어뜨리기까지 하고 있다. 처음에 적극적이었던 소비자들도 가구 매장을 돌아다니는 동안 차츰 수동적이고 부정적으로 바뀌어간다. 매장 직원들은 손님들의 선택을 도와주기 위해 꽁무니를 졸졸 따라다니지만, 소비자들은 그게 더 못마땅하다. 이러한 모습은 포털 사이트들에서도 마찬가지로 나타나고 있다. 포털 업체들은 뉴스, 날씨, 스포츠 등 한 가지 정보라도 더 많이 제공하기 위해 최선을 다한다. 하지만 사용자들은 정신없는 레이아웃과 느려 터진 검색 속도에 짜증이 난다. 항공사들 또한 마찬가지다. 신경을 써서 무료 기내식을 제공하지만, 승객들은 맛이 없다고 불평이다. 결론적으로 말해서, 기업들은 모두 고객 만족을 위해 최선을 다하고 있지만, 이것이 문제를 해결하기는커녕, 점점 더 악화시키고만 있는 것이다.

이케아, 불친절한 브랜드가 뜨는 이유

이러한 상황과 대비하여 내가 종종 소개하는 브랜드는 바로 이케아IKEA다. 아마 많은 사람들이 이케아라는 브랜드를 알고 있을 것이라고 생각한다. 오늘날 이케아는 전 세계 가구 시장을 상대로 강력한 브랜드 인지도를 자랑하고 있다.

브랜드 매니저들의 궁극적인 목적은 자신들의 이미지를 최대한 긍정적인 방향으로 이끌고 나가는 것이다. 그리고 이를 위해 최선을 다한다. 하지만 이케아는 반대다. 그들은 오히려 부정적인 측면을 강조한다. 주변 사람들에게 이케아에 대해 한번 물어보자. 그러면 여러분은 아마도 이러한 말을 들을지도 모른다. "배송도 안 해주고, 조립도 직접 해야 하는 가구 아닌가요?" 사실이다. 이케아는 소비자들이 당연하다고 생각하는 것들을 처음부터 의도적으로 하지 않고 있다.

이케아 브랜드가 미국 시장에 진출했을 때, 소비자들은 크게 당황했다. 기존의 대형 가구 매장들이 제공하는 친절한 서비스에 비해, 이케아의 서비스는 너무나 초라해 보였다. 우선 제품도 다양하지 못했다. 이케아 가구는 스칸디나비아, 모던, 컨트리하우스, 스웨덴-틴에이지라고 하는 네 가지 스타일로만 이루어져 있었다. 그리고 매장에는 쇼핑을 도와주는 직원들을 찾아볼 수 없었다. 소비자들은 혼자 알아서 매장 전체를 둘러보아야만 했다. 게다가 배송 및 조립 서비스도 제공해 주지 않았다. 소비자들은 자신이 구입한 가구를 직접 들고 가서, 스스로 조립을 해야 한다. 또한 그들은 가구를 평생 쓸 수 있을 것이라는 약속도 하지 않는다. 오히려 이케아는 그들이 판매하고 있는 가구가 다만 '소비재'에 불과하며, 그렇기 때문에 몇 년 지나면 바꾸어야 할 '소프트'한 제품이라고 공식적으로 언급하고 있다.

하지만 이것이 이케아의 전부는 아니다. 그들은 많은 것들을 제거함과 동시에, 많은 것들을 새롭게 만들어냈다. 가령, 이케아 매장에는 본사에서 운영하는 탁아소 시설이 있다. 그래서 엄마들은 아이들을 맡겨 두고 안심하고 쇼핑을 할 수 있다. 그리고 다른 매장들과는 달리 실내조명이 한층 밝다. 그리고 매장 내 카페에서 구운 연어나 링론베리 파이, 스웨덴식 미트볼로 점심을 해결할 수 있다. 게다가 매장을 돌아다니면서, 가구 주변에 놓여 있는 디스플레이 아이템까지 구매할 수 있다. 간단하게 말해서 이케아는 기존의 가구 매장들의 어두침침하고 창고 같은 분위기를 밝고 신나고 현대적인 감각으로 완전히 바꾸어놓았다. 이케아 매장의 이러한 유럽풍 '리테일테인먼트retailtainment(retail과 entertainment의 합성어로서 오락적인 요소를 강화한 매장 디스플레이 전략을 의미한다-옮긴이)' 분위기는, 비록 선택의 폭은 좁지만, 단순하고 소박한 스칸디나비아 스타일과 완벽한 조화를 이루고 있다.

 이러한 이유로 나는 이케아 또한 대표적인 역 브랜드 사례로 꼽고 있다. 이케아는 소비자들로부터 무언가를 빼앗으면서, 동시에 무언가 다른 것을 주고 있다. 그들은 우리들에게 익숙하지 않은, 다양한 가치들의 조합을 제시한다. 이러한 모습은 얼핏 보면 대단히 모순적이다. 하지만 그렇기 때문에, 과잉만족 속에서도 불만을 갖고 있는 모순적인 현대 소비자들의 관심을 자극할 수 있는 것이다.

 이케아의 매력을 한마디로 정의해야 한다면, 나는 이렇게 얘기하고 싶다. "이케아는 모순된 가치들을 당당하게 주장하는 브랜드이다." 그들은 인색하면서도 후하다. 아니오라고 말하면서 동시에 예라고 대답한다. 많은 것을 없애 버리고, 동시에 많은 것을 만들어낸다. 그리고 모순된 가치를 제안하면서도, 그것들을 조화시키는 비밀스런 노하우를 뽐내고 있다.

거꾸로 가는 전략

 오늘날 너무나 많은 제품과 서비스로 넘쳐 나는 세상에서 소비자들은 과잉만족에 염증을 느끼고 있다. 하지만 강의 시간에 항상 강조하는 것처럼, 과잉만족 속에서도 소비자들은 불만을 느낀다. 한 순간 만족을 했다가도, 조만간 또 새로운 것을 바란다. 현대인들은 그 어느 것에도 완전한 만족감을 느끼지 못하는 극단적으로 변덕스런 소비문화에 빠져 있다.

이러한 소비문화에서 살아남기 위해, 기업들은 끊임없이 제품과 서비스를 확장해 나간다. 뷔페 레스토랑은 계속해서 음식 가짓수를 늘리고, 가구 매장은 제품의 종류와 매장 직원들을 늘려 나가고, 포털 사이트들은 더 많은 정보를 프론트페이지에 담는다. 하지만 소비자의 만족감은 일순간 높아졌다가 다시 원래의 자리로 돌아온다. 사람들의 유난스런 변덕으로, 기업들의 노력은 조만간 아무것도 아닌 것이 되어버리고 만다.

그렇기 때문에 아이러니하게도 제품과 서비스를 제거해 나가는 거꾸로 전략이 효과를 발휘할 수 있는 것이다. 경쟁자들이 당연하게 제공해 왔던 가치들을 없애 버리는 모험이, 과잉만족에 지친 소비자들의 관심을 사로잡을 수 있는 것이다. 소비자들은 이러한 새로운 시도에 신선한 즐거움을 느낀다.

물론 이러한 시도에는 분명 위험이 존재한다. 예를 들어, 이케아 매장을 찾아가려면, 최소한 한 시간 동안 차를 몰고 가야 한다.(게다가 찾기도 쉽지 않다.) 그리고 혼자 매장을 둘러보고, 선택을 하고, 집으로 가져오고, 조립하고, 설치까지 해야 한다. 그러고 나면 하루가 후딱 지나가 버린다. 게다가 설치를 마치고 나서도, 얼마나 오래 쓸 수 있을지 걱정을 하게 된다.

하지만 이 모든 단점에도 불구하고, 나는 이케아라는 브랜드에 대해 긍정적인 느낌을 갖고 있다. 그것은 이케아 가구를 사용하는 사람들로부터 들었던 말 때문이다. 이케아 사용자들은 이케아의 장점에 대해서는 열변을 토한다. 그리고 동시에 단점에 대해서는 강력하게 변호를 한다. 그들은 긍정적인 측면에 대해서는 칭찬을 아끼지 않으면서, 부정적인 측면에 대해서는 극구 부인을 한다. 가령 매장을 찾아가기가 너무 어렵다는 지적에, 그들은 '여행이자 모험'이라고 항변을 한다. 그리고 혼자서 매장을 둘러보며 결정을 내리기가 어렵다는 지적에, 그들은 매장을 둘러보면서 '디즈니랜드에 와 있는 기분'을 느낄 수 있다고 주장한다. 또한 운반과 조립이 힘들다는 지적에, 그것 또한 하나의 '재미'라고 변호한다. 게다가 가구가 튼튼하지 못하다는 비판에, 조만간 가구를 바꿀 수 있는 '자유'라고 웃으면서 넘겨 버린다.

단점을 장점으로 바꾸어버리는 모습들을 보면, 마치 연금술사 같다는 생각이 들 정도다. 이처럼 이케아는 기존에 소비자들이 가지고 있었던 기대를 완전히 뒤엎어놓고 있다. 그리고 이케아 마니아들은 수고와 노력을 들이면서 더욱 새로운 만족감을 느끼고 있는 것이다.

소비자들이 합리적인 차원에서 만족을 느낀다면, 기업들은 아마도 지금보다 훨씬 수월해졌을 것이다. 하지만 이케아 사례에서도 보았듯이, 소비자들의 심리는 복잡하고 아이러니하다. 즉, '더 많이'를 통해 만족을 느끼기도 하지만, '더 적게'를 통해서 더 큰 만족을 얻기도 한다. 그렇기 때문에 기존의 많은 것들을 없앰으로써 소비자들의 관심을 받는 역 브랜드의 성공이 가능한 것이다.

역 브랜드들의 등장은 오늘날의 모순된 소비문화를 고스란히 반영하고 있다. 역 브랜드들은, 과잉만족의 시대에서 부수적인 가치들을 과감하게 제거함으로써 소비자들에게 독특한 만족감을 제공할 수 있다는 사실을 분명하게 이해하고 있다. 이들은 지금까지 우리가 누려 왔던 가치들을 빼앗아 가면서, 동시에 기대하지 못했던 새로운 가치를 제공하고 있다. 그리고 이를 통해 우리들의 마음속에서 새로운 욕망을 싹트게 만들고 있다.

인앤아웃 버거, 소비자 스스로 찾아오게 하라

또 하나의 역 브랜드 사례로 내가 즐겨 드는 것은 캘리포니아 주의 인앤아웃 버거In-N-Out Burger이다. 일반적인 패스트푸드들과는 달리, 인앤아웃 버거에는 해피밀 세트와 같은 메뉴나 어린이 메뉴, 혹은 샐러드나 디저트도 없다. 메뉴는 오직 여섯 가지밖에 없으며, 10년 동안 변함이 없다. 하지만 겉으로 드러나는 모습 이면에는 많은 비밀들이 숨어 있다. 우선 모든 메뉴는 냉동이 아닌 신선한 재료로 만들어진다. 그리고 인앤아웃 시스템에 '익숙한' 소비자들은 '비밀 메뉴'를 주문할 수 있다. 비밀 메뉴란 손님의 주문에 따라 특별한 형태로 기존의 메뉴를 변형할 수 있는 메뉴를 말한다. 패스트푸드 매장은 가능한 많은 메뉴를 소비자들에게 보여 주고자 한다. 하지만 인앤아웃은 완전히 거꾸로 가고 있다. 그리고 바로 그 때문에, 실용주의자로 가득 찬 패스트푸드 카테고리 속에서 인앤아웃 버거만이 브랜드 로열리스트들을 거느리고 있다.

이는 결코 과장이 아니다. 몇 년 전 유타 주에 처음으로 인앤아웃 버거 매장이 들어섰을 때, 그 지역에 일대 소란이 벌어졌다. 한 지역 신문사의 기자가 상황을 알아보기 위해 바로 매장을 찾았을 때, 그는 인앤아웃 버거를 먹기 위해 800킬로미터를 달려온 브리검 영 대학생들을 보고는 깜짝 놀랐다고 한다. 2006년에는 패리스 힐튼이 인앤아웃 버거 매장에서 음주운전 혐의로 체포를 당하는 사건이 발생하기도 했다. 그녀는 나중에 출연한 방송 프로그램에서 진행자 라이언 시크레스트Ryan Seacrest에게 이렇게 털어놓았다. "그때 배가 너무 고팠거든요. 그냥 인앤아웃 버거를 빨리 먹고 싶었을 뿐이에요." 하지만 대부분의 소비자들에게 인앤아웃 버거 매장으로 가는 길은 너무나 험난하다. 그리고 도착해서도 오랫동안 줄을 서서 기다려야 한다. 하지만 인앤아웃 마니아들은 오히려 그들이 얼마나 멀리서 달려왔는지, 그리고 얼마나 오랜 시간을 기다렸는지를 자랑스럽게 늘어놓는다. 최근에는 '인앤아웃 파인더In-N-Out Finder'라는 스마트폰 애플리케이션까지 등장해서 인기를 끌고 있다.

　인앤아웃 버거, 이케아, 젯블루에는 공통점이 한 가지 있다. 그것은 수많은 브랜드 전도사들을 확보하고 있다는 것이다. 물론 모든 소비자들이 이들 브랜드를 좋아하는 것은 결코 아니다. 하지만 역 브랜드를 선호하는 소비자들은 대부분 브랜드에 대한 대단한 열정을 가지고 있다. 그리고 브랜드 충성도를 구축하기 대단히 힘든 카테고리에서도, 역 브랜드들은 놀랍게도 열정과 충성으로 가득 찬 소비자들을 거느리고 있다.

　그렇지만 역 브랜드들의 특성을 한마디로 정의하기는 불가능하다. 단지 명품 브랜드라고 하기에는 지나치게 진보적인 성향을 가지고 있다. 그렇다고 싸구려 브랜드라고 하기에는 체계적인 전략을 갖추고 있다. 결론적으로 말해서, 역 브랜드들은 틀에 박힌 경쟁을 거부함으로써, 동일함이 지배하고 있는 카테고리에서 아웃사이더임을 자처하고 있다. 그리고 바로 이러한 이유로 소비자들의 마음을 사로잡고 있다.

'더'가 지배하는 세상에서 사람들은 '덜'을 원한다

우리는 인류의 역사가 점진적으로 발전해 간다고 믿고 있다. 그리고 진보란 조금씩 앞으로 나아가는 것이라고 생각한다. 하지만 역 브랜드들의 사례를 살펴보면, 꼭 그렇지만은 않다는 사실을 깨닫게 된다. 이들은 후퇴를 통해 발전할 수 있는 가능성을 보여 준다. 예를 들어 지금까지 TV 리모컨은 계속해서 복잡해져 왔다. 하지만 버튼이 모두 사라진 아주 단순한 모델이 등장할 가능성은 얼마든지 있다. 마찬가지로 가전제품들은 계속해서 튼튼하게 발전해 가고 있지만, 어느 순간 일회용 전자제품이 등장할지도 모른다.

20년 전, 누군가 내게 미래에는 브랜드 로열리스트를 확보할 수 있는 브랜드가 성공할 것이라고 얘기했다면, 나는 이를 믿지 않았을 것이다. 그리고 10년 전, 누군가가 텅 빈 프론트페이지를 들고 나온 포털 사이트가 시장을 주름잡을 것이라고 예언했다면, 나는 아마도 비웃었을 것이다.

그러나 오늘날 이는 모두 현실로 드러나고 있다. 이러한 사례들로부터 우리는 오늘날의 소비자들이 원하는 것이 진정 무엇인지 짐작할 수 있다. 소비자들이 원하는 것은, 넘쳐 나는 풍요의 바다 속에서 단순함의 자유를 다시 찾는 것이다. 다양한 제품과 서비스로 넘쳐 나는 과잉만족의 시장에서, 소비자들은 마음의 휴식을 원하고 있다. 다시 말해, '더more'가 지배하는 세상에서, 사람들은 '덜less'을 요구하고 있다.

그렇기 때문에 역 브랜드의 전략은 발전을 거스르는 것처럼 보인다. 그리고 그들이 하는 모든 시도는 그 카테고리가 지금까지 이룩한 모든 성과를 파괴하는 것처럼 보인다. 심지어 진보라는 거대한 흐름에 맞서고 있는 것처럼 보이기까지 한다. 하지만 역 브랜드의 사례들을 통해서 우리가 확인할 수 있는 것은, 그들은 분명 카테고리의 진보에 기여하고 있다는 사실이다. 이들은 한 걸음 물러서고 있지만, 이를 통해 두 걸음을 나아간다. 거시적인 관점에서 볼 때, 역 브랜드들은 분명 카테고리의 진보를 가속화시키고 있다.

그리고 기존의 브랜드들은 점차 역 브랜드들의 움직임을 따라가는 모습을 보이고 있다. 실제로 오늘날의 시장을 주의 깊게 들여다 보면, 많은 브랜드들이 이렇게 생각하고 있다는 사실을 발견할 수 있다. '안 되겠어.…… 항공티켓 가격 프로그램을 단순화해야겠어.', '프론트페이지를 더 심플하게 만들어야겠군.' 그러나 비즈니스 세계에서 따라가는 노력만으로는 결코 놀라운 성과를 이룩할 수 없다. 하지만 이러한 움직임이 지금 현실로 드러나고 있다. 역 브랜드의 새로운 가치 제안에, 경쟁사들은 그들의 전략을 신중하게 재검토하고 있다. 그리고 역 브랜드의 시도를 따라잡으려는 조짐이 조금씩 흐름을 형성하고 있다.

약 10년 전, 크리스토퍼 놀란Christopher Nolan 감독의 〈메멘토Memento〉라는 영화가 나왔다. 그 줄거리는 단기 기억상실증에 걸린 주인공이 복수를 하기 위해 기억을 더듬어간다는 내용이다. 이 영화에서 가장 특이한 점은, 시간이 완전히 거꾸로 흘러간다는 것이다. 영화의 각 장면들은 시간의 역순으로 진행된다. 그리고 시간을 거꾸로 흘러가면서 놀라운 단서들이 하나씩 등장한다. 최근에 나는 이 영화를 다시 보면서, 역 브랜드의 모습과 비슷하다는 생각이 들었다. 실제로 오늘날 역 브랜드들이 하고 있는 것이 바로 시간을 거꾸로 거슬러 올라가는 것이기 때문이다. 그리고 역 브랜드들 역시 시간을 거꾸로 거슬러 올라가면서 새로운 가치들을 하나씩 드러내고 있다!

비디오 게임 시장에서 전면전이 벌어지고 있던 2006년, 닌텐도는 위Wii를 발표했다. 당시 다른 비디오 게임 업체들은 모두 프로세스의 성능을 높이고, 콘솔의 저장용량을 확대하고, 그래픽을 화려하게 만들기 위해 치열한 경쟁을 벌이고 있었다. 하지만 닌텐도는 이러한 경쟁에서 한발 물러나 있었다. 그리고 아무도 예상하지 못했던 새로운 제품을 들고 나왔다.

닌텐도는 비디오 게임 시장의 향방을 완전히 바꾸어놓았다. 그리고 소비자들의 기대까지 송두리째 바꾸어놓았다. 이처럼 역 브랜드 하나가 카테고리 전체를 통째로 바꾸어버리기도 한다. 이렇게 한번 생각해 보자. 평평한 바닥에 구슬을 굴리면 직선을 그리며 나아갈 것이다. 그 궤적은 충분히 예측이 가능하다. 하지만 그 앞에 언덕을 만들어두면 그 궤도는 휘어질 것이다. 10년 전, 인터넷 검색 시장에서 구글이 바로 이러한 언덕을 만들었다. 그리고 이케아와 젯블루 그리고 닌텐도 역시 똑같은 언덕을 만들었다.

이제 우리는 이렇게 정리해 볼 수 있을 것이다. 역 브랜드는 카테고리라는 평지에 언덕과도 같은 존재이다. 기업들의 경쟁과 소비자들의 기대라고 하는 구슬은, 이 언덕을 거치면서 지금까지와는 전혀 다른 방향으로 나아가게 될 것이다.

역 브랜드들의 과제

마지막으로, 역 브랜드는 한쪽으로 치우친 브랜드라는 사실을 강조하고 싶다. 이케아, 구글, 인앤아웃 역시 한쪽으로 치우친 브랜드이다. 이러한 브랜드들의 문제점은, 항상 균형을 맞추라는 압박을 받는다는 것이다. 많은 소비자들이 이케아에게 배송과 조립 서비스를 요구하고 있다. 이들의 요구에 대해, 이케아는 원래의 순수성을 잃어버리지 않는 상태에서 소비자들의 불만을 부드럽게 처리해야 한다는 과제를 떠안고 있다. 구글 역시 점점 다양한 비즈니스 모델로 진출하고 있다. 그리고 그 과정에서 애초의 순수성을 유지해 나가야 한다는 과제를 떠안게 되었다. 마찬가지로 앞에서 소개한 역 브랜드들 모두 이러한 당면과제를 맞이하고 있다. 이들이 이러한 과제들을 어떻게 해결해 나갈 수 있을지 앞으로 관심을 가지고 지켜보아야 할 대목이다.

오랫동안 나는 역 브랜드들의 움직임을 면밀히 관찰해 왔다. 그리고 그 과정에서 소중한 교훈 하나를 깨닫게 되었다. 그것은 바로, 역 브랜드들은 처음부터 경쟁자들과는 다른 방향으로 나아갔기 때문에, 모방 브랜드들이 일구어내지 못한 진정한 차별화의 이익을 오랫동안 누릴 수 있었다는 사실이다.

chapter6 일탈 브랜드
소비자들의 심리를 변화시켜라

"가정용 로봇이 출시된다면 여러분은 무슨 용도로 사용하고 싶은가?"

이 질문을 친구들에게 던져 본 적이 있다. 그들의 대답은 이랬다. "청소를 시켜야지." "설거지를 시킬 거야." "잔디를 깎으라고 하겠어." "이메일에 답변을 해 줄 수는 없을까?" "뭐니뭐니해도 화장실 청소지."

내 질문에 친구들은 아주 구체적으로 대답을 했다. 이 질문을 하면서 나는 친구들에게 굳이 가정용 로봇이 어떻게 생겼으며, 어떠한 방식으로 움직이는지 설명할 필요가 없었다. 그것은 우리 모두가 로봇에 대한 개념을 이미 머릿속에 가지고 있기 때문이다. 아마도 여러분의 생각도 대충 비슷할 것이다.

하지만 사실 우리는 가정용 로봇을 사용해 본 적이 없다. 그럼에도 불구하고 이에 대해 비슷한 이미지를 가지고 있다는 것은 놀라운 사실이다. 소프트웨어와 관련된 전문 용어로 '베이퍼웨어vaporware'라는 말이 있다. 이는 사람들이 일반적으로 잘 알고는 있지만, 실제로는 아직까지 세상에 나오지 않은 프로그램을 뜻한다. 가정용 로봇이야말로 바로 대표적인 베이퍼웨어라고 할 수 있겠다. 가정용 로봇은 실제로 존재하지 않지만(최소한 상용화는 되지 않았다), 공상과학 영화에 심심찮게 등장한다. 그 덕분에 가정용 로봇의 카테고리가 이미 우리들의 머릿속에 자리를 잡고 있는 것이다.

만약 내게 이러한 로봇이 주어진다면, 가정부나 비서로 써보고 싶다. 로봇이 나를 대신하여 저녁상을 봐주고, 집안을 청소해 주고, 여행 스케줄을 관리하고, 그리고 세금처리도 해 줬으면 좋겠다. 그리고 외국어 선생님이 되어주었으면 좋겠다. 거기에다가 내가 슬플 때 위로해 주기까지 할 수 있다면 더는 바랄 게 없을 것이다.

소니의 마케팅 전략

오래전, 도이 도시타다가 이끄는 소니 연구팀이 가정용 로봇을 개발 중이라는 소식을 듣고 나는 깜짝 놀랐다. 당시로서는 가정용 로봇 개발이 너무나도 먼 미래의 일이라고만 생각하고 있었기 때문이다. 그래도 내가 만나본 도이 박사는 설거지와 빨래를 하는 로봇을 조만간 개발할 수 있을 것이라고 굳게 믿고 있었다. 그리고 이미 미래형 로봇 개발을 위한 구체적인 계획까지 세워두고 있었다.

하지만 도이 박사는 시작단계부터 문제에 직면했다. 아무리 많은 예산을 쏟아붓는다고 하더라도, 당시 기술력으로는 인간과 교류를 할 수 있는 로봇을 만들어내는 것이 불가능하다는 사실을 연구 초기에 깨달았기 때문이었다. 당시 인공지능 기술은 지극히 초보적인 수준이었다. 그래서 사람의 명령을 알아듣는 로봇을 만들어낸다는 것은 시기상조의 프로젝트였던 것이다. 그래서 연구팀은 소비자의 기대에 부응할 만한 가정용 로봇 개발은 당시로서는 완전히 불가능한 프로젝트라고 결론을 내렸다.

그러나 도이 박사는 여기서 기발한 아이디어를 냈다. 그것은 로봇 대신 로봇 강아지를 개발하는 것이었다. 즉, 가사일을 도와주는 로봇이 아니라, 애완견 로봇을 출시하기로 결정을 내렸던 것이다. 결국 소니 연구팀은 아래와 같은 애완견 로봇을 설계했고, 그 이름을 아이보AIBO라고 지었다.

도이는 외형뿐만이 아니라 기능면에서도 실제의 강아지처럼 움직이는 로봇을 개발하고 싶었다. 이 말은, 가정용 로봇으로서의 기능은 하나도 담지 않겠다는 의미였다. 아이보는 결국 애완견의 역할만 하면 되는 것이다. 아이보 프로젝트의 최고 관리자인 야자와 타케시는 이렇게 설명했다. "저희는 결국 이렇게 결론을 내렸죠. '아이보는 주인을 사랑하고, 주인은 아이보를 사랑하면 된다.' 그게 다였죠."

소니는 아이보를 출시하면서 아주 독특한 마케팅 전략을 시도했다. 소니는 아이보를 감성을 지닌 애완견 로봇이라고 소개를 했다. 그들은 아주 유쾌하게 아이보의 다양한 기능들을 설명해 주었다. 그리고 노인, 아이를 둔 부모, 그리고 바쁜 젊은 전문직 종사자들을 일차 고객으로 삼고 있었다. 즉, 애완견을 기르고는 싶지만 불편함을 싫어하는, 그래서 강아지 로봇이 가장 적당한 해결책이 될 수 있는 소비자를 타깃 고객으로 설정해 두고 있었다.

하지만 아이보는 분명 하나의 기계라는 점에서, 애완견으로서 출시를 하겠다는 생각은 아주 모험적인 시도였다. 가격 또한 만만치 않았다. 출시가격은 무려 2,500달러였다.(그래도 생산원가에 못 미친다고 한다.) 그리고 64비트 RISC 프로세서, 18만 픽셀 컬러 CCD 카메라, 적외선 센서 등 당시로서는 최첨단의 기능을 탑재했다. 하지만 소니는 이러한 기술적인 부분을 강조하지 않았다. 대신 귀엽고 장난꾸러기에다가 감성을 지닌, 그리고 생명체와 가까운 존재라는 점을 부각시켰다.

소비자의 심리는 불합리하다는 것을 명심하라

아이들은 자라나면서 어느 순간 사물을 분류하기 시작한다. 가령 사과는 과일에, 말은 동물에, 꽃은 식물에 속한다는 것을 조금씩 이해하게 된다. 그리고 이에 따라 세상을 바라보는 시각이 깊어진다. 학교에 들어가기 전, 아이들은 놀이를 통해서 분류하는 능력을 키운다. 나는 아이들과 함께 그림책을 보면서 이렇게 묻는다. "이것들 중에 다른 종류에 속하는 것은 무엇일까?" 아이들은 장난감을 정리하면서도 이러한 훈련을 한다. 어떤 상자에는 자동차를 담고, 다른 상자에는 인형을 담는다. 이처럼 훈련과 놀이를 통해 아이들은 사물을 분류하는 능력을 차차 발달시켜 나간다. 어느 날 아이들은 내게 이렇게 묻기도 했다. "엄마, 태양도 별이라는 사실을 알았어요? 돌고래는 포유류인가요? Y는 자음인가요, 아니면 모음인가요?"

약 90년 전, 미국의 평론가 월터 리프먼Walter Lippmann은 『여론 Public Opinion』이라는 책을 발표했다.(이후 사회적 논평의 고전이 되었다.) 리프먼은 여기서 이렇게 썼다. "사람들은 이해를 하기에 앞서, 먼저 분류를 시도한다." 이 말의 의미는, 인간은 누구나 본능적으로 사물을 분류하는 성향을 가지고 있다는 뜻이다. 사람들은 하나의 사물을 이해하기 전, 그것이 다른 것들과 어떤 관계에 있는지 먼저 궁금해한다. 우리의 머릿속엔 다양한 카테고리 구조가 자리를 잡고 있다. 가령 색깔에는 파랑, 빨강, 녹색 등이 있고, 물체의 상태에는 고체, 액체, 기체가 있다. 이러한 카테고리 구조는 우리가 배우고 경험했던 모든 분야에 걸쳐 있다. 하지만 우리의 머릿속에 만들어져 있는 이러한 카테고리에 정확하게 들어가지 않는 사물이나 현상이 나타날 때, 우리는 당황하게 된다. 예를 들어 성별이 모호한 사람을 보면, 가던 길을 멈추고 이렇게 생각한다. '도대체 남자야, 여자야?' 〈새터데이 나이트 라이브Saturday Night Live〉라는 프로그램에서 줄리아 스위니Julia Sweeney라는 배우가 남자도 여자도 아닌 분장을 하고 등장했을 때, 아마도 많은 시청자들이 혼란스러워했을 것이다. 이처럼 어떤 현상이 우리가 미리 정해 놓은 카테고리 속으로 완전히 들어가지 않을 때, 우리는 이를 이해하는 과정에서 어려움을 겪게 된다.

물리학의 경우, 그 카테고리는 대단히 엄격하다. 가령 고체와 액체, 또는 양자와 중성자의 존재는 엄밀한 정의를 기반으로 하고 있다. 생물학 역시 마찬가지다. 포유류와 어류, DNA와 RNA 역시 과학적인 방식으로 정의되어 있다. 하지만 시선을 우리의 일상생활로 돌리면 이야기는 완전히 달라진다. 우리가 일상적인 물건을 분류하는 방식은 엄격하지도, 그리고 과학적이지도 않다. 일반적인 사람들의 일상적인 분류 기준은 다분히 주관적이고 자의적이다.

이러한 사실은 비즈니스 세계에서 대단히 중요한 의미를 지닌다. 누군가가 "이 카테고리가 저 카테고리와 다른 이유는 무엇인가?"라고 묻는다면, 우리는 아마도 정확하게 집어내기 힘들 것이다. 가령 시리얼은 숟가락으로 떠먹을 수 있을 정도로 잘게 조각난 과자를 말한다. 하지만 얼마만큼 그 크기가 작아야 시리얼이라고 할 수 있는지 명확한 기준은 없다. 그리고 프라푸치노Frappuccino를 밀크셰이크가 아니라 프라푸치노라고 부르는 이유는, 스타벅스에서 그렇게 이름을 붙였기 때문이다. 만약 다른 매장에서 이와 똑같은 음료를 판매한다면, 그건 프라푸치노가 아니라 커피맛 밀크셰이크 정도가 될 것이다. 프라푸치노와 밀크셰이크의 차이점 역시 지극히 사소한 것에 불과하다.

일상생활에서 우리가 카테고리를 구분하는 기준이 지극히 사소하고 자의적임에도 불구하고, 이러한 기준은 우리의 소비 패턴에 큰 영향을 미친다. 예를 들어, 사무실에 밀크셰이크를 들고 들어오면 좀 창피한 느낌이 들 수 있다. 하지만 프라푸치노는 아무런 거리낌 없이 들고 들어온다. 또한 아침에 아이들에게 시리얼을 내놓는 것은 전혀 이상하지 않다. 하지만 그냥 과자를 먹으라고 하면, 애들은 엄마를 의아한 눈빛으로 쳐다볼 것이다.

일상생활에서 우리가 카테고리를 구분하는 기준은 피상적이고 자의적인 것을 넘어서서, 때로는 완전히 불합리하기까지 하다. 하지만 그렇다고 해서 기업의 마케터들은 이러한 소비자들의 기준을 그냥 우습게 넘겨서는 안 된다. 그것은 바로 이와 같은 분류기준이 소비 패턴에 실질적인 영향을 강력하게 발휘하고 있기 때문이다.

아이보, 단점을 장점으로 바꾸는 비결

1999년, 소니는 아이보를 출시했다. 하지만 개발자들이 걱정했던 것처럼, 다양한 첨단기술을 탑재했음에도 불구하고 아이보는 갖가지 결함을 가지고 있었다. 대부분의 문제는 소프트웨어적인 것이었다. 아이보는 아무런 이유 없이 주인의 명령에 반응을 보이지 않았다. 하지만 바로 이 순간, 소니의 마케팅 전략이 위력을 발휘하기 시작했다. 소니는 아이보를 가정용 로봇 카테고리가 아니라, 애완견 카테고리에 넣어버렸던 것이다. 그리고 소비자들 역시 이에 따라 아이보를 가정용 로봇이 아니라, 애완견으로 바라보았다.

2000년 초, 나는 아이보에 대한 사례연구를 시작했다. 그리고 오랜 기간에 걸쳐 아이보를 구매한 사람들의 행동을 관찰했다. 거기서 나는 특이한 점을 발견할 수 있었다. 그것은 사용자들이 아이보에 대해 일종의 정서적인 애착을 갖고 있다는 사실이었다. 우선 이 조그마한 기계에 무려 2,500달러를 투자했다는 점에서, 그들은 다소 경제적인 여유가 있는 사람들이라고 볼 수 있다. 그리고 그들의 여유로움은 아이보를 대하는 태도에서도 뚜렷하게 드러났다. 그들은 아이보가 자신의 명령에 따르지 않아도, 화를 내기보다는 고집스런 강아지를 대하는 주인처럼 너그럽게 바라보았다. 그들은 마치 아이보를 감성을 지닌 생명체라고 생각하고 있는 듯했다. 이렇게까지 말을 하는 사람도 있었다. "얘가 감정이 있으리라고는 상상도 하지 못했어요! 하지만 어떤 때는 제 말을 무시하기도 하고, 때로는 딴청을 피우기도 한답니다."

여기서 한번 생각해 보자. 이들은 첨단 로봇을 사용하기 위해 상당한 돈을 투자한 소비자들이다. 그랬기 때문에 로봇의 성능에 대해 분명 높은 기대 수준을 가지고 있었을 것이다.

하지만 소니의 마케팅 전략에 따라, 사용자들은 아이보를 가정용 로봇이 아니라 애완견이라고 하는 카테고리에 넣어두고 있었다. 그들의 관대함은 바로 여기에 기인하는 것이다. 얼리 어답터들 대부분이 지나치게 높은 기준으로 제품을 평가하는 것과는 정반대로, 이들은 지극히 너그러운 태도로 아이보를 대했다. 만약 이들이 처음부터 아이보를 가정용 로봇으로 받아들였다면, 아마도 아주 높은 기대 수준을 갖고 있었을 것이다. 그러나 애완견이라고 받아들임으로써, 명령을 무시해도 고집이 센 사랑스러운 강아지라고 너그럽게 용서할 수 있는 것이다. 다시 말해, 아이보 사용자들은 애초에 가정용 로봇의 기능을 기대조차 하지 않았던 것이다.

이 점이 바로 내가 아이보를 '일탈 브랜드breakaway brand'라고 부르는 이유다. 소니는 소비자들이 카테고리를 구분하는 기준이 지극히 피상적이고 주관적이라는 사실을 잘 알고 있었다. 또한 그러한 기준이 소비 패턴에 실질적인 영향을 미칠 수 있다는 점을 분명하게 인식하고 있다. 이를 기반으로 소니는 소비자들의 카테고리 개념 속으로 파고들어, 새로운 아이디어를 심어놓았다. 소니의 마케팅 전략은 한마디로 이런 것이었다. '치즈 조각이 날아다니는 카펫이라고 생각하도록 만들면 어떨까?'

이와는 반대로, 소니가 아이보를 그냥 가정용 로봇으로 출시했다고 생각해 보자. 즉, 다음과 같이 인간의 모양을 한, 덩치가 크고

금속 재질로 만들어진 로보캅 제품을 내놓았다고 상상해 보자.

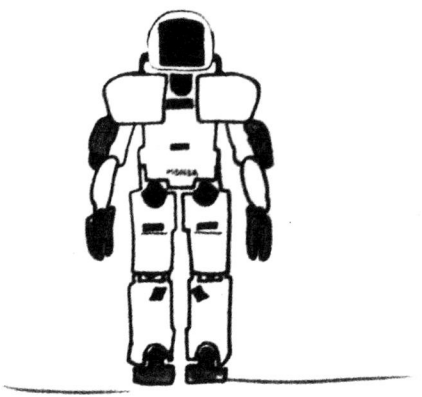

또한 이렇게 상상해 보자. 지금 여러분은 유명 일간지의 과학부 기자로서 아이보의 성능에 관한 기사를 맡게 되었다. 그래서 소니로부터 받은 로보캅 아이보를 집으로 들고 와서, 동료들과 함께 시험해 본다. 먼저 전등 스위치를 끄라고 명령을 내린다. 로봇은 비틀대며 간신히 몇 걸음을 떼더니 그대로 멈춰버린다. 그러고는 '윙' 소리와 함께 아무런 반응이 없다. 동료들은 킥킥대며 웃는다. 이제 뭐라고 기사에 쓸 것인가? 아마도 말도 안 되는 로봇을 출시한 소니에 대해 맹비난을 퍼부을 것이다.

하지만 「뉴욕 타임스」 과학부 기자는 애완견 아이보에 대해 이렇게 평가를 했다.

> 아이보는 가끔씩 명령에 반응을 하지 않는다. …… 때로는 아이보가 그냥 고장 난 게 아닌가 생각이 든다. …… (기사 후반부에

서) 하지만 그래도 아이보는 놀랍다. 귀엽고, 그리고 즐거움을 주는 자그마한 생명체 같다.

런던의 「인디펜던트」지의 기사도 함께 살펴보자.

"후진!" 또렷한 발음으로 외쳤지만 아무런 반응이 없다. 아이보와 몇 시간 놀다 보니 분명 반응에 문제가 있는 것 같다. ……(기사 후반부에서) 배터리가 다 되어 나의 '롤로'를 소니에게 돌려주어야만 했다. 안타까운 마음이 든다. 이제 막 친해지려던 순간이었기 때문이다.

어떤 느낌이 드는가? 물론 아이보의 기계적인 결함에 대해서는 모두 인정하고 있다. 하지만 그럼에도 불구하고 진짜 애완견을 대하듯 따뜻한 눈길로 아이보를 바라보고 있다. 로봇이 아니라 강아지로서 바라보도록 한 소니의 마케팅 전략은 이 기사에서도 유감없이 위력을 떨치고 있다. 소니의 마케팅은 심각한 제품의 단점(명령을 못 알아듣고, 반응을 하지 않는)을 고유한 장점(감성을 지닌 강아지)으로 바꾸어놓았던 것이다.

이러한 현상은 일탈 브랜드들의 대표적인 특징이다. 일탈 브랜드들은 소비자들의 태도를 바꾼다. 완전히 새로운 카테고리 개념을 제시함으로써, 일탈 브랜드들은 소비자들이 제품에 대해 호감을 느끼고, 긍정적인 시선으로 바라보도록 만든다.

킴벌리, 이건 기저귀가 아닙니다

앞에서 킴벌리(하기스)와 P&G(팸퍼스)의 기저귀 전쟁을 살펴보았다. 일반적으로 기저귀 기업들이 안고 있는 가장 큰 문제점 한 가지는 기저귀를 사용하는 아기들의 연령이 지극히 제한적이라는 사실이다. 보통 두 살 정도가 되면 기저귀를 뗀다. 이 나이가 지나면, 부모들은 물론 아이들도 기저귀 차는 것을 싫어한다.

하지만 이에 대해 킴벌리는 이렇게 질문을 던졌다. "두 살이 넘은 아기들을 위해, 꽉 조이는 기존의 기저귀 대신, 팬티처럼 입을 수 있는 기저귀를 출시하면 어떨까?" 그리고 이러한 생각은 결국 풀업스Pull-Ups라는 브랜드의 탄생으로 이어졌다. 킴벌리는 풀업스를 출시함으로써 20개월 이후의 아기들을 겨냥한 팬티형 기저귀라고 하는 새로운 카테고리를 창조했다. 풀업스는 기저귀 시장에 큰 반향을 불러일으켰고, 팬티형 기저귀라고 하는 새로운 카테고리의 선두주자로 자리를 잡았다. 두 살이 넘은 아기들에게는 기저귀를 채우지 않던 부모들도 네 살이 넘은 아기들에게는 풀업스를 입히게 되었다.

일탈 브랜드들의 사례에서 발견하게 되는 놀라운 사실은, 본질적인 차원에서 문제를 해결해 나가고 있다는 점이다. 그들은 소비자들이 카테고리에 대해 고정관념을 가지고 있다는 사실을 잘 알고 있다. 그리고 다른 한편으로 그러한 고정관념들이 얼마나 쉽게 허물어질 수 있는지도 잘 알고 있다. 그래서 일탈 브랜드들은 신제품을 출시하면서 기존의 제품과는 완전히 다른 카테고리 속으로 집어넣어 버린다. 소니는 로봇을 출시하면서 애완견이라는 카테고리에 집어넣었다. 하기스는 기저귀를 출시하면서 팬티 카테고리에 집어넣어 버렸다. 이처럼 일탈 브랜드들은 소비자들의 기대와는 전혀 다른 방식으로 제품의 카테고리를 정의한다.

물론 이러한 시도가 성공을 거두기 위해서는 당연히 소비자들의 인정을 받아야 한다. 그렇기 때문에 일탈 브랜드들은 새로운 카테고리를 창조하고, 소비자들이 이를 그대로 받아들일 수 있도록 많은 예산을 투자한다. 소니 역시 아이보를 출시하면서 소비자들이 이를 그냥 로봇이라고 받아들일 것이라는 사실을 잘 알고 있었다. 그리고 킴벌리는 소비자들이 풀업스도 일반적인 기저귀라고 생각할 것이라는 사실을 잘 알고 있다. 하지만 동시에 카테고리에 대한 고정관념을 깨버림으로써 소비자들이 다른 방식으로 인식하도록 만들 수 있다는 가능성에 대해서도 충분히 이해하고 있었다. 다른 한편으로, 과잉만족 시대를 살아가는 소비자들은 틀에 박힌 소비 패턴으로부터 벗어나고 싶어 한다. 현대인들은 모두 과도하게 풍요로운 소비문화에서 자유와 해방을 꿈꾸고 있다.

예전에 미국의 케이블 방송국인 HBO는 "TV가 아닙니다."라는 선언을 했다. 미국 시청자들 대부분이 TV 방송에 대해 부정적인 인식을 가지고 있다는 사실을 HBO는 잘 알고 있었다. 그리고 마구 만들어내는 프로그램에 대해 염증을 느끼고 있다는 점도 분명히 인식하고 있었다. 그래서 스스로 TV 프로그램의 카테고리에 속하지 않는다고 주장함으로써, HBO는 획기적인 무언가를 보여 주겠다는 얘기를 하고자 했던 것이다.

일탈 브랜드들은 소비자들을 새로운 세상으로 안내한다. 그들은 사람들이 완전히 새로운 렌즈를 통해 그들이 내놓은 제품을 바라보도록 만든다. 그리고 카테고리에 대한 고정관념으로부터 자유로워지라고 계속해서 자극한다. 그들은 단지 제품의 겉모습만 바꾸려는 것이 아니라, 소비자들이 완전히 다른 눈으로 제품을 바라볼 수 있도록 설득하고 있다.

태양의 서커스단과 스와치, 차별화된 포지셔닝의 비밀

얼마 전 사라 그루언Sara Gruen의 『코끼리에게 물을Water for Elephants』이라는 소설이 꽤 인기를 끌었던 적이 있었다. 그루언은 이 책에서 서커스 세계를 꽤나 실감나게 묘사하고 있다. 사실 나는 '바넘&베일리Barnum&Bailey'나 '링글링 브라더스Ringling Bros.'와 같이 대중적인 인기를 끌었던 서커스도 본 일이 없다. 하지만 이 책을 읽으면서, 내가 서커스에 대해 얼마나 잘 알고 있는지 깨닫고는 깜짝 놀랐다. 피에로, 대형 원형천막, 화려하게 치장한 동물들, 링을 돌리는 곡예사 등 이 책에 등장하는 서커스 장면들 모두 내겐 너무나도 익숙한 것들이었다. 하지만 이 책을 다 읽고 나서도, 서커스를 봐야겠다는 생각은 별로 들지 않았다.

그러던 어느 날, 아이들을 데리고 태양의 서커스단Cirque du Soleil

공연을 보러 가게 되었다. 그리고 거기서 서커스에 대해 그동안 내가 가지고 있었던 고정관념은 완전히 무너져 내렸다. 공연을 보러 가기 전에 나는 태양의 서커스단에 관한 다양한 기사를 읽어보았다. 그리고 공연장을 빠져나오면서, 기사의 내용들이 모두 사실이라는 것을 실감했다. 태양의 서커스단은 기존의 서커스와는 완전히 다른 새로운 형태의 카테고리를 창조했다. 그 공연에는 화려한 동물도, 링을 던지는 사람도, 그리고 음식물 쓰레기로 지저분한 바닥도 찾아볼 수 없었다. 그 대신, 공연 내내 영화, 댄스, 오페라적인 감성들로 흘러넘쳤다. 나는 태양의 서커스단이 일종의 일탈 브랜드라는 생각이 들었다. 그들의 〈서커스의 재창조Le Cirque Réinventé〉, 또는 〈새로운 경험Nouvelle Expérience〉과 같은 공연은 시작부터 차별화된 포지셔닝을 시도하고 있었다.

하지만 여기에 한 가지 의문점이 있다. 태양의 서커스단은 왜 굳이 자신들의 공연이 서커스라고 인정했던 것일까? 가령 체조 갈라 쇼처럼 완전히 새로운 이름을 붙여도 되지 않았을까? 하지만 그들이 서커스라는 카테고리를 포기하지 않았던 진정한 이유는, 다른 일탈 브랜드들과 마찬가지로, 태양의 서커스단 역시 한계에 도전하는 모험가를 자처함으로써 얻을 수 있는 이익에 대해 잘 알고 있었기 때문이었다.

지금으로부터 약 20년 전, 폭스 네트워크FOX network 방송사는 〈심슨 가족The Simpsons〉이라는 만화를 선보였다. 〈심슨 가족〉은 어린이용 만화라기보다 성인용 시트콤에 가까웠다. 신랄한 풍자와 사회적 비평으로 가득했음에도 불구하고, 〈심슨 가족〉은 계속해서 '만화'라는 카테고리를 고집했다. 만화라고 하는 기존의 카테고리에 머물러 있음으로써 카테고리의 한계에 도전하는 개척자의 모습으로 이미지를 구축할 수 있다는 사실을 이들 역시 잘 알고 있었기 때문이었다.

이와 관련된 또 다른 사례를 들어보자. 1983년, 니콜라스 하이예크Nicolas Hayek는 스위스 시계에 대해 소비자들이 그동안 가지고 있었던 고정관념을 완전히 뒤엎어 버렸다. 당시 스위스 시계라고 하면, 사람들은 대부분 고급 보석매장에 진열되어 있고 수공으로 만들어진, 값비싼 보석들이 박혀 있는 고가의 장신구를 떠올리고 있었다. 이러한 상황에서 하이예크는 스위스 시계를 '패션 아이템'의 카테고리로 집어넣는 모험을 감행했다.

그리고 이렇게 탄생한 브랜드가 바로 스와치Swatch였다. 스와치는 오늘날에도 여전히 세계의 시계시장에서 베스트셀러 브랜드로 손꼽히고 있다. 스와치는 아주 다양한 차원에서 새로운 시도를 했다. 우선 디자인에 팝아트를 접목했다. 이를 위해 예술가들로 구성된 디자인 팀을 구성했다. 또한 패션 브랜드들처럼 계절별로 새로운 컬렉션을 내놓았다. 게다가 부티크 매장 및 스와치 전문 매장을 통해 판매를 했다. 이러한 마케팅 전략은 당시 패션업계에서는 아주 일반적인 것이었지만, 시계시장에서는 완전히 새로운 것이었다. 스와치는 전통적인 스위스 시계시장의 한계에 도전하는 개척자로서 스스로의 이미지를 포지셔닝했던 것이다.

'차별화differentiation'라는 말은, 기존의 개념에 새로운 의미를 추가함으로써 변화를 만들어내는 시도를 의미한다. 그렇지만 비즈니스 세계에서 차별화란 말처럼 쉬운 일이 아니다. 하나의 기업이 차별화를 추구하고자 한다면, 우선 기존의 카테고리가 확고하게 존재하고 있어야 한다. 그리고 여기에 대항할 수 있는 새로운 시도를 내놓아야 한다. 일반적으로 차별화는 스펙트럼의 형태로 나타난다. 기업이 추구하는 목표에 따라, 차별화의 수준은 양적인 차원에서 다양한 정도로 나타날 수 있다.

여기서 일탈 브랜드는 스펙트럼의 극한을 달린다. 기존 카테고리의 경계를 벗어나지 않으면서, 그 경계의 가장자리에 최대한 가깝게 포지셔닝한다. 그리고 기존의 경계선을 끊임없이 밀고 나간다. 이러한 차원에서 일탈 브랜드는 기존 카테고리 내부에 존재하면서, 동시에 외부에 존재하는 브랜드라고 할 수 있다.

소비자들의 고정관념에 돌을 던져라

앞에서 우리는 카테고리의 평준화 흐름에 대해 살펴보았다. 카테고리 평준화가 일단 나타나기 시작하면, 소비자들은 그 카테고리를 하나의 대상으로 바라보게 된다. 그리고 그 속에 존재하는 개별 브랜드들의 구분은 점차 힘들어지게 된다. 사람들은 숲을 보는 대신, 나무들을 보지 못하게 된다. 예를 들어, 사람들은 맥주는 다만 축구팬들을 위한 음료이며, 스위스 시계는 값비싼 전통적인 장신구이며, 기저귀는 영아들만을 위한 것이라고 여기게 된다.

하지만 일탈 브랜드들은 이러한 소비자들의 인식에 의문을 던진다. 일탈 브랜드는 마치 맨 얼굴에, 뿔테 안경을 쓴, 로스쿨에 합격한 치어리더 출신의 여학생과도 같다. 다시 말해, 사람들의 선입견과 전혀 어울리지 않는 형태로 세상에 모습을 드러내고 있다.

카테고리 평준화의 흐름은 브랜드들을 부정적인 방향으로 몰아간다. 소비자들이 끊임없이 다양성을 요구하는 상황에서도, 평준화의 흐름에 빠진 기업들은 모두 동일한 가치만을 제안하려 하고 있다. 하지만 이러한 상황에서 일탈 브랜드들이 등장하여, 다양성에 목마른 소비자들의 갈증을 해소시켜 준다. 그들은 소비자들이 그동안 가져 왔던 고정관념들이 얼마나 근거 없는 것인지를 드러낸다. 그리고 이를 통해 경쟁자들에게 도전장을 내민다. 사람들은 그동안 언젠가 로봇이 등장하여 집안의 허드렛일을 대신해 줄 것이라고 기대하고 있었다. 하지만 소니는 아이보를 출시하면서 어떻게 했는가? 그들은 자신들이 출시한 제품이 가정용 로봇이 아니라, 애완용 강아지라고 소개를 했다. 또한, 소비자들은 그동안 팬티를 입고 오줌을 누어서는 안 된다고 믿고 있었다. 이러한 고정관념에 대해 킴벌리는 뭐라고 했는가? 그들은 입은 채로 오줌을 눌 수 있는 팬티형 기저귀를 개발했다.

이처럼 일탈 브랜드들은 사람들이 그동안 가지고 있었던 고정관념을 파괴한다. 사람들의 머릿속에 자리를 잡고 있는 카테고리 개념에 정면으로 맞선다. 그리고 이러한 파괴는 새로운 창조로 이어진다.

알레시, 신기하고 낯선 아이디어가 먹히는 이유

하지만 소비자들의 고정관념을 바꾸는 것은 대단히 어렵다. 그 이유는, 이러한 고정관념은 본능적으로 그리고 무의식적인 차원에서 형성된 것이기 때문이다.(월러스 리카드Wallace Rickard는 「어니언」지에서 "고정관념이란 시간을 절약해 주는 편리한 기계"라고 언급하기도 했다.) 여러분은 스플렌다Splenda를 먹어보았는가? 스플렌다는 단맛이 나는 가루로 설탕과도 흡사하다. 그래서 나는 스플렌다를 그냥 설탕이라고 생각하고 먹고 있다. 스플렌다가 굳이 설탕이 아닌 어떤 다른 카테고리에 속하는 것이라고 생각하려고 들지 않는다.

이처럼 우리는 주변을 둘러싸고 있는 모든 제품들에 대해 특정한 고정관념을 가지고 있다. 하지만 일탈 브랜드들은 우리들이 가지고 있는 고정관념 자체를 부정하지는 않는다. 오히려 이를 활용한다. 그리고 사람들이 무언가를 이해하기에 앞서, 먼저 이를 분류하려는 성향을 가지고 있다는 사실을 부정하지 않는다. 대신, 이러한 성향이 새로운 방향으로 흘러갈 수 있도록 유인을 하는 것이다.

예를 들어, 스와치 브랜드를 살펴보자. 스와치는 처음부터 그들의 정체가 무엇인지, 그리고 어떤 종류의 제품인지에 대해서 하나도 설명하지 않았다. 그럼에도 불구하고 일부 소비자들은 기존 시계 브랜드에 대해서는 한 번도 드러내지 않았던, 엄청난 열정을 보이기 시작했다. 마니아들은 자신의 패션 스타일에 따라 매치를 하기 위해 여러 개의 스와치 시계를 구입하기도 했다. 이들은 모두,

스와치가 나오기 이전만 해도 시계에 대해 별로 관심이 없던 사람들이었다. 그런데도 스와치만큼은 다르게 대우하고 있다.

사실 일탈 브랜드들은 소비자들을 보다 친숙한 공간으로 데려간다. 스와치의 경우, 시계 소비자들을 패션 액세서리 카테고리로 데리고 갔다. 그리고 소니는 로봇 소비자들을 보다 친숙한 애완견 카테고리로 데리고 갔다. 또한 킴벌리는 기저귀 소비자들을 팬티 카테고리로 데리고 갔다. 이처럼 더욱더 잘 알려진 카테고리로 소비자들을 데리고 이동함으로써, 일탈 브랜드들은 소비자들이 자연스럽게 태도와 행동을 바꾸도록 설득하고 있다.

일탈 브랜드가 제시하는 가치에 대해, 소비자들은 일반적으로 낯설어하다가도, 조만간 익숙해진다. 이를 위해 따로 추가적인 정보를 얻어야 하거나, 공부할 필요가 없다. 일탈 브랜드들이 제시하는 새로운 카테고리는 이미 소비자들에게 아주 친숙한 공간이기 때문이다. 바로 이 점이 중요한 것이다. 비즈니스 스쿨에서 강의를 하면서, 나는 항상 학생들에게 소비자들의 행동을 바꾸기가 얼마나 어려운 작업인지를 강조한다. 특히 소비 패턴이 굳어지고 카테고리 평준화와 과잉성숙이 나타나고 있는 카테고리에서는 더욱 힘들다. 하지만 일탈 브랜드들은 이러한 시장에서도 소비자들을 설득한다. 그들은 소비자들이 그동안 가지고 있었던 다양한 고정관념에 저항하는 것이 아니라, 이를 또 하나의 새로운 카테고리로 이동시킴으로써 소비자들을 설득하는 데 성공을 거두고 있다.

1970~1980년대의 또 하나의 대표적인 일탈 브랜드인 알레시

Alessi는 다양한 주방용품들을 예술작품으로 승화시킨 유명한 기업이다. 널리 알려진 제품으로 필립 스탁Philippe Starck의 레몬즙 짜개, 마이클 그레이브스Michael Graves의 찻주전자를 꼽을 수 있다. 소비자들은 알레시가 내놓은 신기한 제품들을 즉각 받아들였다. 또 다른 브랜드로는 힐리스Heelys가 2000년대 초, 신발 뒤쪽에 바퀴를 달아서 롤러스케이트처럼 타고 다닐 수 있는 신개념의 운동화를 출시했다. 이때에도 소비자들은 이 신기한 제품을 즉각 받아들였다. 그리고 켈로그는 1990년대에 시리얼을 바의 모양으로 만든 뉴트리그레인Nutri-Grain이라고 하는 일종의 헬스바 제품을 출시했다. 이 제품 역시 소비자들은 즉각적으로 수용을 했다.

위의 일탈 브랜드들이 내놓은 낯선 신제품들을 소비자들은 아주 빠른 시간에 받아들였다. 그게 가능했던 이유는, 이 브랜드들 모두 소비자들에게 친숙한 카테고리를 제시했기 때문이었다. 이들은 사람들이 이미 익숙하게 여기고 있는 또 다른 공간으로 몰고 간다. 그렇기 때문에 소비자들은 아무런 저항 없이, 그리고 아주 빠른 속도로 자연스럽게 브랜드의 지시대로 이동한다.

그 과정에서 일탈 브랜드들은 소비자들의 태도까지 변화시킨다. 예를 들어, 스와치는 기존에 시계 카테고리에서 실용주의자나 냉소주의자에 머물러 있던 사람들을 브랜드 로열리스트로 탈바꿈시켰다. 마찬가지로 킴벌리는 기저귀 카테고리를 떠나려 하고 있는 부모들의 관심을 다시 그 시장으로 돌렸다. 그리고 태양의 서커스단은 수동주의자인 나를 서커스 열광자로 바꾸어놓았다. 이들 브랜드들은 모두 카테고리의 경계를 극한으로 몰고 나가면서, 더불어 소비자들도 함께 데리고 가고 있다.

카테고리의 경계를 무력화시켜라

로봇이든 스위스 시계든, 아니면 바퀴 달린 신발이든 간에, 예전에 없던 새로운 물건과 처음으로 만나게 될 때, 우리는 애완견, 패션 액세서리, 롤러스케이트 등 친숙한 물건들과 연관시키려 한다. 그리고 그 과정에서 새로운 카테고리가 탄생한다.

이러한 경우, 사람들은 때때로 부자연스러운 느낌을 가질 수 있다. 예를 들어, 처음으로 랩뮤직을 들었을 때, 나는 익숙하면서도 동시에 낯설다는 모순적인 느낌이 들었다. 그리고 처음으로 블로그에 글을 쓸 때, 일기를 쓴다는 점에서 익숙하나는 생각이 들다가도, 개인적인 내용을 다른 사람들에게 공개한다는 점에서는 무척 어색한 느낌이 들었다. 얼마 전에는 아주 독특한 디자인의 스와치 시계를 하나 샀다. 시계는 지극히 일상적인 물건이지만, 특이한 디자인 덕분에 시간을 확인하려면 한참을 들여다보아야 한다는 점이 아주 낯설게 느껴지기도 했다.

모순된 느낌은 종종 혼란스러움으로까지 발전하기도 한다. 킴벌리가 풀업스를 출시했을 때, 소비자들은 이게 기저귀인지 팬티인지 혼란스러웠다. 소비자들은 아마도 하버드 로스쿨에 합격한 치어리더를 만났을 때와 비슷한 느낌을 받았을 것이다. 이처럼 일탈 브랜드들은 소비자들을 당황스럽게 만들면서, 동시에 그들이 새로운 시선으로 제품을 바라보도록 자극하고 있다.

바로 이러한 이유로 우리는 일탈 브랜드에 매력을 느낀다. 일탈 브랜드들은 어울리지 않는 가치들을 창조적으로 조합함으로써 새로운 카테고리 개념을 보여 준다. 그리고 소비자들의 시선을 새롭게 변화시킨다.

아래 그림을 보자. 아마 많은 사람들이 이 수수께끼 그림을 본 적이 있을 것이다. 이 그림은 바라보는 사람의 시선에 따라 젊은 여인이 되기도 하고 노파가 되기도 한다.

하지만 젊은 여인과 노파를 동시에 볼 수는 없다. 다른 이미지로 넘어가기 위해서는 시선의 전환이 필요하기 때문이다. 젊은 여인에서 노파의 그림으로 넘어가기 위해서는 의식적으로 초점을 바꾸어야 한다. 처음으로 이 그림을 보았을 때, 나는 아무리 해도 노파의 모습을 찾을 수 없었다. 이리저리 그림을 돌려 보아도 도무지 보이지 않았다. 하지만 중간 부분을 코라고 생각해 보라는 친구의 말을 듣고 나서야, 비로소 노파의 얼굴을 확인할 수 있었다.

내가 느닷없이 이 그림을 꺼낸 이유는, 우리가 카테고리를 바라볼 때에도 바로 이러한 방식으로 바라보기 때문이다. 어떤 제품이 특정 카테고리에 속한다고 하는 고정관념은, 오랜 시간 소비 경험을 통해 형성된다. 하지만 어떤 제품은 A라는 카테고리에 속할 수도 있고, 또한 B라는 카테고리에 들어갈 수도 있다. 가령, 스포츠 음료와 과일 맛 주스는 성분 자체에서는 그리 큰 차이가 없다. 하지만 우리는 운동을 하고 나서는 스포츠 음료를 찾고, 아이들에게는 과일 맛 주스를 사다 준다. 이와 마찬가지로, 에너지바와 일반 초콜릿바는 열량면에서 그다지 큰 차이가 없다. 그래도 등산을 갈 때에는 초콜릿바 대신 에너지바를 챙긴다. 이러한 사례들에서 차이가 있는 것은 제품 자체라기보다, 소비자들이 가지고 있는 제품에 대한 관념이라고 할 수 있다.

아이보는 로봇인가, 애완견인가? 풀업스는 기저귀인가, 팬티인가? 태양의 서커스단은 서커스인가, 체조공연인가? 이 질문에 대한 대답은, 여러분이 어디에 초점을 맞추고 바라보는가에 달린 것이다.

여기서 우리가 명심해야 할 것은, 카테고리들 간의 경계는 절대적인 것도 그리고 신성한 것도 아니라는 사실이다. 그 경계는 탄력적이고 얼마든지 변화가 가능하다. 관점의 전환만 있다면, 어떤 제품은 A 카테고리에서 B 카테고리로 자유롭게 넘어갈 수 있다. 스와치를 탄생시킨 하이예크는 이러한 사실을 잘 알고 있었다. 그리고 아이보를 만든 도이 박사 역시 충분히 이해하고 있었다. 그리고 태양의 서커스단의 기획자인 기 랄리베르테Guy Laliberte 역시 마찬가지였다. 전설적인 일본 영화감독 구로사와 아키라 또한 이 점을 꿰뚫고 있었다. 구로사와 감독은 〈라쇼몽羅生門〉에서 한 가지 이야기가 다양한 형태로 바뀔 수 있으며, 자유로운 시선으로 바라볼 수 있다면 그 이야기는 우리가 상상하기 힘들 정도로 다양한 모습으로 전개될 수 있다는 점을 보여 주고 있다.

결론적으로 말해서, 일탈 브랜드의 가장 큰 특징을 꼽으라면, 그것은 카테고리의 경계를 무력화시킨다는 것이다. 일탈 브랜드들은 카테고리의 한계에 도전한다. 그리고 우리들이 지금까지 가지고 있었던 카테고리에 대한 고정관념이 얼마나 피상적이고 자의적인 것인지를 고발하고 있다.

아이디어 브랜드가 시장을 바꾸는 방법

나의 한 동료는 이렇게 말했다. "세상의 모든 비즈니스 전략은 결국 실패할 운명을 지고 있다." 이 말을 들은 대부분의 사람들은 그냥 웃어넘기곤 했다. 하지만 그의 말에는 분명 진실이 담겨 있다고 나는 믿는다. 어떠한 기업도 영원히 지속할 수 있는 성공 전략을 만들어낼 수 없다. 그렇기 때문에 기업들이 할 수 있는 최고의 선택은 가능한 장기적으로 이익을 가져다줄 수 있는 전략을 수립하는 것이다.

이러한 점에서 일탈 브랜드들은 긍정적인 비전을 제시하고 있다. 위에서 언급한 일탈 브랜드들은 경쟁자들이 몰려들기 전까지 수십 년 동안, 일등 브랜드로서의 이익을 마음껏 누렸다. 스와치는 아직까지도 시계 카테고리에서 베스트셀러의 자리를 지키고 있다. 킴벌리 역시 팬티형 기저귀를 출시한 이후로 15년 넘게 일등 브랜드의 지위를 누리고 있다. 〈심슨 가족〉은 대표적인 장수 만화 프로그램으로 명성을 날리고 있다. 태양의 서커스단 역시 세계적으로 인기몰이를 하고 있다.

나중에 계속해서 모방 브랜드들이 몰려든다고 해도, 일탈 브랜드는 유리한 고지를 지킬 수 있다. 나는 학생들에게 이 점을 특히 강조한다. 일탈 브랜드들은 대부분 기존의 카테고리 안에 새로운 하위 카테고리를 만들어낸다. 그리고 그들이 만들어낸 카테고리는 기존의 카테고리에 새로운 생명과 활력을 불어넣고, 새로운 방향으로 카테고리를 이끌어나간다. 스와치 역시 스위스 시계라는 기존의 카테고리 안에 '시계-패션'이라고 하는 하위 카테고리를 만들었다. 그리고 스와치가 만들어놓은 새로운 카테고리 속으로, 파슬Fossil이나 코치Coach와 같은 패션 액세서리 브랜드들이 들어와서 경쟁을 벌인다. 〈심슨 가족〉 또한 만화라는 기존의 카테고리 속에, 성인용 애니메이션이라고 하는 새로운 장르를 만들었다. 그리고 그 속에서 〈킹 오브 더 힐King of the Hill〉, 〈비비스와 버트헤드Beavis and Butt-Head〉, 〈사우스파크South Park〉와 같은 애니메이션들이 경쟁을 하고 있다. 킴벌리는 풀업스를 가지고 팬티형 기저귀라고 하는 새로운 하위 카테고리를 만들었으며, 오늘날 P&G의 이지업스Easy Ups와 같은 다양한 브랜드들이 다툼을 벌이고 있다.

일탈 브랜드들은 이러한 방식으로 시장을 바꾸어나가고 있다. 그들은 카테고리의 한계를 극한으로 몰고 가면서 소비자들에게 강한 인상을 남긴다. 그리고 새로운 가치를 제시함으로써 경쟁자들에게 압박을 가한다.

몇 년 전 나는 소니의 아이보 개발팀을 다시 한 번 방문하게 되었다. 내가 아이보를 주제로 사례연구를 발표하고 나서 몇 년 뒤, 소니가 비용감축을 이유로 아이보 프로젝트를 중단했다는 소식을 듣고 안타까운 마음을 갖고 있었다. 아이보 개발팀 연구원들은 내게 비공식적으로나마 연구를 이어나가고 있다고 했다. 그리고 이번에는 인간의 모양을 한 로봇을 개발 중이라고 한다.

그 로봇의 이름은 큐리오QRIO라고 했다. 큐리오는 갓난아기 정도의 크기였다. 하지만 큐리오 역시 최첨단 기술로 무장을 하고 있었다.

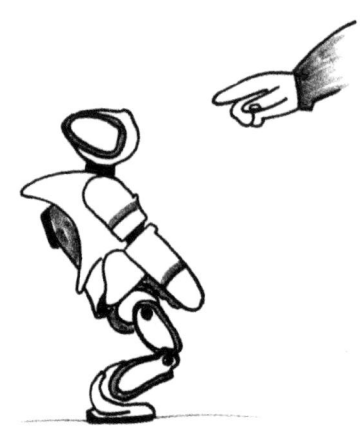

하지만 성능면에서는 여전히 부족함이 많아 보였다. 비틀대며 걷기는 했지만, 곧잘 넘어지고 말았다. 그리고 명령을 제대로 알아듣지 못했다. 그런데도 나는 큐리오가 꽤 마음에 들었다. 도저히 화를 낼 수 없을 만큼 너무나 귀엽고 깜찍했다. 엉뚱한 반응을 보여도 그냥 웃음이 나왔고, 넘어지기라도 하면 가서 일으켜 주고 싶은 마음이 들었다. 그리고 수많은 연구원들이 이 작은 아이를 완성하기 위해 피와 땀을 흘리고 있다는 생각이 들었을 때, 진한 감동마저 느껴졌다.

chapter7 적대 브랜드
고객은 왕이 아니다?

　1971년 어느 날, 코카콜라 광고대행사 매캔에릭슨McCann Erickson의 광고 디렉터 하비 가보Harvey Gabor는 새로운 광고 구상에 골몰해 있었다. 하비는 희망적이고 긍정적인 이미지로 가득한 광고를 만들어내고 싶었다. 그리고 그의 머릿속으로 다양한 인종의 젊은이들이 전통복장을 입고, 로마의 푸른 언덕에 모두 모여 이렇게 합창을 하는 장면이 떠오르고 있었다.

　　세상 사람들이 모두 함께 노래를 부르도록 만들고 싶어요.
　　세상 사람들이 모두 코크를 마시면서 친구가 되었으면 해요.

1971년 여름, 하비가 만든 광고는 미국 소비자들의 마음에 강한 인상을 남겼다. 그리고 몇 달 동안 코카콜라에는 광고 속에 등장하는 언덕이 어디인지를 묻는 수천 통의 편지들이 쇄도했다. 게다가 그 광고송은 팝 차트 정상을 차지하기도 했다. 코카콜라의 이 유명한 '언덕Hilltop' 광고는 이후로 오랫동안 대표적인 성공 사례로 인정을 받았다.

이 광고는 당시 미국인들의 감성을 자극했다. 미국 역사에서 1971년은 특히 혼란스러운 시기였다. 「뉴욕 타임스」는 베트남전에 관련된 국가기밀을 담고 있는 '펜타곤 페이퍼Pentagon Papers'와 흑인 과격단체인 '블랙팬더스Black Panthers' 사건 등 굵직한 정치적 기사들을 연이어 보도하고 있었다. 이러한 시기에 코카콜라는 꿈과 희망을 담은 광고를 통해 미국인들에게 의미 있는 메시지를 전달하고자 했다. 얼마 전 한 인터뷰에서 하비는 이렇게 얘기했다. "미국인들 누구나 이 노래를 좋아했어요. 남녀노소 할 것 없이 모두들 이 노래를 따라 부르곤 했죠."

하지만 지금 이 광고가 다시 나온다면, 그다지 강한 인상을 주지는 못할 것이다. 노래 가사도 진부하고, 광고 그래픽도 구태의연하다. 물론 그것은 그만큼 오늘날의 광고 수준이 높아졌기 때문이기도 하다. 어쨌든 여기서 주목해야 할 점은, 코카콜라는 꿈과 희망이 가득한 광고를 통해 자신들의 브랜드를 알렸고, 그 이후로 수많은 기업들이 코카콜라의 광고를 따라 했다는 사실이다.

"세상 누구와도 이야기를 나누세요!Reach Out and Touch Someone!"라

고 하는 AT&T사의 광고, 그리고 인생에서 소중한 것은 "가격을 매길 수 없는 것"이라고 강조했던 마스터카드사의 광고들 역시 모두 코카콜라의 광고 전략과 동일선상에 있다. 그리고 시간이 흐르는 동안 광고 기법은 계속해서 큰 발전을 거두었다. 하지만 이러한 광고 전략은 계속해서 이어졌다. 코카콜라의 언덕 광고를 따라, 수많은 브랜드들이 세상 사람들을 두 팔 벌려 환영하면서, 꿈과 희망의 메시지를 전달하고자 했다. 그리고 이를 통해 브랜드의 긍정적인 이미지를 높이고자 했다.

따뜻한 이미지 광고가 안 먹히는 이유

10년 전, 하버드 경영대학원에서 처음으로 마케팅 강의를 시작할 무렵, 나는 마케팅이란 소비자들에게 브랜드의 긍정적인 이미지를 심어주는 것이라고 가르쳤다. 이러한 관점에서 마케터의 역할은 파티 호스트와도 같다. 기업의 마케터는 초대할 손님의 목록을 만들고, 초청장을 발송하고, 그리고 손님들이 마음껏 즐길 수 있도록 음식과 술을 준비해야 하는 것이다.

이를 위해, 세 가지 요소가 필요하다. 첫째, 제품이다. 마케터는 그들의 제품을 가장 잘 보이는 곳에 두어야 한다. 그래서 파티를 찾아온 손님들이 누구나 이를 볼 수 있도록 해야 한다. 둘째, 접근성이다. 접근성을 높인다는 것은, 합리적으로 제품의 가격을 정하고 폭넓게 유통망을 구축하는 것을 의미한다. 그래서 소비자들이 자신이 원할 때 언제라도 제품을 구할 수 있도록 해야 한다. 셋째, 커뮤니케이션. 이는 소비자들에게 메시지를 전달함으로써 브랜드의 이미지를 높이는 작업을 말한다. 이러한 차원에서 코카콜라의 언덕 광고는 효과적인 커뮤니케이션의 표준을 제시했다고 볼 수 있다. 언덕 광고를 통해 그들은 코카콜라라는 브랜드 이미지를 희망과 평화라고 하는 인류 보편적인 가치와 동등한 위치로 올려놓았다.

하지만 마케팅의 이러한 역할에 대해 강의를 하면서도, 나는 뭔가 자신이 없었다. 게다가 학생들 또한 그런 내 모습을 의심쩍어하는 눈치였다. 당시 나는 강의를 하면서 학생들의 흔들리는 눈빛을 마주해야만 했다. 그러던 어느 날, 나는 이러한 느낌을 가지고 학생들과 솔직하게 대화를 나누어봐야겠다고 결론을 내렸다. 여러분의 생각은 어떠한가? 꿈과 희망의 메시지를 가지고 브랜드의 긍정적인 이미지를 높이는 것이 마케팅의 역할이라는 점에 대해 동의하는가?

이 주제에 관한 학생들과의 토론은 그렇게 시작이 되었다. 그리고 나는 학생들과의 토론을 통해 많은 것들을 깨달을 수 있었다. 그중 가장 확실한 것 한 가지는, 학생들은 이러한 차원의 마케팅 및 광고 전략에 대해 다분히 부정적인 입장을 취하고 있다는 사실이었다. 학생들은 놀라울 정도로 꿈과 희망을 주는 광고들에 비판적이었다. 그들은 구체적인 사례들을 들어가며 다양한 방식으로 비판을 했다. 그리고 "단점은 눈 감고, 장점은 과대 포장하는" 기업의 광고 전략이, 오히려 소비자들의 믿음을 떨어뜨리고 있다는 사실에 대해서는 대부분의 학생들이 공감을 하고 있었다. 어떤 학생은, 제품을 하나라도 더 팔아먹으려는 속셈을 숨긴 채, 감동적인 장면으로 억지스런 광고를 만드는 것은 지극히 위선적인 접근방식에 불과하다고 목소리를 높였다.

그 이후로도 나는 학생들과 이러한 주제로 많은 대화를 나누었다. 그때마다 학생들이 언급하는 광고와 브랜드는 달랐지만, 이러한 광고 전략에 대해 학생들이 혐오감을 가지고 있다는 사실은 명백해 보였다. 그럼에도 불구하고 코카콜라의 언덕 광고는 '사람들의 기분을 좋게 만드는 마케팅'의 대표적인 사례로서 자리를 지켜왔다. 그리고 그 이후로 40년이 지난 지금도, 여전히 똑같은 광고 전략이 시장을 지배하고 있다. 광고 속에 등장하는 모델들의 하루는 더없이 행복하다. 엄마는 세상에서 제일 행복한 표정으로 자녀들을 위해 땅콩 샌드위치를 만들고 있다. 힙합을 추는 젊은이들은 신나게 패스트푸드 음식들을 먹고 있다. 엄마와 아들은 함박웃음을 지으며 휴대전화로 얘기를 나눈다. 하지만 내 강의실의 학생들은, 이러한 광고가 오히려 소비자들의 마음의 문을 닫게 만들고 있다고 말하고 있다.

몇 년 전 나는 강의 시간에 '적대적인 마케터 The Hostile Marketer'라는 가상의 캐릭터를 학생들에게 제안했다. 내가 말한 적대적인 마케터는 소비자들이 제품을 사든 말든 아무런 관심이 없다. 그리고 언제나 전투적이다. 또한 항상 분위기를 험악하게 몰아간다. 행여나 불만을 제기하는 소비자가 있으면, 적대적인 마케터는 그를 당장 매장 밖으로 쫓아버린다.

학생들은 내가 제안한 적대적인 마케터라고 하는 캐릭터에 꽤 많은 관심을 보였다. 그들은 이 캐릭터를 놓고 아주 즐겁게 토론을 했다. 소비자를 무시하고 불친절하게 대하는 이 가상의 캐릭터에 대해, 학생들은 이상하리만치 호의적인 관심을 드러내고 있었다.

적대적인 마케터가 뜨는 이유

이 장의 제목은 적대 브랜드이다. 적대 브랜드란 소비자들에게 냉소적인 태도를 보이는 브랜드를 말한다. 그들은 고객들을 위해 레드카펫을 깔기는커녕, 손님들을 문전박대한다. 그리고 마케팅 교과서를 펼쳐 들고, 거기에 적힌 내용들을 모조리 거꾸로 실천한다. 이러한 점에서 적대 브랜드의 마케팅을 '안티마케팅anti-marketing'이라고 불러도 좋을 것이다.

적대 브랜드들은 단점을 거리낌 없이 얘기한다. 판매활동에도 전혀 적극적이지 않다. 소비자들의 비위를 맞추는 것이 아니라 오히려 기분을 상하게 만든다. 소비자들이 제품에 접근하는 과정에 일부러 장애물을 놓아두고, 심지어 테스트를 통과해야 제품을 살 수 있도록 하는 오만방자함을 과시한다. 이러한 적대 브랜드에 대해 소비자들의 생각은 극명하게 좌우로 갈린다. 소비자들은 적대 브랜드와 친구가 되거나 아니면 적이 된다.

적대 브랜드에 대한 본격적인 논의에 들어가기에 앞서, 나는 아직까지도 적대 브랜드의 의미와 그 역할에 대해 연구를 하고 있는 중이라는 사실을 밝혀 두고 싶다. 그 과정에서 나는 학생들로부터 많은 도움을 받고 있다. 오랜 시간 학생들과 함께 토론을 하면서, 나는 소비자들의 기분을 좋게 만드는 마케팅 전략과 정반대편에 위치해 있는 반대심리학counter-psychology의 가치를 깨닫게 되었다. 이러한 깨달음은 말 그대로 변증법적인 과정을 거치면서 이루어졌다. 먼저, 나는 학생들에게 코카콜라 언덕 광고를 보여 주었다. 다음으로, 학생들은 이러한 광고 전략에 대해 가혹한 비판을 했다. 마찬가지로 나는 학생들에게 마스터카드사의 '가격을 매길 수 없는Priceless' 광고를 보여 주었고, 학생들은 똑같이 여기에 대해서도 혹평을 해 댔다. 물론 수업시간에 선생이 제시한 것에 대해 학생들이 비판을 하기 시작하면, 그 수업은 아주 피곤하게 진행되기 마련이다. 하지만 그럴 때마다 나는 학생들의 생각을 이해하고, 그 원인을 파악하기 위해 애를 썼다. 그리고 이와 같은 시도를 계속 반복하면서, 나는 기존의 필굿feel-good 광고 전략이 오늘날 점차 사회적인 공감대와 설득력을 잃어가고 있다고 결론을 내리게 되었다.

적대 브랜드를 놓고, 학생들 대부분은 관대함이 사라진 브랜드라고 정의를 내린다. 실제로 많은 적대 브랜드들이 소비자들에게 엄청난 노력을 들이도록 요구하고 있다. 그리고 그 과정에서 소비자들로부터 외면을 받을 수 있다는 위험에 겁내지 않는다. 또한 어떠한 경우에도 시장과 타협을 하지 않고, 소비자들과의 관계 개선을 위해 한발 물러서는 법도 없다. 손님이 왕인 오늘날의 시장에서,

적대 브랜드들의 콧대 높은 자세는 무척이나 건방지고 위태로워 보인다. 그런데도 학생들은 바로 이런 점이 그들의 관심을 끌어당기는 매력이라고 말하고 있다.

하지만 나는 아직까지도 적대 브랜드들에 대해 이중적인 입장을 취하고 있다. 그래도 분명하다고 인정하고 있는 사실은, 적대 브랜드들은 아주 창조적인 방식으로 시장에 영향을 주고 있다는 점이다. 솔직히 말하자면, 강의 시간에 내가 적대적인 마케터라고 하는 캐릭터를 제시한 것 자체가 적대 브랜드의 가치와 역할을 어느 정도 긍정적으로 인정한 것이라고 볼 수 있다. 적대적 마케터라고 하는 캐릭터를 통해 나는 학생들과 적대 브랜드들에 대해 보다 깊이 있는 이야기를 나누어보고 싶었다. 하지만 적대 브랜드에 대한 나의 최종 평가는 이루어지지 않았다. 그리고 지금도 그 결론을 향해 부지런히 연구 중에 있다.

광고들의 흔한 시나리오

이제, 이렇게 한번 생각해 보자.

우리는 지금 2002년에 있다. 여러분은 대형 자동차 기업에서 브랜드 매니저로 일하고 있다. 그리고 미국 시장에서 새로운 자동차 모델 출시를 앞두고 있다. 하지만 문제가 몇 가지 있다. 첫째, 낮은 브랜드 인지도이다. 여러분이 맡고 있는 브랜드는 유럽 지역에서는 꽤 유명하지만, 불행하게도 미국 시장에서는 그렇지 않다. 조사 자료에 의하면, 우리 브랜드를 알고 있는 미국인들은 2%에도 채 미치지 못한다고 한다. 둘째, 예산 문제이다. 미국 시장 런칭에 할당된 예산은 2,500만 달러 정도이다. 하지만 일반적으로 수억 달러를 투자하는 다른 브랜드들과 비교할 때, 아주 열악한 수준이라고 할 수 있다. 셋째, 자동차의 크기가 지나치게 작다. 아마도 미국에서 가장 작은 차로 기록이 될 것이다. 지금 나와 있는 일반적인 소형차들보다도 길이가 60센티미터나 짧다.

하지만 지금 미국 운전자들은 큰 차들과 사랑에 빠져 있다.(다시 한 번 말하지만, 지금은 2002년이다.) 대부분의 사람들이 기름을 게걸스럽게 먹어치우는 SUV 모델을 선호하고 있다. 그들 눈에 여러분이 지금 출시하고자 하는 자동차는 마치 성냥갑처럼 보일 것이다. 슬프지만 어쩔 수 없는 현실이다. 운전석도 작고, 트렁크도 굉장히 협소하다. 이 점이 특히 걱정스럽다. 단지 너무 작아 보인다는 이유만으로, 미국 소비자들이 구매 리스트에서 여러분의 자동차를 아예 제외시켜 버릴지도 모르기 때문이다.

이제 여러분은 최소한 그러한 일만큼은 막아야겠다고 생각한다. 그리고 이를 위해 무슨 일을 할 수 있을지 고민하기 시작한다.

첫째, 미국 소비자들이 고정관념을 버리도록 하는 것이다. 광고 캠페인을 통해 작은 차가 불편하다고 하는 선입견을 없애 버리는 것이다. 설문조사에 따르면, 우리 자동차에 실제로 탑승했을 때, 사람들은 대부분 실내공간이 보기보다 넓으며, 트렁크에도 의외로 많은 짐을 실을 수 있다는 점에 놀란다고 한다. 광고에서 이러한 사실을 강조한다면, 충분히 승산이 있을 것 같다. 둘째, 차량의 크기를 광고에서 완전히 빼 버리는 것이다. 사이즈만 제외하면, 우리 자동차도 장점이 많다. 우선 핸들링이 좋고, 가격도 합리적이다. 그리고 특히 유럽풍 스타일의 '불독' 디자인이 매력적이다.

이 두 가지 방안을 놓고 여러분은 고심에 고심을 한다. 하지만 결국 이것만으로는 부족하다는 생각이 든다. 두 가지 전략 모두 진부하다. 지금까지 수십 년 동안 여러분은 이 두 가지 방식을 사용해 왔다. 적어도 이번만큼은 획기적인 전략을 시도해 보고 싶다.

미니쿠퍼, 뻔뻔하고 도도한 마케팅

2002년, 미국인들은 예전에는 볼 수 없었던 완전히 새로운 자동차를 만나게 된다. 그 자동차는 다름 아닌 미니쿠퍼MINI Cooper였다. 미니쿠퍼는 도도한 마케팅 전략을 기반으로 미국인들의 감성을 자극했다. 미니쿠퍼의 마케팅 전략에서 가장 놀라운 점은, 자동차의 크기에 관한 메시지였다. 미니쿠퍼는 처음부터 작은 사이즈를 노골적으로 강조했던 것이다.

운전을 하다가 처음으로 미니쿠퍼의 옥외 광고판을 보았던 때가 기억이 난다. 그 광고판에서 미니쿠퍼는 새로운 자동차의 등장을 알리고 있었다. 그 순간, 나는 그 광고가 아주 획기적이라는 생각과 동시에, 미국 시장에서 성공이 결코 쉽지 않을 것이라는 의심을 했다. 어쨌든 처음으로 접했던 미니쿠퍼의 인상은 대단히 충격적인 것이었다. 거대한 광고판 속에는 아래와 같은 문구만이 들어 있었다.

XXL XL L M S MINI

그 메시지는 너무나 도발적이었다. 마치 이렇게 말하는 것 같았다. "크기가 문제라고요? 직접 확인해 보세요. 여러분이 생각하는 것보다 훨씬 더 작답니다." 이보다 더 뻔뻔스러운 메시지가 있을까? 그리고 며칠 뒤, 나는 또다시 다른 광고판을 보게 되었다. 거기에는 미니쿠퍼 한 대가 커다란 SUV 지붕 위에 올라가 있었다. 이번에는 이렇게 말하고 있었다. "SUV에 비해 꼬마 같다고요? 직접 확인해 보세요!"

직업적으로 마케팅을 연구하는 사람으로서, 나는 이 광고가 거대한 흐름을 거스르고 있다는 생각이 들었다. 결국 마케팅이란 자신의 제품에 대해 긍정적인 측면을 강조하는 것이 아니었던가? 소비자들이 제품에 대해 부정적인 인식을 가지고 있을 때, 이를 긍정적인 방향으로 바꾸는 것이 마케터들의 역할이 아니었던가?

하지만 미니쿠퍼는 이러한 흐름을 완전히 무시하고 있었다. 2002년 당시, 다른 사람들과 마찬가지로 나 역시 미니쿠퍼에 대해 이중적인 태도를 가지고 있었다. 디자인은 매력적이긴 했으나, 사이즈는 분명 문제가 되었다. 하지만 미니쿠퍼는 이러한 소비자들의 걱정을 달래기는커녕, 단점을 더 강조하고 있었던 것이다.

이러한 점에서 미니쿠퍼는 전형적인 적대 브랜드라고 할 수 있다. 그들은 소비자들을 설득하려고 노력하지 않았다. 소비자들의 외면도 두려워하지 않았다. 우리는 여기서, 톰 소여가 다른 친구들이 페인트를 칠하지 못하도록 했던 역심리학reverse psychology의 개념을 떠올릴 수 있을 것이다. 즉, 접근성을 어렵게 함으로써 그 매력을 한층 더 높일 수 있는 것이다. 그러나 여기서 미니쿠퍼는 한발 더 나아갔다. 미니쿠퍼는 자동차의 단점을 노골적으로 강조했던 것이다.

나는 미니쿠퍼의 광고판을 보면서 기묘한 활력을 느낄 수 있었다. 출근길에 처음으로 광고를 보았을 때, 근래에 보았던 광고들 중 가장 참신하다는 생각이 들기도 했다. 얼마 있다가 미니쿠퍼는 또다시 "자동차를 타자Let's Motor"라는 슬로건을 들고 나왔다. 미니쿠퍼가 진정으로 추구했던 것은 분명, 당시 미국 사회에 만연해 있던, 커다란 자동차에 대한 환상을 허물어뜨리는 것이었다. 이러한 차원에서도 미니쿠퍼는 전형적인 적대 브랜드이다. 그들은 지나치게 솔직하다. 그리고 소비자들에게 단도직입적으로 메시지를 던진다.

이러한 전략은 아주 신선한 느낌으로 소비자들에게 다가갈 수 있다. 물론 누구나 한눈에 반할 만한 제품이라면 그렇게 하지 않고서도 소비자들에게 강한 인상을 남길 수 있을 것이다. 하지만 대부분 그러한 행운을 누리지 못하기 때문에, 적대 브랜드는 소비자들의 약을 올리는 방법을 택하는 것이다. 단점을 감추려고 하기보다 오히려 이를 더욱 적극적으로 드러냄으로써 소비자들의 호기심을 유발한다. 뭔가 이상하다고 느낄 때, 사람들은 더 많은 관심을 가진다는 진리를 적대 브랜드들은 잘 이해하고 있다. 그리고 이러한 느낌을 만들어내기 위해, 심리적인 부조화를 계속해서 강화해 나가는 것이다.

레드불·마마이트·버켄스탁 어글리, 싫으면 그냥 떠나세요

이러한 마케팅 전략과 관련하여, 나는 레드불Red Bull이라고 하는 브랜드 사례를 종종 인용한다. 한번은 강의실에 레드불 음료수를 직접 들고 가서, 학생들에게 맛을 보여 주기도 했다. 그중에는 그 맛을 끔찍이 싫어하는 학생들도 상당수 있었다.

이러한 레드불 음료수를 가지고 유럽 시장에 진출하고자 한 이가 있었으니, 그는 오스트리아 출신의 반항적 마케터, 디트리히 마테쉬츠Dietrich Mateschitz였다. 그는 본격적인 출시에 앞서 소비자 시음회를 열었다. 하지만 반응은 상당히 부정적이었다. 사람들은 이렇게 말했다. "흐리멍덩한 색깔을 보니 먹고 싶은 마음이 들지 않는다." 또는 "입안이 텁텁하고 역겨운 느낌이 든다." 명백한 실패였다. 하지만 놀랍게도 마테쉬츠는 이렇게 외쳤다고 한다. "음, 굉장한 걸!"

레드불과 비슷한 사례로 마마이트Marmite라는 브랜드가 있다. 마마이트는 빵에 발라 먹는 발효식품으로서 특히 영국에서 많은 사랑을 받고 있다. 겉으로 보기에 마마이트는 끈적끈적한 갈색 덩어리이다. 흥미롭게도 마마이트의 슬로건은 "좋아하거나 또는 싫어하거나Love it or hate it"이다. 최근에 나온 TV 광고를 보면, 거대한 마마이트 덩어리가 도시를 휘젓고 다닌다. 어떤 사람들은 기겁을 하고 도망가는 반면, 어떤 사람들은 그 덩어리 속으로 뛰어든다. 또 다른 광고에서는, 아기에게 젖을 물리던 엄마가 토스트에 마마이트를 발라 먹자, 젖을 빨던 아이가 엄마의 얼굴에다 격렬하게 구토를 한다. 그리고 "좋아하거나 또는 싫어하거나"라는 문구가 등장하면서 끝이 난다.

마마이트의 광고는 지나치게 공격적이다. 그들은 자신의 정체를 직접적으로 드러낸다. 그리고 이를 받아들이지 못하는 소비자들은 그냥 포기해 버린다. 그들이 구사하는 마케팅 전략은 바로 '안티마케팅'이다. 이러한 전략을 구사하는 브랜드들은 너무나도 용감하게 "싫으면 그냥 떠나세요."라고 외친다. 그들은 타협을 거부한다. 아첨도 거부한다. 그리고 제품을 포장하려는 그 어떠한 노력도 거부한다.

하지만 레드불은 출시와 동시에 클럽이나 바를 중심으로 많은 인기를 끌기 시작했다. 마니아들로부터 레드불은 '마시는 코카인', '스피드 인 캔speed in a can' 또는 '액체 비아그라'라는 별명을 얻기도 했다. 이러한 별명들은 레드불의 특성을 그대로 드러내 주고 있다. 심지어는 레드불의 원료가 황소의 고환이라는 유언비어까지 퍼지기 시작했다. 그리고 이로 인해 일부 소비자들은 레드불 퇴출을 주장하는 운동을 벌이기도 했다. 하지만 레드불은 시장에 퍼져 있는 근거 없는 소문들을 무마하기 위해 노력하기보다, 오히려 이를 더

활성화해 나가기 위해 노력했다. 그들은 음성적인 마케팅 전략을 바탕으로 구전효과의 파급력을 최대한 활용했다.

우리는 이와 같은 마케팅 전략들을 다른 사례에서 많이 찾아볼 수 있다. 적대 브랜드들은 의도적으로 소비자들의 반응을 무시한다. 그들은 소비자들의 비판에 아랑곳하지 않는다. 그리고 그들만의 원칙을 지켜 나가면서, 시장에서 고유한 입지를 구축해 나간다. 다시 말해, 적대 브랜드들은 '고집'의 대가로 '차별화'라는 선물을 얻고 있다.

지금 여러분이 컴퓨터 앞에 앉아 있다면, 인터넷 검색창에 '버켄스탁 어글리Birkenstocks ugly'라고 쳐 보자. 아마 엄청나게 많은 결과들이 나올 것이다. 독일 슬리퍼 브랜드인 버켄스탁을 마고 프레이저Margot Fraser가 처음으로 미국 시장에 들여왔을 때, 대부분의 신발 유통업체들은 그 괴상한 디자인에 충격을 받았다. 다른 브랜드들이 좀 더 예쁘고 편안하게 신발을 만들기 위해 노력하고 있을 때, 버켄스탁은 이들과 완전히 반대 방향으로 나아가고 있었던 것이다. 프레이저는 소비자들이 원하는 대로 신발을 만들면, 결국 아무런 개성이 없는 밋밋한 슬리퍼밖에 만들 수 없다는 확고한 믿음을 가지고 있었다. 이러한 점에서 버켄스탁 역시 분명한 적대 브랜드라고 할 수 있다. 그들 역시 고집을 통해 개성을 얻었다. 버켄스탁의 독특한 디자인은 프레이저의 확고한 신념의 산물이다. 그리고 세상을 향한 메시지이기도 하다.

소비자를 적으로 만드는 전략

한 적대 브랜드가 등장해서 고집스런 자세로 밀고 나갈 때, 시장에서는 흥미로운 일들이 벌어진다.

많은 사람들이 흔히 사용하는 제품들을 구매할 때, 우리는 그리 많은 고민을 하지 않는다. 이러한 제품을 구매한다는 것은, 일반적인 소비자라고 하는 군중 속으로 들어간다는 의미이기도 하다. 가장 히트를 친 자동차를 몰고, 가장 무난한 스타일의 옷을 입으면 아무도 우리를 이상하게 쳐다보지 않는다. 특히 주변의 시선을 부담스러워 하는 사람들은, 가능한 많은 사람들이 선택한 제품들을 구매하고자 한다.

앞에서도 설명했듯이, 적대 브랜드는 소비자들을 양분한다. 소비자들은 적대 브랜드들이 그어놓은 선을 기준으로, 이쪽이나 저쪽을 선택해야 한다. 그 선 앞에서, 소비자들은 고민에 빠진다. 이러한 차원에서 적대 브랜드 제품을 구매하는 것은 더는 단순한 소비 행위가 아니다. 이는 적대 브랜드를 지지하는 편에 선다는 것을 의미하는 것이다. 다시 말해, 버켄스탁 슬리퍼를 신거나 미니쿠퍼를 몰거나 혹은 레드불 음료를 마시는 일은, 이제 단순한 소비의 차원을 넘어서 자신의 개성을 공개적으로 드러내는 사회적으로 의미 있는 행위가 되는 것이다. 그리고 이를 통해 소비자는 자신의 정체성을 드러낸다. 사실 우리 모두는 적대 브랜드의 이러한 역할을 무의식적으로라도 잘 이해하고 있다.

오늘날 점점 더 많은 사람들이 적대 브랜드를 지지하는 편에 서고 있다. 그리고 적대 브랜드들은 점점 더 많은 후원자들을 확보해 나가고 있다. 이를 통해 그들은 사회적인 분열을 조장한다. 즉, 적대 브랜드들은 오늘날의 소비문화를 비균형적 그리고 비대칭적으로 만들어나가고 있다. 기존 브랜드들이 소비자들을 군중의 일부로 숨겨 주는 역할을 했다면, 적대 브랜드들은 개성을 더욱 강렬하게 드러내도록 도와주는 역할을 하고 있다.

하지만 적대 브랜드의 역할은 여기서 머물지 않는다. 그들은 계속해서 적들을 자극한다. 마니아의 수를 늘려 나가는 동시에, 적들도 함께 늘려 나간다. 이들은 결코 싸움을 두려워하지 않는다. 미니쿠퍼는 "SUV의 몰락은 지금부터"라고 선언했다. 이는 분명 기존의 자동차 기업과 소비자들에 대한 선전포고였던 셈이다.

마마이트의 사례로 다시 돌아가 보자. 마마이트의 홈페이지는 참 독특하다. 그들의 홈페이지(marmite.co.uk)에 들어가 보면, 마마이트를 좋아하는 사람들을 위한 링크(perfect)와 이를 싫어하는 사람들을 위한 링크(horrid)가 나란히 있다는 사실을 발견하게 된다. 그러면서도 두 종류의 소비자들을 모두 환영하고 있다. 마찬가지로 버켄스탁을 즐겨 신는 사람들도 있고, 버켄스탁을 신은 사람을 놀려 대는 사람도 있다. 버켄스탁 역시 그러한 상황을 잘 알고 있다. 최근 「뉴욕 타임스」와의 인터뷰에서 버켄스탁의 한 브랜드 매니저는 이런 얘기를 했다. "버켄스탁 브랜드의 경쟁력은 긍정적인 반응과 부정적인 반응을 동시에 이끌어내는 것입니다. 이 말은 우리가 문화적인 영향력을 폭넓게 행사하고 있다는 뜻이기도 합니다. 우리는 이러한 사회적인 역할을 앞으로 성실히 수행해 나갈 것입니다."

이야말로 적대 브랜드들의 전형적인 모습이다. 적대 브랜드들은 극단적인 상황을 조성하고, 이를 기반으로 성장한다. 그들은 분열과 갈등 속에서 에너지를 얻는다. 물론 소위 명품 브랜드들도 소비자들을 분열시키는 전략을 취하고 있다. 하지만 그들은 적대 브랜드들처럼 전반적인 차원에서 소비자 계층을 양분하고 있지는 못하다. 그들은 오직 경제적인 기준으로 소비자들을 나누고 있을 뿐이다. 반면 적대 브랜드들은 경제적인 기준과는 아무런 관련 없이 소비자 계층을 다양한 방식으로 나누고 있다. 그들은 다양하고 창조적인 방식으로 소비자 계층을 분할함으로써 성공의 기반을 다지고 있다.

베이딩 에이프, 당신한테는 안 팔아

우리는 일본에서도 대표적인 적대 브랜드를 찾아볼 수 있다. 그것은 베이딩 에이프Bathing Ape(혹은 BAPE)라고 하는 캐주얼 의류 브랜드이다. 영화 〈혹성탈출Planet of the Apes〉에서 영감을 받아 이름을 지은 베이딩 에이프는 1993년 영 캐주얼 브랜드로서 처음 모습을 드러냈다.

베이딩 에이프라는 브랜드에 대해서는 아주 다양한 방식으로 설명을 할 수 있다. 그중에서 가장 좋은 표현을 고르라면, '지나치게 거친 브랜드'라고 하고 싶다. 실제로 많은 소비자들이 베이딩 에이프라는 브랜드에 대해 반감을 가지고 있다. 베이딩 에이프의 사업 모토는 소비자들이 그들의 제품을 결코 쉽게 손에 넣을 수 있도록 해서는 안 된다는 것이다. 그들은 쉽게 얻을 수 있는 물건은 겁쟁이들을 위한 것이라고 외치고 있다. 이러한 점에서 베이딩 에이프 역시 전형적인 적대 브랜드라고 할 수 있다.

실제로 베이딩 에이프는 모든 제품들을 한정판매만 한다. 여러분의 친구가 멋져 보이는 베이딩 에이프 티셔츠를 입고 있다면, 아마도 지금쯤은 품절된 상태일 것이다. 그리고 베이딩 에이프 매장들은 대부분 찾기가 무척 힘들다. 게다가 그곳이 과연 베이딩 에이프의 매장이 맞는지 의심할 정도로 간판이나 표지가 없다. 또한 매장들 대부분이 제품별로 한 사람 앞에 하나만을 판매한다. 게다가 사이즈가 본인과 맞지 않으면 살 수도 없다. 베이딩 에이프의 홈페이지 역시 마찬가지다. 웹페이지 그 어디에서도 자세한 설명을 찾아볼 수 없다. 그럼에도 불구하고 일본의 대부분의 젊은이들은 베이딩 에이프를 알고 있고, 그리고 많은 사람들이 좋아한다. 계속해서 평준화되어가는 일본의 패션 시장에서, 적대 브랜드인 베이딩 에이프는 남들과는 전혀 다른 방향으로 걸어가고 있다.

하지만 가만히 생각해 보면, 베이딩 에이프의 마케팅 전략은 그렇게 비합리적인 것이라고는 볼 수 없다. 사람들은 누구나 희귀한 물건을 갖고 싶어 한다. 이는 소더비 경매장Sotheby's에 가보면 분명히 알 수 있다. 어떤 사람들은 그 물건이 이 세상에 단 하나만 있다는 이유로 천문학적인 금액을 기꺼이 지불한다. 이처럼 희귀성은 물건에 특별한 후광을 드리운다. 그리고 이 점을 효과적으로 활용할 수 있다면, 막대한 이익을 창출할 수 있을 것이다. 물론 희귀성 전략에는 위험도 있다. 희귀성을 높이기 위해서는 접근성을 의도적으로 낮추어야 하기 때문이다. 하지만 베이딩 에이프처럼 매장을 찾아가는 동안 몇 번 길을 잃고 나면, 사람들은 대부분 쉽게 짜증을 내고 포기하기 마련이다.

〈사인필드Seinfeld〉라는 시트콤을 본 적이 있는가? 미국에서는 9년간이나 인기리에 방영된 유명 TV 프로그램이다. 나는 그중에서 '수프 나치The Soup Nazi'라는 에피소드가 특히 기억에 남는다. 그 이야기 속에는 수프 나치라고 하는 한 수프 가게가 등장한다. 제리와 그의 친구들은 그 가게를 찾아가기 위해 아주 먼 길을 떠난다. 그 집의 수프 맛은 그야말로 세계 최고다. 하지만 거기서 수프를 먹으려면 엄격한 규칙을 따라야 한다. 차례로 줄을 서서 주문을 하고 요금을 내야 한다. 질서를 어기면 바로 쫓겨난다. 가게 내에서 누가 조금만 소란을 피워도 주인은 이렇게 외친다. "당신한테는 안 팔아.No soup for you!"

수프 나치든 아니면 베이딩 에이프든 적대 브랜드의 제품을 사기 위해서라면 소비자들은 자신이 왕이 아니라는 사실을 기꺼이 인정해야만 한다. 그리고 물건을 손에 넣기까지 갖가지 어려움들을 극복해야 한다. 지나치게 작은 차량의 사이즈, 괴상한 디자인의 슬리퍼, 또는 도무지 찾기 어려운 매장 등을 소비자들은 그대로 받아들여야만 한다. 하지만 적대 브랜드의 마니아들에게는 그 브랜드의 제품을 손에 넣었다는 것 자체가 의미 있는 일이 된다. 바로 이러한 점에서 적대 브랜드는 경제적인 수준과는 무관한 명품 브랜드라고 할 수 있다.

홀리스터, 손님을 푸대접하라

앞에서 나는 적대 브랜드에 대해 이중적인 태도를 취하고 있다고 얘기를 했다. 어떠한 면에서 이런 나의 태도는 당연한 것이라고 할 수 있다. 적대 브랜드들의 전략적 기반이 바로 이분법적 접근방식에 있기 때문이다. 그들은 소비자들을 애증으로 양분을 해 놓고, 거기서 돈을 벌어들인다.

얼마 전, 나는 친구 로라와 쇼핑을 함께했다. 로라는 세 딸을 둔 엄마이다. 그리고 그중에서 두 명의 딸은 한창 사춘기를 보내고 있다. 로라와 함께 돌아다니면서, 나는 로라의 두 딸이 홀리스터Hollister라는 캐주얼 브랜드에 열광하고 있다는 사실을 알게 되었다. 덕분에 로라도 홀리스터 전문가가 되었다. 아마도 홀리스터 청바지에 대한 모든 질문에 속 시원히 대답을 해 줄 수 있을 것이었다. 하지만 로라는 절대 홀리스터 매장에는 들어가지 않으려 했다. 내가 그 이유를 묻자, 이렇게 대답했다. "홀리스터 매장은 청소년들만을 위한 공간이라고."

로라가 그렇게 느낀 것은 홀리스터의 마케팅 전략 때문이었다.

홀리스터는 성인들을 소비자로 생각하지 않는다. 그래서 그 매장 역시, 스무 살이 넘은 사람들이 들어가면 불편한 마음이 들도록 의도적으로 설계되어 있다. 매장 실내는 마치 바닷가 통나무집을 연상케 한다. 조명은 어두컴컴하고, 음악은 무지하게 시끄럽고, 벽에는 도발적인 모습의 십 대들 사진이 가득하다. 그리고 이게 다가 아니다. 홀리스터는 그들이 생각하는 고객이 아니면 노골적으로 푸대접을 한다. 자매 브랜드인 아베크롬비 앤 피치Abercrombie & Fitch와 마찬가지로, 홀리스터는 오직 마른 체형의 십 대들만을 위한 옷을 팔고 있다. 미국의 청소년들 역시 이런 사실을 잘 알고 있다. 홀리스터는 십 대 청소년들을 홀리스터를 입을 수 있는 부류와 입을 수 없는 부류로 나누고 있는 것이다.

하지만 극소수 소비자들을 공략하기 위해 대다수의 다른 소비자들을 배제하는 것은 지극히 모험석인 선략이다. 나 역시 홀리스터 매장에는 들어가지 않는다. 적대 브랜드로서 홀리스터는 나와 로라를 외면했다. 쇼핑을 할 때, 거절을 당하는 것만큼 기분이 나쁜 일이 또 있을까?

바로 이러한 이유로 나는 적대 브랜드에 대해 이중적인 태도를 취하는 것이다. 어떤 적대 브랜드들은 나를 유혹하는 반면, 다른 적대 브랜드들은 나를 무시한다. 하지만 적대 브랜드들에 대해 내가 진정으로 혼란스러운 점은, 이들이 비즈니스 세계에서 앞으로 얼마나 큰 영향력을 발휘할 수 있을지에 관한 것이다.

그래도 난 이게 더 좋아

이제 좀 다른 이야기를 해 볼까 한다.

얼마 전부터 내 둘째 아들이 느닷없이 셔츠를 거꾸로 뒤집어 입기 시작했다. 여태껏 한 번도 옷에 관심을 보인 적이 없던 꼬마라, 나는 더 의아했다. 아들은 서랍에서 셔츠 한 벌을 꺼내서 안이 밖으로 나오도록 뒤집어 입고 학교를 간다. 내가 그 이유를 물었더니, 빙긋 웃으면서 그냥 그렇게 입어보고 싶다고만 했다. 아침을 먹다가 동생의 새로운 괴팍한 취미를 본 첫째도 이렇게 핀잔을 주었다. "그러고 나가면 친구들이 비웃을걸?" 그래도 막내 녀석은 자신만만하게 이렇게 대답했다. "난 이게 더 좋아."

나는 아들의 독특한 패션 취향을 지켜보면서 이런 생각이 들었다. '동일함이 지배하는 일상 속에서 사람들은 뭔가 다른 것을 원한다. 아주 사소한 곳으로부터 우리는 남들과 다른 자신의 모습을 발견하고 싶어 한다.' 아마 우리 아들 역시 그러한 심정이었을 것이라고 지금도 믿고 있다.

적대 브랜드들은 다양한 형태로 모습을 드러낸다. 그렇지만 분명한 공통점이 한 가지 있다. 그것은 바로, 소비자들을 차별한다는 것이다. 그렇기 때문에 소비자들은 적대 브랜드의 제품을 소비함으로써 자신을 차별화할 수 있는 것이다. 그리고 이를 통해 자신의 정체성을 드러낸다. 이러한 점에서 적대 브랜드는 일종의 문신이다. 만약 이러한 적대 브랜드들이 세상에 존재하지 않는다면, 사람들은 아마도 자신만의 독특한 방법으로 정체성을 드러내고자 했을 것이다.(가령 셔츠를 뒤집어 입는 것처럼.)

하지만 적대 브랜드들이 번성하기 위해서는, 우선 사회적인 인식이 기반이 되어야 한다. 다시 말해, 합의와 통일이 없어도 우리 사회가 잘 굴러갈 수 있다는 관용적인 문화가 사회에 자리를 잡고 있어야 한다. 그러자면 우리 사회의 구성원들이 자신과 다른 방식으로 살아가는 사람들과 잘 어울려 지내는 방법을 터득해야 한다. 즉, 어떤 청소년들은 홀리스터에 열광하고, 또 다른 청소년들은 버켄스탁을 좋아하고, 그리고 어떤 사람은 미니를 몰고, 또 다른 사람은 허머Hummer를 몰고, 또한 어떤 사람은 오프라 쇼를 시청하고, 다른 사람은 하워드 스턴Howard Stern의 라디오 방송을 좋아하는 현실을 있는 그대로 인정할 수 있는 마음의 공간을 가져야 한다.

그렇기 때문에 획일화된 문화에서 적대 브랜드들은 좀처럼 성공을 거두지 못한다. 보수적인 분위기가 사회 전반에 자리를 잡고 있을 때, 새로운 시도가 인정을 받을 수 있는 가능성은 희박하다. 적대 브랜드들은 사회적인 논쟁을 통해 성장한다. 그렇기 때문에 그들은 적극적으로 사회적 담론들을 만들어나간다. 그들은 합의를 따분하게 여기며 싸움을 좋아한다. 사실 나 역시 논쟁을 좋아하는 한 사람으로서, 항상 변화가 존재하는 환경에서 살고 싶어 한다.

이를 통해 적대 브랜드는 사회적인 분열을 만들어낸다. 하지만 동시에 기묘한 방식으로 통합을 일구어내기도 한다. 어느 날 아침, 나는 실수로 셔츠를 뒤집어 입은 채 아침을 먹으러 부엌에 들어선적이 있었다. 그런 내 모습을 본 막내아들은 크게 웃었다. 그날 아침, 나는 마치 아들과 같은 갱단의 멤버가 된 듯한 느낌이 들었다. 나의 한 친구는 보스턴에 살면서도 레드삭스 대신, 양키즈 야구모자를 쓰고 돌아다닌다. 하지만 그녀가 만약 동네에서 자신처럼 양키즈 모자를 쓴 사람을 만나게 된다면, 마치 어릴 적 친구를 10년 만에 만난 듯한 반가움을 느낄 수 있을 것이다. 이러한 소속감은, 특히 소수에 속해 있을 때 더욱 강하게 발현된다. 이러한 측면에서 적대 브랜드는 문화적 윤활제와 같은 사회적인 역할을 한다. 적대 브랜드 지지자들이 서로 만나는 순간, 그들은 브랜드 충성도라는 연결고리를 통해 강한 유대감을 느끼게 된다.

미니쿠퍼 운전자들끼리는 운전 중에도 서로 인사를 나눈다고 한다. 마마이트에 열광하는 사람들은 페이스북에서 500개가 넘는 그룹을 통해 활동을 하고 있다. 주류가 존재하는 곳엔 언제나 비주류가 존재하기 마련이다. 그리고 적대 브랜드는 대부분 비주류에 해당한다. 적대 브랜드들은 주류와 비주류를 분열시키면서도, 동시에 비주류 구성원들을 내부적으로 결속시키는 역할을 한다. 우리 모두는 어떤 분야에서는 주류였다가, 다른 곳에서는 비주류가 된다. 그렇기 때문에 적대 브랜드에 대해 이중적인 태도를 취할 수밖에 없는 것은 지극히 당연한 것이라고 하겠다.

베네통, 공포감을 주는 광고 전략

이 장에서 내가 함께 얘기하고픈 적대 브랜드가 아직 하나 더 남아 있다. 이 브랜드를 통해 우리는 브랜드에 관한 논의를 시작했던 처음의 시점으로 돌아갈 수 있을 것이다. 이번 사례의 주인공은 바로, 스웨터, 셔츠, 바지 등 컬러풀한 의류를 판매하는 이탈리아 브랜드인 베네통Benetton이다. 여기서 소개하고 있는 베네통에 관한 이야기는 1980년대 중반에서 1990년대 초반으로 거슬러 올라간다. 당시 베네통은 실험적인 광고 캠페인을 통해 세계의 이목을 단번에 사로잡는 데 성공했다.

"세상의 모든 컬러All the Colours in the World"라는 제목의 베네통 첫 광고는 1984년에 나왔다. 이 광고에는 다양한 인종의 청소년들이 화려한 색상의 베네통 의상을 입고 나온다. 얼핏 보면 코카콜라의 언덕 광고와도 비슷하다. 사람들이 베네통에 대해 긍정적인 느낌을 갖게 만든다는 차원에서, 이는 또 하나의 필굿 마케팅이었다. 하지만 이 광고를 마지막으로 베네통은 광고 전략을 전면 수정했다. 그것은 베네통 설립자인 루치아노 베네통Luciano Benetton이 강조한 '기업 영혼'을 보다 직접적인 방식으로 드러내는 것이었다. 올리비에로 토스카니Oliviero Toscani의 지휘, 그리고 "유나이티드 컬러 오브 베네통The United Colors of Benetton"이라는 슬로건을 바탕으로, 베네통의 광고들은 계속해서 충격적인 이미지들을 여과 없이 쏟아냈다.

여러분도 그중에서 몇 가지는 기억이 날 것이다. 흑인과 백인이 함께 수갑을 차고 있는 장면, 다양한 색깔의 콘돔이 가지런히 놓여 있는 모습, 탯줄이 붙어 있는 채로 울음을 터트리는 갓난아기 등. 그 이후로 베네통은 다큐멘터리 사진을 내세웠다. 폭탄테러를 당한 자동차, 인골을 들고 있는 군인, 죽음을 앞둔 AIDS 환자, 미국의 한 감옥에 놓여 있는 전기충격 의자 등. 이후 베네통의 설명에 따르면, 사회적 인기, 도덕적 고발, 정치적 참여와 같은 묵직한 주제를 담고 있는 광고 이미지들은 모두 베네통이라는 브랜드의 가치를 높이기 위해 치밀하게 의도된 것이었다.

그리고 베네통의 광고는 나오자마자 사회적인 논쟁을 불러일으켰다. 사회평론가인 밥 가필드Bob Garfield는 「애드버타이징 에이지Advertising Age」라는 광고잡지에서, 베네통의 광고는 모두 기업 이기주의의 산물이며, 공익적인 관점에서 일종의 사기에 불과하다고 몰아세웠다. 또한 베네통의 목적이 "소수에게 고가의 티셔츠를 팔기 위해 다수에게 공포감을 주려는 것"이라고 고발했다. 실제로 베네통은 구체적인 제품 이미지는 하나도 사용하지 않았다. 그리고 오직 추상적인 이미지만으로 일관했다. 하지만 베네통의 광고는 소비자들에게 강인한 인상을 남겼다. 그리고 그들이 내세운 이미지들은 사회를 통합하기보다 분열을 목표로 삼고 있었다. 즉, 평화적이라기보다는 전투적이며, 긍정적이라기보다는 부정적인 광고 전략이었다.

바로 이러한 점 때문에, 나는 베네통이 마케팅 역사상 주목할 만한 브랜드라고 생각한다. 베네통은 전통적인 마케팅의 개념을 뒤집은 제1세대 브랜드였다. 당시만 해도 광고란 오직 사람들의 감각적인 부분만 건드려야 한다고 여겨지고 있었다. 그렇기 때문에 기업의 광고는 정치적, 사회적, 문화적인 부분과는 아무런 관련이 없는 존재로 인식되어 있었다. 그리고 소비자들 역시 기업들이 내세우고 있는 인위적이고 비현실적인 메시지에 익숙해져 있었다. 하지만 이와는 전혀 다른 개념의 베네통 광고가 나타나자, 사람들은 이를 어떻게 받아들여야 할지 당황하기 시작했다.

베네통 광고를 처음 보았을 때, 정확하게 어떤 느낌이었는지 기억이 나지는 않는다. 하지만 분명한 사실 한 가지는, 내가 그 광고를 수업 시간에 활용해야겠다는 생각을 했다는 것이다. 그만큼 베네통의 광고는 특별했다. 그래서 학생들과 함께 다양한 각도로 살펴보아야겠다는 생각이 저절로 들었던 것이다. 광고를 보고 이런 생각을 하는 것은 내겐 무척이나 드문 일이었다. 그리고 그 순간, 그것만으로도 베네통은 광고의 목적을 달성했다는 생각이 들었다.

오만한 브랜드

코카콜라가 "코카콜라와 함께 웃어요.Have A Coke And A Smile."라는 슬로건을 발표한 이래로, 기업들의 브랜딩 역사는 지금까지 이어져 내려오고 있다. 그동안 소비자들의 관심을 받았던 브랜드들은, 모두를 두 팔 벌려 환영하면서 기분 좋게 만드는 필굿 광고 전략을 지켜 왔다. 그중에는 코카콜라와 같은 대형 브랜드들도 있고, 그보다 작은 전문 브랜드들도 있었다. 하지만 그 규모와 상관없이,

이러한 전통적인 브랜드들이 공통적으로 가지고 있는 특성 한 가지가 있다. 그것은 인류학자 그랜트 맥크레켄Grant McCracken이 언급했던 '음유시인의 마케팅minstrel marketing' 전략이다.

음유시인의 마케팅이란 앞서 지적했던 것처럼, 꿈과 희망의 메시지를 통해 소비자들에게 브랜드에 대한 긍정적인 이미지를 심어주고자 하는 전통적인 마케팅 방식을 의미한다. 음유시인의 마케팅 전략을 추구하는 브랜드들은 비현실적이고 극단적인 브랜드 이미지를 강조한다. 그들은 티끌 한 점 없는 순수한 세상을 소비자들에게 보여 준다.

하지만 오늘날 소비자들은 사회적인 비난을 두려워하지 않는 용감한 브랜드들에 더 열광한다. 그리고 소비자들에게 줄을 서서 기다리라고 명령하는 오만한 브랜드에 더 끌린다. 수업시간에 한 학생은, 안티마케팅이란 전통적인 마케팅 방식에 싫증이 난 소비자들을 위한 탈출구 같은 것이라고 얘기를 했다. 나 역시 이 말에 동의한다. 오늘날 소비자들은 적대 브랜드들이 번영을 누리는 비즈니스 세계에 살고 있다. 적대 브랜드들은 사회적인 논쟁을 통해 소비자들을 친구와 적으로 양분한다. 그리고 그들의 이러한 전략은 오늘날 소비자들의 일상 속으로 깊숙이 파고들고 있다.

chapter 8 디퍼런스

승자의 최고 전략

인생을 살다 보면 몇 번의 전환점을 맞게 된다. 그중 하나는 우리가 하나의 완전한 성인이 되었을 때 찾아온다. 그 순간은 바로, 우리의 부모님이 늙어가고 있다는 사실을 처음으로 느낄 때이다. 그리고 그때, 우리와 부모님과의 관계는 완전히 다른 국면으로 접어든다. 이 순간은 대부분 우리가 예상하지 못한 때에 일어난다. 이 순간이 지나고 나면, 부모님으로부터 보호를 받는 것이 아니라, 우리가 그들을 보살펴야 한다고 느끼게 된다. 부모님은 이제 우리가 관심을 주고 지켜 드려야 할 존재가 된 것이다. 우리들 대부분은 이러한 전환점을 겪는다. 하지만 부모님에게 관심을 기울이는 것은, 자녀들에게 관심을 주는 것과는 차원이 다르다. 자녀들에게는 본능적으로 관심과 애정을 쏟게 된다. 그리고 그 과정에서 자연스럽게 기쁨을 느낀다. 그러나 부모님에게는 의식적인 노력이 필요하다. 보다 신중한 자세로 과거의 추억들을 하나씩 더듬어 올라가야 한다.

부모님을 보살펴 드린다는 것은 즐거움보다는 의무감에 가깝다. 어느 날 갑자기 이러한 의무감이 느껴지면, 우리는 최선을 다해 자녀 된 도리를 해야 한다. 하지만 그 과정에서 뜻하지 않게 심리적인 갈등을 겪게 된다.

나 역시 이러한 전환점을 겪고 나서부터는, 기쁜 마음으로 오랫동안 부모님을 보살피는 사람들을 보면 참으로 대단하다는 생각이 든다. 나는 그런 가족들을 보면서 특히 두 가지 점에서 놀란다. 첫째, 능숙하고 자연스럽게 부모님을 보살피는 자녀들의 섬세함. 둘째, 그러한 자녀들에게 소중한 추억을 만들어준 부모님의 크나큰 사랑.

친숙함이 가져다주는 부작용

친척 중에 플로리 할머니라는 분이 계신다. 플로리 할머니는 90세의 나이가 무색할 정도로 아직까지도 투명하고 깨끗한 피부를 간직하고 계신다. 나는 어릴 때부터 플로리 할머니를 무척이나 따랐다. 할머니는 젊은이들과도 스스럼없이 우스갯소리를 주고받고, 헤어질 때면 뺨을 어루만져 주시는 따뜻한 분이다. 얼마 전, 할머니의 아들과 딸은 할머니께 새로운 아파트로 이사를 가시는 게 좋겠다고 말씀을 드렸다. 사실 할머니는 최근 몇 년 동안 건강이 별로 좋지 않으셨다. 자녀들은 할머니가 옛날 집을 팔고 그들과 가까운 동네로 이사 오기를 간절히 원하고 있었다.

하지만 할머니는 마음이 내키지 않았다. 지금 살고 있는 집에 너무나 정이 들어서, 다른 곳으로 가면 지금처럼 편안한 느낌을 가질 수 없을 것이라고 생각하셨던 것 같다. 그래서 할머니 자녀분들은 새로 이사할 집을 가능한 지금 집과 똑같은 분위기로 꾸며 드리겠다고 설득을 한 끝에, 마침내 승낙을 얻어낼 수 있었다. 실제로 그들은 할머니가 쓰시던 물건들 하나하나를 원래 위치 그대로 옮기는 계획을 세웠다. 나는 너무 지나치게 신경을 쓰는 것이 아닌가 하는 생각이 들었다. 하지만 그들은 거의 일주일 내내 짐을 싸고, 물건들을 나르고, 그리고 또다시 원래의 위치 그대로 배치하는 정성을 쏟았다.

그 결과는 정말 놀라웠다. 처음으로 새집에 발을 들여놓을 때, 할머니는 자신이 기억하고 있는 그대로 모든 물건들이 제자리를 차지하고 있다는 사실에 깜짝 놀라셨다. 소파, 의자, 벽걸이 사진들 모두 옛날 그 자리에 놓여 있었다. 심지어 옷가지들도 할머니가 개어 두었던 그대로 놓여 있었다. 덕분에 할머니는 편안한 마음으로 옛날 집과 똑같은 새집에서 살 수 있게 되었다. 이사를 하면서 겪게 될 거라고 걱정했던 심리적인 이질감을 할머니는 전혀 느끼지 않았다. 할머니는 자녀들이 선물한 친숙함과 편안함을 무척이나 고마워했다.

새로 이사를 한 집에 놀러 갈 때, 우리는 썰렁한 공간에 활력을 불어넣어 줄 만한 물건들을 선물로 들고 간다. 하지만 플로리 할머니의 경우, 집들이 선물이 전혀 필요 없었다. 그건 할머니의 새집이 예전의 집과 똑같이 따뜻하고 아늑한 공간이었기 때문이었다. 아마도 자녀들이 보여 준 정성은 할머니에게 최고의 집들이 선물이 아니었던가 한다. 예전과 비슷한 공간 속으로 들어갈 때, 우리는 편안하고 안전함을 느낀다. 그리고 이것은 바로 플로리 할머니가 가장 원했던 것이었다. 이를 위해 플로리 할머니의 자녀들은 최대한 세심한 배려를 했던 것이다.

　그런데 한 가지 이상한 일이 발생했다. 얼마 지나지 않아, 할머니는 자녀들의 정성스런 선물을 잊어버렸다. 이사한 지 불과 며칠 만에 할머니는 이사를 한 것조차 잊어버린 듯했다. 그건 아마도 할머니의 새집이 옛집과 너무나도 비슷했기 때문이었을 것이다. 이는 바로 친숙함이 가져다주는 부작용이기도 하다. 친숙한 환경에서 우리는 편안함을 느끼지만, 그 대신 어떤 새로운 자극도 받지 못한다. 그렇기 때문에 우리는 친숙함이 우리에게 가져다주는 선물을 곧잘 잊어버리고 만다. 물론 플로리 할머니의 자녀들은 그래도 섭섭해하지는 않았다. 그들이 진정으로 원했던 것은 할머니가 그들 가까이에서 마음 편하게 사는 것이었으니까.

너무 익숙하면 지는 거다

우리가 사는 세상에는 친숙함과 생소함이 존재한다. 그리고 같음과 다름이 존재한다. 우리는 일상생활 속에서 이 두 가지 극단적인 개념들을 마주치게 된다. 옛날의 친숙함 속에서 오늘의 생소함이 나타난다. 그리고 오늘의 같음 속에서 내일의 다름이 탄생한다. 이 상반된 두 개념들은 이 세상의 음과 양을 이루고 있다. 서로 상극이면서 동시에 상보적인 관계를 이루고 있다. 우리는 이 두 가지 존재가 상호의존적으로 나타나고 있는 상황을 종종 경험하게 된다.

갑자기 주변 환경이 바뀔 때, 우리는 과거를 그리워한다. 가령 의자와 액자가 원래와는 다른 위치에 있으면 왠지 불안한 마음이 든다. 내 아들이 유치원에 갓 입학했을 때, 셀먼Selman이라는 담임선생님은 이불이나 장난감과 같이 아이들이 집에서 사용하고 있던 물건들을 유치원으로 가지고 오라고 했다. 이처럼 친숙한 물건들이 주변에 함께 있어야, 아이들은 칠판, 책상, 식당 등 생소한 존재로 가득한 새로운 환경에 더욱 수월하게 적응할 수 있다는 것이 셀먼의 지론이었다. 그녀가 학부모들에게 전달하고자 했던 메시지는, 주변 환경이 갑자기 바뀔 때, 조그마한 친숙함이 심리적으로 큰 도움을 줄 수 있다는 점이었다.

하지만 이와는 달리 친숙함이 우리의 삶을 완전히 지배하게 될 때, 우리의 관심은 지극히 무뎌진다. 친숙함은 주변의 사물들이 눈 앞에서 사라지게 만드는 마법의 힘을 지니고 있다. 나는 학교에서 집으로 운전을 하고 돌아오는 길에 많은 건물과 행인들을 지나친다. 하지만 대부분 기억을 하지 못한다. 연구실을 떠나 집으로 들어오기까지, 주변의 모든 환경들은 그냥 그대로 나를 스쳐 지나간다. 그 이유는 그 모든 장면들이 내게는 너무나 친숙한 것들이기 때문이다. 나는 그 어떠한 것들도 신경 써서 보지 않는다. 이것이 바로 앞에서도 언급했던 친숙함의 부작용이다. 모든 것이 익숙한 환경에 있을 때, 우리는 그냥 그대로 관심을 꺼버린다.

하버드 대학 심리학과 교수 엘렌 랑거Ellen Langer는 '무심함mindlessness'의 개념에 대해 "아무런 의식적인 노력 없이 자동적으로 흘러가는 심리적인 상태"라고 정의하고 있다. 그녀가 말하는 무심함은 오랜 학습의 산물이다. 특정한 자극-반응의 메커니즘이 장기간 지속되다 보면, 더는 아무런 집중을 하지 않고도 행동할 수 있는 무심함의 경지에 오르게 된다. 랑거 교수가 말하는 무심함을 나의 표현으로 바꿔본다면, "넘치는 음과 부족한 양의 조합이 빚어내는 무감각한 상태"라고 할 수 있겠다.

지나친 친숙함은 무감각을 초래한다. 그러므로 친숙함이 본연의 가치를 발휘하려면, 적절한 수준을 유지해야 한다. 그래서 나는 가끔 학생들에게 평소 때와 다른 자리에 앉아서 수업을 들으라고 한다. 이는 수업 환경에 조금이나마 변화를 주기 위한 것이다. 이와 마찬가지로 때때로 집안의 가구 위치를 바꾸어서 가족들에게 활력을 주고자 한다. 셀먼 선생님 역시 이와 비슷한 전략을 시도했다. 특히 아이들이 유치원 생활에 지루함을 느끼기 시작하는 학년 말

즈음에, 셀먼은 학생들을 데리고 야외 수업을 나가거나, 교실에 특별손님을 초대하곤 했다. 이를 통해 그녀는 아이들의 지루함과 나태함을 조금이나마 달래 주려고 했던 것이다.

여기서 중요한 것은, 음과 양의 사이에서 균형을 잡는 일이다. 친숙함이 음이라면 생소함은 양이다. 음과 양이 균형을 이루어야 세상의 모든 일이 조화롭게 돌아간다. 균형이 잡힌 환경 속에서 우리는 편안함과 흥미를 동시에 느낄 수 있다. 음식은 우리에게 없어서는 안 될 요소다. 하지만 그렇다고 해서 배가 터질 때까지 먹어대서는 곤란할 것이다. 중요한 것은 적당히 먹는 것이다.

한 가지 과일만 먹다 보면 쉽게 물리고 만다. 그리고 지금까지 한 번도 먹어보지 못한 새로운 열대 과일을 꿈꾸게 된다.

치열한 경쟁의 결과는? 도토리 키재기

랑거 교수가 말하는 무심함의 개념은, 특히 오늘날의 소비문화에 더욱 잘 어울리는 것 같다. 대형 할인마트의 복도를 돌아다니거나 쇼핑몰을 돌아다닐 때, 우리는 수많은 브랜드들을 지나치게 된다. 하지만 우리의 시선을 사로잡는 브랜드를 만나기는 대단히 어렵다. 마치 플로리 할머니가 새로 이사한 집에서 친숙함을 느꼈던 것처럼, 우리는 브랜드로 가득한 쇼핑 거리를 무감하게 걸어간다.

오늘날 우리 모두는 브랜드의 홍수 속에 살고 있다. 시장 환경이 이렇게 되어버린 이유는 무엇일까? 그것은 유사성conformity이 오늘날 비즈니스 세계를 지배하고 있기 때문이다. 물론 작금의 유사성은 기업들의 합의에 의해 이루어진 것은 아니다. 오히려 그 반대다. 오늘날 유사성은 아이러니하게도 치열한 경쟁의 산물이다. 이러한 점에서 경쟁과 유사성은 밀접한 관계를 갖고 있다. 경쟁은 모든 구성원들이 똑같은 방향을 바라보고 달릴 때 가능한 것이다.

하지만 다른 한편으로, 유사성이 지배하는 오늘날의 시장 환경에 저항하는 소수의 브랜드들도 존재한다. 앞서 나는 이들을 '아이디어 브랜드'라는 이름으로 소개했다. 하지만 이들은 대부분 시장에서 비주류를 형성하고 있다. 그럼에도 불구하고 예전에 없었던 독창적인 가치를 제시함으로써, 아이디어 브랜드들은 소비자들의 감성을 본능적인 차원에서 자극하고 있다.

아이디어 브랜드들은 경쟁에 참여하지 않는다. 이것이 바로 아이디어 브랜드의 핵심 전략이다. 그들은 경쟁이나 비교에 관심이 없다. 그리고 소비자들의 불만과 비난을 두려워하지 않는다. 그렇기 때문에 소비자들은 그들에게 각별한 관심을 갖는 것이다.

아이디어 브랜드는 참으로 다양한 형태로 소비자의 관심을 끈다. 아이디어 브랜드의 첫 번째 유형인 역 브랜드는 제품확장을 거부한다. 두 번째인 일탈 브랜드는 카테고리의 경계를 극한으로 밀고 나가면서 새로운 하위 카테고리를 창조한다. 마지막으로 적대 브랜드는, 손님이 왕이라는 비즈니스 세계의 절대적인 진리를 무시한다. 이 세 가지 유형의 아이디어 브랜드들은 오늘날 소비자들이 동일함과 평범함에 지쳐 있을 때, 신선한 가치 제안으로 죽어 있던 소비 감성을 살려내고 있다.

애플, 마니아를 몰고 다니는 이유

2부에서 우리는 역 브랜드, 일탈 브랜드, 적대 브랜드라고 하는 세 가지 유형의 아이디어 브랜드의 사례들을 다루어보았다. 하지만 이러한 접근방식에는 불가피하게 한 가지 문제점이 따르기 마련이다. 그것은, 일단 유형을 정해 놓고 나면, 나의 의도와는 무관하게 이 분류 방식이 절대적인 것처럼 여겨진다는 사실이다.

내가 이렇게 세 가지 유형의 아이디어 브랜드들을 제시한 근본적인 이유는 차별화의 개념에 대해 보다 효과적으로 설명하기 위한 것이다. 다시 말해, 이 분류 방식은 여러분의 이해를 돕기 위한 개념적인 도구에 불과한 것이다. 가령 나는 이케아에 대해 설명을 하면서 이렇게 말할 수 있을 것이다. "이케아는 적대 브랜드의 특성을 지닌 역 브랜드이다." 여러분이 내가 앞에서 제시한 세 가지 유형의 개념을 잘 이해하고 있다면, 지금 이 말이 무슨 뜻인지 쉽게 짐작할 수 있을 것이다. 이처럼 나는 세 가지 분류 방식을 통해, 복잡하고 장황한 설명 없이 이케아라는 브랜드의 정체성을 손쉽게 그려 낼 수 있는 것이다. 이는 분명히 대단한 발전이다. 이와 같이 내가 여기서 제시했던 분류 방식은 다양한 브랜드들의 정체성에 대한 논의를 효과적으로 전개해 나가기 위한 도구적인 개념이라는 점을 잊지 말길 바란다.

소비자들의 관심을 자극하는 브랜드들의 정체는 한마디로 정의하기가 불가능하다. 아이디어 브랜드들은 겉으로 보이는 것과는 달리, 핵심 전략을 꽁꽁 숨겨 놓고 있기 때문이다. 그렇기 때문에 우리는 주의 깊은 관찰을 통해 이러한 브랜드의 정체를 파고들어 가야 한다. 그리고 이를 위해 내가 마련해 놓은 도구가 바로 세 가지 분류방식인 것이다.

이제 애플의 사례로 돌아가 보자. 기존의 경쟁 환경을 탈피하기 위해, 애플은 세 가지 유형의 특성을 다양하게 조합했다. 다른 컴퓨터 브랜드들이 기본적으로 추가하고 있던 기능들을 과감하게 삭제했다는 점에서 애플은 전형적인 역 브랜드라고 할 수 있다. 가령 애플 마우스는 기본적으로 버튼이 하나밖에 없다. 또한 외부장치를 연결하는 포트 역시 표준 방식과는 크게 다르다. 아이폰은 심지어 배터리도 분리할 수 없다. 그럼에도 불구하고 애플 마니아들은 이런 단점들을 관대하게 받아들이고 있다. 애플 소비자들은 참신한 디자인과 유려한 인터페이스에 비해 이러한 단점들은 마땅히 감내해야 할 부분이라고 여기고 있다.

다음으로 애플은 일탈 브랜드로서의 면모도 갖추고 있다. 애플은 끊임없이 기존 카테고리의 경계를 넘나드는 제품들을 출시했다. 이러한 전략은 아이폰에서 정점을 이루었다. 애플이 아이폰을 시장에 내놓았을 때, 사람들은 이를 새로운 휴대전화라기보다 여러 가지 카테고리에 동시에 발을 걸치고 있는 신개념의 물건이 등장했다고 생각했다. 아이폰은 분명 휴대전화, mp3 플레이어 그리고 인터넷 단말기이면서, 동시에 이 세 가지 모두가 아니기도 하다.

마지막으로 애플은 적대 브랜드이기도 하다. 지금까지 애플은 '친구가 아니면 적'이라는 태도로 일관해 왔다. 맥 대 PC라는 대결 구도 속에서, 애플은 분명한 메시지를 전달했다. 그들의 메시지는 아주 다양한 형태로 나타났다. 가령, 타사의 제품에 비해 지나치게 높은 가격을 고수했다. 그리고 신제품의 개발과 출시도 철저하게 비공개로 진행했으며, 소비자들의 불만과 요구사항에 대해서도 민감하게 반응하지 않았다. 이러한 도도한 마케팅 전략에 많은 소비자들이 경멸적인 시선을 보냈다. 하지만 바로 이러한 이유로 애플은 계속해서 사람들의 시선을 사로잡고 있다. 대부분의 소비자들이 실용주의자, 또는 기회주의자들로 구성된 성숙된 전자제품 카테고리 속에서 애플만이 유독 브랜드 로열리스트들을 몰고 다니고 있다.

애플의 행보를 가만히 관찰하다 보면, 역 브랜드, 일탈 브랜드, 적대 브랜드의 특성들이 상호작용을 하면서 시너지를 만들어내고 있다는 사실을 확인할 수 있다. 애플의 사례는 유사성이 지배하고 있는 비즈니스 세계에서 승리하기 위한 최고의 전략은 다름 아닌 차별화라는 점을 다시 한 번 상기시켜 주고 있다.

할리 데이비슨, 유행에 거슬러 유행 만들기

다시 한 번 말하지만, 여기서 내가 제시한 세 가지 유형은 결코 절대적인 것이 아니다. 실제로 아이디어 브랜드들은 이 세 가지 유형에 모두 어느 정도 걸쳐 있다. 이는 사례들로부터 분명하게 확인할 수 있는 사실이다. 그렇기 때문에 이 세 가지 분류방식을 절대적인 것으로 생각한다면, 진정한 차별화의 개념을 이해하는 데 오히려 방해가 될 것이다.

이 점을 강조하기 위해, 두 가지 사례를 살펴보고자 한다. 이 두 브랜드는 모두 역 브랜드와 일탈 브랜드이면서 동시에 적대 브랜드이기도 하다.

첫 번째 사례는 할리 데이비슨이다. 할리라고 하는 브랜드를 들으면, 대부분 터프한 무법자의 이미지를 떠올릴 것이다. 이러한 이미지는 〈위험한 질주The Wild One〉, 〈이지 라이더Easy Rider〉와 같은 영화를 통해, 그리고 '지옥의 천사들Hells Angels'이라고 하는 폭주족 클럽에 의해 굳어졌다. 할리는 바로 이러한 남성적인 이미지를 바탕으로 오랫동안 최고의 오토바이 브랜드로서 지위를 누려 왔다.

하지만 할리 데이비슨이 예전에 심각한 경영 위기를 겪었다는 사실을 아는 사람은 그리 많지 않다. 할리의 위기는 1960년대로 거슬러 올라간다. 당시 오토바이 시장에 새로운 경쟁자가 등장하고 있었다. 그것은 바로 혼다라는 일본 브랜드였다. 혼다는 이렇게 외쳤다. "여러분은 이제 혼다를 타는 멋진 사람들을 만나게 될 것입니다." 그리고 혼다는 큰 성공을 거두었다. 또한 그 뒤로 야마하, 스즈끼, 가와사키 같은 일본 브랜드들이 대거 들어왔다. 이러한 추세는 1980년대까지 이어졌고, 할리는 퇴출 위기로까지 몰리고 말았던 것이다.

　마침내 할리는 선택의 기로에 섰다. 일본 브랜드들의 가세로 오토바이 시장은 크게 변했다. 그리고 할리는 이를 전혀 따라잡지 못하고 있었다. 오토바이를 탄다는 것은 이제는 거칠고 모험적인 일이 아니었다. 할리의 으르렁대는 엔진 소리와 공격적인 디자인은 시장에서 점점 매력을 잃어갔으며, 그들의 남성적인 이미지는 점점 과거의 유물로 사라져 가고 있었다. 반면 일본 브랜드들은 세계 시장을 계속해서 파고들어 가고 있었으며, 할리는 파산 직전에 내몰렸다.

　하지만 이러한 상황에서 할리는 일반적인 해결방안을 따르지 않았다. 그들은 일본 브랜드들이 만들어가고 있는 새로운 시장 흐름에 편승하지 않았다. 시장에서는 할리가 하루빨리 디자인을 현대화하고, 브랜드의 이미지를 부드럽게 민들어야 한다는 목소리가 높았다. 그럼에도 불구하고 할리는 이러한 접근방식을 단호하게 거부했다. 그들은 오히려 기존의 남성적인 이미지를 극단적으로 강화해 나가기로 결정을 내렸다. 그리고 1940~1950년대의 전통적인 브랜드 이미지를 부활시키고자 했다. 이러한 전략을 바탕으로 할리는 HOG(Harley Owners Group)라는 라이더 커뮤니티를 조직하고, 다양한 오토바이 경주의 스폰서로 나섰다. 이를 통해 할리는 오토바이 라이더들이 할리에 대해 더욱 남성적이고 거친 이미지를 갖도록 노력했던 것이다.

　그동안 오토바이 시장과 더불어, 오토바이 소비계층에도 큰 변화가 일어났다. 할리를 타는 사람들의 평균 연령대와 수입 수준은 그동안 꾸준히 높아지고 있었다. 그리고 경제적으로 여유가 있는 50대의 전문직 종사자들이 할리의 주요 소비자 계층으로 떠올랐다. 많은 전문가들이 지적한 대로, 이들은 '법을 어기기보다 지키려는 성향이 더 강한' 사람들이다. 이러한 측면에서 남성적인 이미지를 부활시키겠다는 할리의 전략은 완전히 시장 상황과 어긋나 보였다. 그러나 할리는 시장의 변화를 따라잡기보다, 과거의 빛나는 판타지를 부활시키고자 했다. 그리고 할리는 이를 위한 체계적인 작업에 착수했다. 우선 HOG 클럽을 조직하고, 다양한 경주 대회를 후원했다. 이를 통해 할리는 사람들의 마음속에서 점점 잊혀 가고 있던 판타지를 일깨우고자 했던 것이다.

어떤 기업이 시장의 흐름을 외면할 때, 특히 소비자 계층의 변화를 무시할 때, 우리는 그들에게 '시대에 뒤떨어진 브랜드'라는 딱지를 붙인다. 그런데 할리가 했던 일이 바로 그러했다. 그들은 도심에서 굉음을 울리며 질주하는 할리 라이더 그룹을 조직함으로써, 과거의 유산을 더욱 강화해 나갔다. 할리의 이러한 움직임은 합리적이고 도시적인 방향으로 흘러가고 있던 시장 상황과는 너무나도 동떨어져 있는 것처럼 느껴졌다.

그럼에도 불구하고 회원 수가 백만 명에 이르는, 세계에서 가장 큰 오토바이 커뮤니티인 HOG, 그리고 할리 로고를 문신으로 새긴 열혈 마니아층을 기반으로, 할리는 전 세계 오토바이 라이더들의 영원한 로망으로 다시 자리를 잡는 데 성공을 거두었다. 무슨 일을 하든 간에 할리 오토바이를 갖고 있다면, 주변의 사람들은 그를 어릴 적 꿈을 잃어버리지 않은 오토바이 라이더로 바라본다. 이러한 점에서 할리는 문화적인 영향력을 발휘하는 브랜드라고 할 수 있다.

할리는 과거의 정체성을 부활시키고 이를 더욱 강화함으로써 진정한 차별화를 이룩했다. 다시 한 번 언급하지만, 할리라는 브랜드는 내가 제시했던 세 가지 유형 중 어느 하나에 딱 맞아 떨어지지 않는다. 그렇기 때문에 더욱 주의 깊게 살펴볼 만한 가치가 있는 것이기도 하다.

도브, 슈퍼 모델보다 아름다운 내 아내

다음으로 두 번째 사례로 넘어가자.

여기서 다루어볼 사례는 비누, 세안제, 바디로션, 헤어 관련 제품 등을 다루는 미용 카테고리에 속한 브랜드이다. 미용 시장에서 경쟁을 벌이고 있는 브랜드들 대부분은 최고의 슈퍼 모델들의 이미지를 바탕으로 브랜드 포지셔닝 작업을 한다. 그리고 광고를 통해 화려한 모델들의 이미지를 내세우고, 모델들의 아름다움이 그들의 제품과 밀접한 관련이 있음을 강조한다. 그들이 제시하는 것은 현실이 아니라 환상이라는 점에서 할리 데이비슨의 전략과 크게 다르지 않다고 할 수도 있을 것이다. 그들은 소비자들에게 설명하려고 들지 않는다. 그들이 추구하는 것은 소비자를 유혹하는 것이다. 하지만 문제는 모든 기업들이 비슷한 방식으로 소비자들을 유혹하고 있다는 점에 있다. 그러다 보니 미용 카테고리 속에서도 동일함의 현상이 지배적으로 나타나고 있다.

하지만 도브Dove는 이들과는 전혀 다른 접근방식을 택했다. 도브의 선택은 '리얼뷰티 캠페인The Campaign for Real Beauty'으로 이어졌다. 2004년에 시작된 이 캠페인은, 인공적인 아름다움의 허구성을 폭로함과 동시에 일반 여성들의 아름다움에 주목했다. 이 캠페인의 목적은 그때까지 우리가 생각해 왔던 아름다움에 대한 고정관념을 파괴하는 것이었다. 도브의 리얼뷰티 광고는 일반 여성들이 실현할 수 있는 차원에서 아름다움의 개념을 재정의하고자 하였다. 리얼뷰티 시리즈 광고를 통해, 도브는 당시 대부분의 미용 브랜드들이 추구하고 있던 아름다움의 실체를 고발했다. 또한 그들은 전문 모델이 아닌 일반 여성들을 광고에 등장시켰다. 실제로 다양한 체형의 여성들이 광고 모델로 등장했다. 주변에서 흔히 볼 수 있는 여성들이 흰색 내의만 입고 광고에 출현했다.

소비자들은 도브의 리얼뷰티 광고에 충격을 받았다. 이상적인 아름다움만을 추구했던 당시의 미용 광고에 일반인이 등장한다는 것만으로도 도브 광고는 혁신적이었다. 한 업계 관계자는 브랜드 평가 전문잡지인 「브랜드채널Brandchannel」을 통해 이렇게 의문을 던지기도 했다. "너무나 솔직한 시도다. 하지만 그 솔직함이 여성들로부터 꿈을 빼앗아버린 것은 아닐까?" 그리고 더욱 노골적인 비판들도 있었다. 온라인 잡지인 「슬레이트Slate」의 한 기사는 이렇게 지적하고 있다. "진정한 아름다움이 뭐라고 생각하십니까? 뚱뚱한 여자? 그건 당신이 뚱뚱하기 때문이죠."

도브의 리얼뷰티 캠페인은 다양한 형태로 진행되었다. 그중에서 가장 눈에 띄는 것은 '에볼루션Evolution'이라는 제목의 112초짜리 동영상이다.(유튜브에서 시청이 가능하다.) 이 동영상은 한 여성 모델이 맨 얼굴에서 옥외 광고판에 등장하는 완벽한 모습으로까지 변화하는 과정을 고속화면으로 보여 주고 있다. 여기서 도브는 우리들이 감탄해 마지않는 미인의 얼굴에 숨겨진 비밀을 그대로 폭로하고 있다. 맨 처음에 지극히 평범해 보이는 모델의 얼굴에, 엄청난 화장과 머리 손질 작업이 들어가고, 다음으로 디지털 보정 작업이 가해진다. 맨 마지막에 등장하는 광고판 속의 모델의 얼굴과 맨 처음의 얼굴 사이에서 도무지 공통점을 발견할 수 없다. 결론적으로 이 광고는 모델의 '눈부신 아름다움'이 모두 기술적인 산물임을 고발하고 있는 것이다.

이 동영상은 나오자마자 사회적으로 큰 반향을 일으켰다. '에볼루션'은 유튜브 역사상 기록적인 조회 수를 달성하기도 했다. 케이티 쿠릭Katie Couric과 오프라Oprah와 같은 방송인들은 그들이 맡고 있는 프로그램에서 많은 시간을 할애하여 리얼뷰티 광고를 소개하기도 했다. 리얼뷰티 캠페인을 통해 도브는 50년 만에 가장 높은 사회적 관심을 받게 되었다. 도브의 홈페이지 게시판은 열띤 토론의 장으로 변했다. 여기에 올라온 글 하나를 소개한다.

TV, 잡지, 영화는 여성들에게 더 날씬해지라고, 그리고 더 화려하게 화장을 하라고 말한다. 하지만 우리 여성들은 그러한 압력이 못마땅하다! (내 남편은) 내 모습 그대로를 사랑한다. …… 나는 내 외모에 만족하지 못하지만, 그래도 남편은 내가 언제나 사랑스럽다고 말을 해 준다. 지금 우리 여성들에게 필요한 것은, 우리를 사랑하는 사람의 눈으로 자신을 바라보는 것이다. 나 역시 앞으로는 그렇게 노력할 것이다. 그리고 친구들에게도 용기를 불어넣어 줄 것이다! 여성은 강하다. 그리고 동시에 사랑스러운 존재다!

도브의 리얼뷰티 캠페인은, 결코 도달할 수 없는 아름다움의 기준을 제시하는 기존 미용 브랜드들의 광고에 진력이 난 여성 소비자들의 감성을 어루만지고 있다. 그리고 특별한 가치를 제시하기 위해, 도브는 '평범한 아름다움'을 내세웠다. 도브의 리얼뷰티 캠페인은, 현실 속의 여성들에게 자신의 있는 그대로의 모습이 진정으로 사랑해야 할 존재라는 사실을 상기시켜 줌으로써 진정한 차별화를 추구했던 것이다.

차별화, 다시 생각하기

나는 도브와 할리 데이비슨의 사례를 즐겨 인용한다. 그것은 이 두 브랜드들이 서로 완전히 다른 방향으로 차별화를 이룩했기 때문이다. 우선 도브는 기존의 판타지를 깨 버림으로써 차별화를 시도했다. 반면, 할리는 기존의 판타지를 강화함으로써 차별화를 추구했다. 그리고 두 브랜드 모두 세 가지 유형에 동시에 걸쳐 있다. 진정한 차별화는 기존의 가치만으로 불가능하다는 사실을 이 두 브랜드는 분명하게 보여 주고 있다.

차별화를 이루기 위해서는 지금 존재하고 있지 않은 새로운 가치를 들고 나와야 한다. 기존의 사고의 틀 안에서는 결코 새로운 아이디어를 만들어낼 수 없기 때문이다.

도브와 할리의 사례에서 우리는 차별화에 대한 중요한 사실을 발견할 수 있다. 첫째, 차별화의 개념은 실제 사례를 통해 보다 쉽게 확인할 수 있다. 차별화를 이론적으로 정의하기란 상당히 어렵다. 하지만 실제 사례를 통해 우리는 그 실체에 보다 가깝게 다가설 수 있다. 우리는 실제 사례에서 예외적인 경우를 보다 분명하게 확인할 수 있다. 전직 미국 대법원 판사인 포터 스튜어트Potter Stewart는 이렇게 말했다. "소유권의 개념을 이론적으로 정의하기는 힘들다. 그렇다고 해서 소유권에 관한 사례에 대해 논의하기가 어려운 것은 아니다." 개념적으로 파악하기 힘든 것을, 우리는 실제 사례를 통해 보다 분명하게 이해할 수 있다.

둘째, 차별화는 아주 다양한 형태로 나타날 수 있다. 현재의 시장 상황을 주의 깊게 들여다본다면, 기존의 흐름에 거꾸로 거슬러 올라갈 수 있는 방법이 무수히 많다는 사실을 발견할 수 있다. 그렇기 때문에 기업들은 저마다 다양한 방식으로 차별화에 접근할 수 있다. 즉, 차별화의 모습은 무한하다.

셋째, 차별화라고 해서 모두 똑같은 차별화가 아니다. 진정한 차별화란 기존의 시장 흐름으로부터 벗어나면서, 동시에 사회적으로 중요한 의미를 지녀야 한다. 즉, 차별화의 시도가 사회적인 반향을 일으켜야 한다. 지금까지 수많은 브랜드들이 차별화를 추구해 왔다. 하지만 그중 일부만이 진정한 차별화에 성공했다. 이들은 모두 사회적인 공명을 일으킨 브랜드들이다.

진정한 차별화, 쟤 도대체 왜 저러니?

고등학교 시절, 한 선생님은 우리들에게 아주 특별한 숙제를 내주셨다. 그것은 하루 동안 반항자로 살아보는 것이었다. 선생님은 그 숙제의 목적이 스스로의 모습을 더욱 잘 드러낼 수 있는 기회를 가져 보는 것이라고 말씀하셨다. 물론 거기에는 기본적인 규칙이 있었다. 그것은 다른 사람에게 피해를 미쳐서는 안 되고, 그리고 교칙에 어긋나서도 안 된다는 것이었다.

나는 다음날 잠옷에 티셔츠 차림으로 학교에 갔다. 하지만 교실에 들어서는 순간, 대부분의 아이들이 나와 같은 방법을 시도했다는 것을 깨닫게 되었다. 친구들 대부분이 우스꽝스런 옷차림을 하고 있었다. 머리 모양을 특이하게 한 아이들도 있었다. 어떤 아이들은 화장을 이상하게 하거나, 또는 장신구를 치렁치렁 달고 있었다. 이상한 행동을 하는 아이들도 있었다. 손을 잡고 복도를 뛰어다니면서 노래를 부르는 아이들도 있었고, 체조 선수였던 한 친구는 점심시간에 식당에서 텀블링을 하기도 했다.

그날의 기억은 아직도 소중한 추억으로 남아 있다. 하지만 우리들 중 그날 진정한 자신의 모습을 드러내려고 했던 아이들은 거의 없었다. 적어도 내 생각엔 그랬다. 사실 선생님도 우리가 그렇게 하리라고는 기대하지 않았던 것 같다. 선생님이 의도했던 것은 아마도 지나치게 외모에 신경을 쓰는 우리 자신의 모습을 깨닫게 하는 것이 아니었을까. 실제로 우리들 대부분은 피상적인 방식으로 그 숙제를 했다.

하지만 예외가 한 명 있었으니, 그는 J라고 하는 아이였다. J는 그날 우리들에게 가장 강렬한 인상을 남겼다. 하지만 누가 봐도 J는 특이한 행동을 할 만한 아이가 아니었다. 그는 과묵한 성격에 어딜 가나 별로 튀지 않는 그런 부류였다.

그리고 예상대로 J는 그날도 평소와 똑같은 차림으로 학교에 왔다. 그러나 선생님이 수업시간에 질문을 던지자, 갑자기 손을 번쩍 들고 일어나 대답을 하는 것이 아닌가? 그것도 아주 차분하고 진지하게, 마치 질문에 대답하는 것이 세상에서 제일 중요한 일인 것처럼 대답을 했다. J가 그러는 동안 우리들은 서로 눈빛을 주고받았다. 그 의미는 이런 것이었다. '쟤 도대체 왜 저러니?'

그런데 J는 2교시에도 똑같은 행동을 했다. 선생님의 질문에 또 한 번 벌떡 일어나서 대답을 했다. 아까와 마찬가지로 지극히 진지한 태도로, 그리고 마치 그 질문에 대해 오랫동안 고민을 했다는 표정으로 대답을 했다. 그리고 여기서 멈추지 않았다. 그는 대답을 하면서 선생님들에게 극존칭을 사용했다.(Sir, Ma'am, Mister, Miss) 그리고 수업이 끝나자마자 문 앞으로 잽싸게 뛰어가서 선생님들께 깍듯하게 인사를 드렸다.

 J의 이러한 모습에 아이들은 모두 킥킥댔다. 아마 여러분도 그 자리에 있었다면 분명 그러했을 것이다. J의 행동은 너무나 어이가 없었다. 우리는 나중에 뭔가 중대한 반전이 있을까 내심 기대를 하고 있었다. 하지만 하루가 거의 끝나갈 무렵, 상황은 좀 달라졌다. J의 행동을 비웃는 아이들의 소리가 점점 잦아들었다. 왜 그랬는지는 나도 잘 모르겠다. 나는 J의 행동이 우리와는 뭔가 '다른' 것이라는 생각이 조금씩 들기 시작했다. 정확하게는 모르겠지만, 뭔가 차원이 다른 용감한 행동이라는 느낌이 들었던 것이다. J는 끝까지 진지하게 자신이 결심한 바를 실행에 옮겼다. 다른 아이들이 이를 어떻게 받아들였는지는 잘 모르겠다. 하지만 내 친구와 나는 J의 행동이 그날 제일 대단했다고 결론을 내렸다.

 나는 그날 중요한 진리를 깨달았다. 그것은 차별화에는 두 가지 종류가 있다는 사실이었다. 세상에는 별로 의미가 없는 차별화, 그리고 중대한 의미를 지니고 있는 차별화가 존재한다. 나는 잠옷 차림으로 교실에 들어서는 순간, 수많은 다른 아이들이 나처럼 기괴한 옷차림을 하고 있다는 사실을 발견했다. 더욱 진지하게 고민을 했더라면, 나 또한 창조적인 방법을 생각해 낼 수 있었을 것이다. 하지만 나는 그러지 못했고, 그래서 그냥 즉석에서 생각난 대로 행동을 했다. 결국 나의 시도는 별로 의미 없는 차별화에 그치고 말았던 것이다. 그리고 대부분의 아이들이 그러한 수준에 머물렀다.

그러나 J는 달랐다. J는 우리들에게 차원이 다른 차별화를 보여 주었다. 물론 나는 J가 무슨 목적으로 그렇게 했는지 이해하지는 못했다. 분명 J는 그러한 행동을 통해 다른 아이들에게 전달하고픈 메시지가 있었을 것이다. 그 메시지가 무엇이었든 간에, J는 그날 우리들에게 중요한 의미를 지닌 차별화를 보여 주었다. 그리고 우리 모두는 J를 예전과는 다른 눈으로 바라보게 되었다.

그날 우리들이 학교에 이상한 옷을 입고 오거나 괴기한 행동을 했던 것처럼, 많은 사람들이 별로 고민을 하지 않고 차별화 작업에 접근한다. 하지만 주변의 사람들은 어떠한 것이 별로 중요하지 않은 차별화인지, 그리고 중요한 의미를 담고 있는 차별화인지 분명하게 가려낼 수 있다. 그리고 별로 중요하지 않은 차별화에는 그다지 관심을 기울이지 않는다. 사람들은 오직 중요한 의미를 담고 있는 차별화만을 진정한 차별화로 인정한다.

이러한 현상은 비즈니스 세계에서도 그대로 나타나고 있다. 많은 기업들이 별다른 고민 없이 차별화 작업을 시도한다. 이들의 차별화는 점심시간에 텀블링을 하는 것과 별로 다르지 않다. 소비자들은 이러한 시도를 진정한 차별화로 받아들이지 않는다. 반면 도브, 할리 데이비슨, 애플과 같은 브랜드는 진정한 차별화로 인정을 한다. 이 브랜드들은 소비자들에게 중요한 메시지를 던지고 있다. 그리고 사회적으로 반향을 일으키고 있다.

젊음을 유지하는 비결

플로리 할머니는 이사한 집에서 지금 일 년째 살고 있다. 그리고 나의 예상대로 편안하게 하루하루를 보내고 있다. 보통 아침을 들고 난 뒤, 친구들과 보드게임을 즐긴다. 점심시간 뒤에는 운동을 좀 하고 나서 여러 가지 일을 한다. 그리고 저녁을 들고, 일찍 잠자리에 든다. 할머니의 삶의 패턴은 이제 이런 식으로 자리를 잡은 듯하다. 하지만 할머니 자제분들은 요즘 할머니를 어떻게든 집 밖으로 끌어내기 위해 안간힘을 쓰고 있다. 단조로운 생활이 자칫 할머니의 활력을 한순간에 빼앗아 갈 수도 있다는 걱정에서다. 그래서 할머니 따님은 머리를 하러 갈 때 항상 할머니와 함께 가고, 아드님은 어머니를 모시고 와서 함께 아침으로 팬케이크를 먹기도 한다.

플로리 할머니는 결혼을 두 번 했다. 그리고 두 번째 남편인 리치 할아버지는 젊음을 유지하는 비결이 항상 삶에 변화를 주는 것이라고 말한다. 나도 나이를 먹어가다 보니 리치 할아버지의 말에 조금씩 공감이 간다. 변화가 없는 단조로운 삶은 우리의 감각을 조금씩 무디게 만들어버린다. 친숙함과 편안함이 물론 우리의 삶에 중요한 것이기는 하지만, 이것이 우리의 일상을 지배하도록 내버려두어서는 곤란하다. 변화와 자극이 있어야만 우리의 몸과 마음은 생기를 띤다. 그래서 가끔은 아이들처럼 용감하게 뛰어놀 필요가 있는 것이다.

얼마 전 플로리 할머니 자녀분들은 보스턴 시내에 있는 고급 레스토랑에서 여러 친지들을 초대하여 파티를 열었다. 그 파티에 할머니를 모셔 오기 위해 자녀분들은 각별히 신경을 써야만 했다. 할머니를 자동차로 모셔 오고, 파티 옷을 골라 드리고, 그리고 편안한 마음으로 나오시도록 설득해야 했다.

나도 그 파티에 참석했다. 그리고 운 좋게도 할머니의 바로 옆자리에 앉게 되었다. 그날 나는 바로 옆에서 할머니가 즐거워하시는 모습을 지켜볼 수 있었다. 할머니는 그날 저녁 유난히 크게 웃었고, 말씀도 많이 하셨다. 밤늦도록 다 함께 웃고 떠들고 서로에 대한 이야기를 나누는 동안, 나는 그 파티가 점점 단조로워지고 있는 할머니의 일상에 신선한 자극이 되고 있다는 생각이 들었다. 분명 플로리 할머니는 간만에 활력과 생기를 충분히 얻으셨을 것이다.

파티를 마치고 돌아오는 길에, 나는 리치 할아버지의 말씀을 곰곰이 새겨보았다. 변화와 자극, 그리고 차별화…… 이것들은 모두 우리의 삶이 정체의 늪으로 빠져들어 갈 때, 신선한 활력과 생기를 불어넣어 주는 고마운 존재라는 생각이 든다.

제3부

미래의 비즈니스

chapter9 거꾸로 읽는 경영학
시장을 주도하는 사람의 세상 경영법

오늘날 우리 모두는 특정한 소비문화 속에서 살아가고 있다. 그리고 그 소비문화 속에는 우리의 신경을 자극하고 어지럽게 만드는 수많은 브랜드들이 존재하고 있다. 하지만 바로 이러한 소비문화 속에서 극소수의 브랜드들은 사람들에게 중요한 메시지를 던지고 있다. 이 책에서 나는 이러한 극소수 브랜드들이 던지고 있는 메시지들을 다소 학문적인 차원에서 살펴보고자 했다. 그리고 그러한 시도도 이제 막바지를 향해 달려가고 있다. 하지만 이 책이 학문적으로도 의미를 가지려면, 나는 이쯤에서 분명한 결론을 제시해야 한다. 신사고의 지평을 여는 새로운 '패러다임'을 제시하거나, 최소한 경영자 및 경영학자들을 위한 새로운 원칙을 말해야 할 때가 왔다. 그러나 안타깝게도 나는 그러지 못할 것 같다.

인간의 행동은 참으로 복잡하다. 나는 이 사실을 너무나도 잘 알고 있다. 인간의 행동에 대해 아무리 열심히 연구한다고 해도 한 가지 법칙으로는 결코 요약할 수 없다는 진실에, 나는 어쩔 수 없이 겸허한 마음을 갖게 된다. 학자의 의무는 논의의 근간이 되는 생각의 틀을 만들어내는 것이다. 하지만 오랫동안 비즈니스 세계를 연구하면서 내가 얻은 결론은, 인간의 행동 속에서 그러한 사고의 틀을 이끌어내기란 불가능하다는 사실뿐이었다. 가령, 이런 식이다. 사람들은 친숙함을 원한다. …… 하지만 그러면서도 변화를 추구한다. 그렇다. 사람은 미래를 꿈꾸는 존재다. …… 하지만 반드시 그런 것만은 아니다. 가끔은 과거를 그리워하기도 한다. 또한 언제나 더 많은 것을 가지기를 원한다. …… 하지만 풍요로 넘치는 오늘날의 소비문화에 염증을 느끼고 있다.

오랫동안 '다름difference'이라는 개념을 주제로 연구하면서, 나는 아주 오래 전에 보았던 만화를 종종 떠올리곤 했다. 그 만화의 줄거리는 이렇다. 억세게 운이 없는 사냥꾼이 조그만 나무배를 타고 강을 건너고 있다. 하지만 이를 발견한 영리한 딱따구리 한 마리가 배의 바닥을 쪼아서 구멍을 내고 있다. 조만간 여기저기 물이 새기 시작한다. 당황한 사냥꾼은 허겁지겁 구멍을 막아보려 한다. 하지만 하나를 막으면 딱따구리는 또 하나를 뚫는다. 한참을 그러던 사냥꾼은 총을 쏴서 딱따구리를 잡아야겠다고 결론을 내린다. 하지만 그의 총알은 계속해서 빗나가면서 더 많은 구멍을 만들어낸다.

지금 내가 처해 있는 상황이 바로 그렇다. 소비자의 행동에서 중요한 진리를 발견했다는 생각이 들어 이를 정리하려는 순간, 구멍에서 물이 새기 시작한다. 나는 그 구멍들을 막기 위해 안간힘을 쓰지만, 구멍은 계속해서 늘어만 간다.

'다름'에 대해 연구를 하는 내내, 이러한 느낌이 뇌리를 떠나지 않았다.

2%의 아이디어가 세상을 움직인다

대학원 연구원 시절, 내게 언제나 소중한 조언을 해 주던 친구 한 명이 있었다. 그 친구는 분명 삶의 지혜를 가진 사람이었다. 그의 통찰력은 다른 사람들의 똑똑함과는 차원이 다른 무엇이었다.(그는 수재들로 구성된 한 연구단체의 일원이었고, 거기에는 똑똑한 사람들로 가득했다.) 그의 통찰력은 항상 삐딱한 시선으로 세상을 바라보는 그만의 독특한 시선에 기인하고 있었던 것 같다. 그가 입을 열 때마다, 주변의 사람들은 무슨 말이 터져 나올지 항상 조마조마했다. 직업적인 특성상, 연구원들은 언제나 조심스럽다. 하지만 그의 말은 언제나 호방하고 거침이 없었다. 그의 머리는 항상 기발한 아이디어와 도전정신으로 가득 차 있었다. 그의 생각이 잘못되었다거나 혹은 결코 동의를 할 수 없다는 생각이 들 때에도, 우리는 이상하게도 그의 말에 귀를 기울일 수밖에 없었다. 그는 아주 다양한 분야에서 우리가 가지고 있었던 고정관념들을 모조리 허물어뜨려

버렸다. 그와 함께 있을 때면, 나는 항상 마음의 문을 활짝 열고 아이와 같은 시선으로 세상을 바라보게 되는 느낌이 들었다.

어느 날 나는 그에게 세상을 항상 그렇게 바라보는 이유가 무엇인지 물어보았다. 그는 주변의 사물을 새로운 방식으로 조명 illuminating하기 위한 것이라고 대답을 했다. "나는 100% 정확한 대답을 제시해야 한다고 생각하지 않아. 틀린 말을 해서는 안 된다는 걱정은 절대 하지 않아. 분명한 결론을 내려야 한다는 부담감을 가지고 있다면, 나는 아마도 한 마디의 말도 할 수 없을 거야. 내가 추구하고 있는 건 말이지, 100%의 정답이 아니라, 2%의 흥미로운 아이디어를 보여 주는 거야. 다른 사람들이 미처 찾아내지 못했던 부분을 발견해 내는 것이지. 그러자면 지금까지 아무도 관심을 기울이지 않았던 것을 찾아내야 해."

지난 4~5년 동안 연구를 하면서, 나는 그 친구의 말을 곰곰이 씹어보았다. 그동안 인간의 행동에 대해 연구를 하면서 내가 깨달은 것이라고는, 소비자 행동이라는 개념을 결코 쉽게 이론화할 수 없다는 것뿐이었다. 진리는 마치 공기와도 같다. 잡으려고 손을 움켜쥐는 순간, 그냥 날아가 버리고 만다. 그렇기 때문에 중요한 사실은 내가 내린 결론이 참인지 아니면 거짓인지가 아니라, 확고한 진리를 거머쥘 수 있다는 유혹에 넘어가지 않아야 한다는 것이다. 인간의 행동은 우리가 이해할 수 있는 지적 범위를 훌쩍 넘어서 있다. 인간의 행동은 우주와도 같은 존재이다.

그렇기 때문에 인간의 행동에 대해 확고한 결론을 내리고자 한다면, 획기적이고 흥미로운 아이디어를 결코 제안하지 못할 것이다. 이것이야말로 내가 그 친구로부터 얻은 소중한 교훈이다. 지나치게 신중한 태도로 인간의 행동에 대해 결론을 내리고자 한다면, 고정관념을 허물어뜨릴 수 있는 참신한 사고방식을 이끌어내는 것은 아마도 불가능할 것이다.

그러한 차원에서 이 책은 하나의 결론이라기보다 초안에 가깝다. 그렇기 때문에 학술 논문처럼 확실한 결론을 내리는 것과는 다른 방향으로 마무리를 하고자 한다. 이 책에서 내가 말하는 것들 중 많은 부분은 정답이겠지만, 오답도 상당부분 섞여 있을 것이라 생각한다. 다시 말해, 이 책은 구멍이 숭숭 뚫린 나룻배와도 같다. 그럼에도 불구하고 나는 두 가지에서만큼은 틀림이 없다고 자신할 수 있다. 첫째, 비즈니스 세계를 비딱하게 보려는 노력은 오늘날 충분히 가치 있는 시도이다. 앞서 소개한 친구의 최고의 매력은 모든 사물을 언제나 다양한 각도에서 바라보려고 노력했다는 것이다. 나 역시 이 책에서 그러한 노력을 하고자 했다. 최소한 우리 모두에게 익숙한 방식과는 다른 방식으로 비즈니스 세계를 바라보고자 했다.

둘째, 논쟁을 유발할 수 있는 아이디어를 제시하는 것 역시 충분히 가치 있는 시도이다. 이러한 시도는 논리적인 접근방식과는 차원이 다른 가치를 가져다줄 수 있다. 이 점은 특히 이 책의 마지막 부분에서 분명하게 확인할 수 있을 것이다. 이 책을 마무리하면서, 나는 오늘날 차별화에 도전하고 있는 다양한 브랜드들에 대한 생각들을 정리해 보고 있다. 미리 언급해 두자면, 3부에서 나의 접근방식은 기존에 나와 있는 경영서들의 접근방식과 크게 차이는 없을 것이다. 즉, 결론 부분은 나의 개인적인 입장과 생각으로 이루어져 있다. 하지만 이를 통해 나는 객관적이고 보편적인 100%가 아니라, 도전적이고 잠정적인 2%를 제시하고 있다. 이러한 시도 또한 오늘날 비즈니스 세계에서 충분히 가치가 있는 일이라고 확신한다. 그 친구의 소중한 조언과도 같이, 지금까지 사람들이 크게 관심을 기울이지 않았던 부분에 집중함으로써 정말로 가치 있는 논의를 이끌어낼 수 있다고 믿고 있기 때문이다.

비슷하면 지는 거다

비즈니스 세계에서 차별화란 시작이자 마지막이다. 기업들은 이를 잘 알고 있다. 비즈니스 스쿨에서 그리고 기업의 중역 회의실에서 사람들은 모두 차별화를 부르짖고 있다. 그리고 차별화를 이해하고 실천하기 위해 최선을 다한다.

하지만 우리들 대부분은 차별화의 의미에 대해 너무 쉽게 생각하고 있다. 나는 여기서 '우리'라는 표현을 썼다. 그 이유는, 나 또한 여기서 자유로울 수 없기 때문이다. '우리'에는 일선 경영자 및 관리자는 물론, 비즈니스를 연구하는 학자들도 포함된다. 이러한 우리 모두는 오늘날 비즈니스 세계의 관성적인 움직임으로부터 자유롭지 못하다. 특히 차별화의 개념과 관련하여 중대한 실수를 범하고 있다. 이 점은 너무나도 분명하다. 만약 그렇지 않다면, 우리 모두가 그토록 차별화에 열광하고 있음에도 불구하고, 수많은 브랜드들이 서로 비슷한 모습을 하고 있을 리가 없기 때문이다.

이러한 현실은 우리 모두를 혼란스럽게 만들고 있다. 얼마 전 나는 한 친구를 만났다. 그녀는 여행 얘기를 들려주면서 "하얏트 같은" 호텔에 묵었다는 말을 했다. 나는 친구의 그 말을 그냥 지나칠 수 없었다.

"하얏트 같은 호텔이라니? 도대체 그게 무슨 말이야?"

그녀는 머쓱한 표정으로 이렇게 말했다. "잘 모르겠어. 그냥 하얏트처럼 생긴 호텔이었다니까."

나는 더는 따지지 않았다. 친구가 무슨 말을 하려는지 알아차렸기 때문이었다. 이 친구의 표현대로, 오늘날의 소비자는 '하얏트 같은' 호텔에 투숙하면서, '혼다처럼 생긴' 차를 몬다. 여러분과 나는 모두 이러저러한 브랜드 '같은' 제품을 소비하고 있다. 가족이나 친구들과 일상적인 대화를 나눌 때, 우리는 정확하게 브랜드의 이름을 집어내지 못한다.

하지만 일상적인 세계를 떠나 비즈니스 세계로 다시 들어오는 순간, 우리는 아무 일도 없었다는 듯이 공식적인 언어로 브랜드에 대해 얘기한다. 일상 세계와 비즈니스 세계 사이에서 아무런 단절도 느끼지 못하고 있는 것처럼, 우리는 다양한 브랜드들을 아주 구체적으로 언급한다. 이러한 사실은, 비즈니스 전문가가 아닌 일반 소비자들도 잘 알고 있다. 기업의 마케터들은 그들의 브랜드가 분명히 차별화되어 있다고 열변을 토한다. 하지만 소비자들은 이를 인식하지 못한다. 오늘날 기업들은 분명 차별화를 위해 열심히 달리고 있다. 하지만 경쟁자들과 함께 무리를 지어 달리고 있기 때문에, 소비자들은 여기서 차별화의 의미를 발견하지 못한다.

자료에 집착하지 마라

오늘날 기업들의 차별화가 진정한 차별화라고 인정을 받지 못하는 이유는, 대부분의 브랜드들이 자기 파괴적인 악순환을 반복하고 있기 때문이다. 더욱더 치열하게 경쟁할수록, 기업들은 더욱더 차별화로부터 멀어지고 있다.

사례연구를 위해 기업들을 방문하게 되면, 기업의 관계자들은 대부분 내게 그들이 처해 있는 경쟁 환경에 관한 자료들을 보여 준다. 그것들은 보통 포지셔닝 맵이나 벤치마킹 보고서와 같은 것들이다. 나는 이 자료들을 바탕으로 기업의 전략을 분석한다. 이 자료들은 기업을 이해하는 과정에서 분명 가치가 있다. 나는 이러한 자료들의 중요성을 부정하고자 하는 것이 아니다. 다만 여기서 내가 지적하고 싶은 것은, 대부분의 기업들이 이러한 자료에 지나치게 의존하고 있다는 사실이다.

나의 경험에 의하면, 이러한 자료에 집착하는 태도는 두 가지 방식으로 기업에 악영향을 미친다. 첫째, 경쟁 환경에 근시안적인 태도로 접근하도록 만든다. 즉, 경쟁자들의 움직임에 지나치게 많은 에너지를 투자하도록 자극한다. 시장의 경쟁 자료에 지나치게 집착하는 경영자는 경쟁 기업들의 세부적인 전술 하나하나에까지 신경을 쓴다. 경쟁자 A가 신제품을 출시하고, 경쟁자 B가 가격을 높였다는 사실을 파악하는 즉시, 여기에 알맞은 대응에 들어간다. 물론 이러한 접근방식에도 긍정적인 측면이 있기는 하다. 하지만 결국 이러한 강박적인 접근방식은 장기적인 차원에서 기업의 전략을 혼란 속으로 빠트리고 만다.

둘째, 경쟁자들의 움직임을 모방하도록(혹은 조금 개선하도록) 자극한다. 우리는 이러한 현상을 앞에서 이미 살펴보았다. 치열한 경쟁 환경은 카테고리 구성원들을 서로 비슷하게 만들어버린다. 시장에서 기업의 위치를 보여 주는 파워포인트 또는 엑셀 파일을 들여다보는 순간, 아무리 심지가 굳은 경영자라도 경쟁자들을 따라잡으려는 원초적인 본능을 뿌리치기가 힘들다.

그 결과, 기업들은 다 함께 경쟁 무리 속으로 들어간다. 호텔 카테고리를 예로 들어보자. 세계적인 유명 호텔들은 대부분 케이블 방송은 무료로 제공하면서, 전화 사용료는 따로 받는다. 그리고 세면대의 비누는 그냥 가져가도 되지만, 미니바의 음료수는 계산을 해야 한다. 물론 이러한 관행 자체가 잘못되었다는 것은 아니다. 문제는, 대부분의 호텔들이 오랫동안 이러한 관행을 똑같이 지키고 있는 상황이다. 이러한 모습을 보고 있노라면, 마치 유명 호텔들 모두 단일 기업의 체인점인 것 같은 느낌이 든다.

여기서 잠깐 미국의 사회학자인 소스타인 베블런Thorstein Veblen의 '과시적 소비conspicuous consumption'라는 개념에 대해 생각해 보

자. 베블런은 『유한계급론The Theory of the Leisure Class』이라는 책을 통해 점차 공허하게 변해 가고 있는 소비활동에 대해 논의하고 있다. 베블런에 따르면, 오늘날 소비는 필요성을 충족시키는 활동이라기보다, 주변의 사람을 따라잡는 활동이 되어버렸다. 즉, 소비활동은 점차 원래의 목표를 잃어가고 있는 것이다.

아직 베블런이 살아 있다면, 분명 '과시적 경쟁conspicuous competition'이라는 용어도 만들어냈을 것이라고 나는 생각한다. 그리고 자신의 성과를 경쟁자들과 비교하는 작업에 지나치게 많은 에너지를 투자함으로써 경쟁의 악순환 속으로 빨려 들어가고 있는 보편적인 흐름에 대해 많은 관심을 기울였을 것이다. 실제로 오늘날 대부분의 기업들이 경쟁자를 따라잡는 데 너무나 많은 시간을 낭비하면서 원래의 목표를 잃어버리고 있다. 차별화를 추구하면서, 차별화를 잃어가고 있는 것이다.

다시 한 번 강조하지만, 나는 오늘날의 경쟁 환경이 아무런 의미가 없다고 말하려는 것은 아니다. 다만 공급자가 아닌, 소비자의 시선에서 지금의 경쟁 환경을 다시 바라보려는 시도가 필요하다는 사실을 강조하고 싶을 뿐이다. 이러한 관점의 전환이 이루어질 때, 기업들은 오늘날 전반적으로 벌어지고 있는 동일화의 흐름을 거시적인 차원에서 파악할 수 있을 것이다.

기업들이 경쟁을 하는 목표가 동일화의 흐름 속으로 합류해 들어가는 것이어서는 안 된다. 그 반대로, 보편적인 흐름으로부터 빠져나와 자신만의 고유함을 드러내는 작업이 되어야 한다. 이것이 바로 내가 강조하고자 하는 진정한 차별화의 개념이다.

혁신의 세 가지 방법

진정한 차별화를 실현하기 어려운 까닭은, 혁신innovation이 필요하기 때문이다. 그것도 기술적인 차원이 아니라, 개념적인 차원에서 혁신이 필요하다.

하지만 여기에는 한 가지 문제가 있다. 우리가 쉽게 일구어낼 수 있는 혁신은, 경쟁자들에게도 쉽다는 점이다. 다시 말해, 혁신을 추구하는 과정에서도 경쟁적인 무리 짓기 현상이 얼마든지 나타날 수 있다는 뜻이다. 이는 앞에서 살펴보았던 '확장'의 개념이 혁신의 과정에서도 충분히 등장할 수 있다는 말이다. 시장점유율을 늘리기 위해, 기업들은 추가적 확장을 통해 제품의 가치를 높이거나, 증식적 확장을 통해 제품군의 범위를 넓혀 나가고자 한다. 하지만 이러한 노력은 얼마든지 예측이 가능하고, 누구나 쉽게 따라 할 수 있는 것이다. 그렇기 때문에 '확장'은 진정한 의미에서 혁신이라고 볼 수 없다.

이처럼 추가적 확장이나 증식적 확장과는 차원이 다른, 진정한 혁신은 현실적으로 얼마든지 가능하다. 하지만 기업들은 그 가능성을 제대로 발견하지 못하고 있다. 그들은 경쟁 무리로부터 벗어나야 고유한 가치를 드러낼 수 있다는 사실을 망각하고 있다. 진정한 의미의 혁신은 '확장'이 아닌 '제거'를 통해 가능하다. 우리는 이 사실을 구글이나 이케아와 같은 역 브랜드들의 사례를 통해 확인해 보았다. 역 브랜드들은 너무 많은 가치들이 흘러넘치고 있는 시장 속에서 '제거'라는 도구를 통해 신선한 가치를 제시하고 있다. 그들은 부수적인 가치들을 제거하고, 핵심가치들을 창조적인 방식으로 조합함으로써 차별화를 실현하고 있다. 복잡하고 풍요로운 가치 제안 속에서, 2부에서 살펴보았던 역 브랜드들은 모두 이와는 반대되는 방향으로 나아감으로써 차별화를 실현하고 있다.

다음으로, 진정한 혁신은 분열을 통해 이루어진다. 이는 미니쿠퍼와 버켄스탁과 같은 적대 브랜드들의 사례를 통해 확인해 보았다. 적대 브랜드들은 소비자 계층을 양분함으로써 시장에서 고유한 자리를 차지하고 있다. 이들은 모든 소비자들을 만족시켜야 한다는 고정관념을 과감하게 떨쳐버렸다. 하지만 아직도 많은 기업들이 적대 브랜드의 전략을 제대로 이해하지 못하고 있다. 그래서 그들만의 고유한 색깔을 드러내지 못하고 있는 것이다.

마지막으로, 혁신은 변형transformation을 통해서 가능하다. 수학 방정식을 푼다고 생각해 보자. 우리는 해답을 구하기 위해 원래의 방정식을 이리저리 다양한 형태로 바꾼다. 하지만 이렇게 바뀐 수식도 원래의 것과 동일한 방정식이다. 다만 해답을 구해 내기보다 쉬운 형태로 바뀌었을 뿐이다. 로봇을 애완견이라고 소개하는 것, 그리고 기저귀를 팬티라고 판매하는 것, 이들 모두 방정식을 변형하는 시도이다. 이들이 변형한 것은, 제품 자체가 아니라 제품에 대한 소비자들의 인식이다. 이를 통해 그들은 소비자들의 태도에 영향을 미친다. 그 가능성은 바로 2부에서 소개한 일탈 브랜드들이 보여 주고 있다.

이 세 가지 형태의 혁신은 모두, 차별화란 완전히 새로운 관점으로 무언가를 창조해 내는 것이라는 사실을 말해 주고 있다. 혁신은 차별화의 출발점이다. 그리고 혁신 또한 아주 다양한 형태로 이루어질 수 있다.

모든 아이디어에는 이유가 있다

요즘 들어 나는 훌륭하고, 참신하고, 독특한 아이디어들이 참으로 위태로운 존재라는 생각이 든다. 왜 그럴까? 그것은 아마도 이러한 아이디어들이 처음에는 말도 안 되는 황당한 아이디어들과 구분이 잘 되지 않기 때문일 것이다. 그러다 보니 혁신적인 아이디어들이 세상에 미처 모습을 드러내기도 전에 사장되는 경우가 종종 발생한다.

얼마 전 나는, 주로 항공사나 호텔 등의 업계에서 일반적으로 실시하고 있는 소비자 마일리지 프로그램을 주제로 강의를 한 적이 있다. 그전에도 나는 소비자들 대부분이 마일리지 프로그램에 대해 상당한 불만을 가지고 있다는 사실을 알고 있었다. 그리고 예상대로 수업에 참여한 학생들의 의견 역시 대부분 마일리지 프로그램에 대해 부정적이었다. 이에 관해 토론을 시작하자마자, 학생들은 마치 경쟁이라도 하듯이 마일리지 프로그램에 대해 느꼈던 불만들을 쏟아내기 시작했다.

학생들의 의견을 한참 동안 듣고 나서, 나는 그들이 느끼고 있는 다양한 불만 사항들을 일단 옆으로 치워두라고 했다. 그리고 바로 그 상태에서 전혀 새로운 시선으로 마일리지 프로그램에 대해 브레인스토밍을 해 보자고 제안을 했다. 그 브레인스토밍의 목표는 소비자들이 기존의 로열티 프로그램에 대해 가지고 있었던 부정적인 인식을 완전히 바꾸어놓을 수 있는 아이디어를 제시하는 것이었다. 나는 학생들이 소비자들에게 충분한 만족감을 제시할 만한 마일리지 프로그램에 관해 얘기를 나눌 수 있도록 유도했다. 학생들은 처음에는 망설였지만, 아이디어가 몇 개 나오기 시작하면서 토론은 점차 활기를 띠어갔다. 수업시간에 나온 아이디어 몇 가지를 잠깐 소개한다.

> **획기적인 마일리지 프로그램**
> - 등급을 차별하지 않고, 포인트를 추적하지 않는, 그리고 기발한 이벤트를 통해 소비자들을 깜짝 놀라게 하는 프로그램
> - 보상을 주기보다, 소비자들이 친절한 직원에게 보상을 주도록 하는 프로그램
> - 그룹 단위로 포인트를 쌓고, 혜택을 누릴 수 있는 프로그램
> - 아무런 불이익을 받지 않고 쉽게 그만둘 수 있는 프로그램
> - 소비자들이 원하는 단체에 기부할 수 있도록 하는 프로그램
>
> 기타 등등……

학생들이 내놓은 아이디어들은 다양하지만 다소 두서가 없다. 이러한 아이디어들이 얼마나 비현실적이고, 무모한 것인지에 대해 수업시간에 토론을 벌일 수도 있었을 것이다. 굳이 토론까지 벌이지 않는다고 하더라도, 기존의 방식과 다른 아이디어들이 등장하면, 그것이 왜 불가능한지를 꼬치꼬치 따지는 사람들이 항상 있기 마련이다.

학생들이 내놓은 아이디어를 가지고 토론을 벌이기에 앞서, 나는 한 가지 규칙을 제안했다. 그것은 반드시 긍정적인 차원에서 얘기를 해야 한다는 것이었다. 내가 말을 마치기가 무섭게, 학생들은 저마다 다양한 의견들을 내놓기 시작했다. 그리고 칠판에 적어놓은 아이디어에 대해 열띤 토론을 벌였다. 학생들은 각각의 아이디어를 실현할 수 있는 구체적인 방안들을 내놓았다. 만약 내가 규칙을 부과하지 않았더라면 비웃음을 샀을 아이디어들 속에서, 그들은 긍정적인 차원에서 실현 가능성을 하나씩 끄집어내기 시작했다.

그날 내가 학생들과 시도해 보았던 것처럼, 다만 잠깐이라도 부정적인 시각을 옆으로 치워두고 토론을 진행해 보면, 상당히 놀라운 일들을 경험하게 된다. 그동안 불가능하다고 생각해 왔던 것들을 긍정적인 시선으로 바라봄으로써, 사람들은 이를 위한 구체적인 실천방안들을 내놓기 시작한다. 우리는 이러한 방법을 통해 혁신적인 아이디어들이 싹을 틔울 수 있는 최소한의 환경을 조성할 수 있다. 토론이 막바지에 이를수록 학생들은 더욱 열정적으로 의견을 내놓았다. 그리고 그들의 열정이 마침내 강의실을 한가득 메우게 되었다. 그날 수업에 참석했던 학생들은 아마도 당시의 뜨거웠던 열기를 아직도 기억하고 있을 것이다.

물론 이러한 토론의 목적은 황당한 아이디어를 억지로 실현하겠다는 것이 아니다. 그것은 아직 덜 다듬어진 아이디어의 약점을 발견하고 이를 보완해 가는 것이다. 다시 한 번 강조하지만, 혁신적인 아이디어들은 처음에는 무모한 아이디어와 비슷해 보이기 때문에, 그 시작 단계에서 된서리를 맞고 시들어갈 가능성이 대단히 높다. 그렇기 때문에 이러한 아이디어들이 최소한 싹을 틔울 때까지라도 부정적인 시각을 옆으로 치워놓을 필요가 있는 것이다.

그렇다고 해서 언제까지나 그렇게 긍정적으로 지켜보고 있어야 한다는 말은 아니다. 어느 정도 시간이 지난 뒤, 우리는 다시 현실적인 관점으로 돌아가야 한다. 하지만 분명한 사실은, 혁신적인 아이디어들이 적어도 초기 난계에 있어시만큼은 누에고치 속에서 성장할 수 있도록 주의를 기울여야 한다는 사실이다. 그래야만 그 진정한 가치를 드러낼 수 있다. 만약 20년 전에, 누군가 내게 조립식 가구를 판매하는 비즈니스에 대해 얘기를 했다면, 나는 이를 비웃었을 것이다. 아마도 차라리 손님이 직접 요리를 하는 레스토랑을 만들어보면 어떻겠냐고 비아냥거렸을 것이다. 이케아, 베이딩 에이프, 도브, 할리 데이비슨과 같은 사례를 살펴보면서, 우리는 이들 브랜드가 모두 혁신적인 아이디어로부터 시작되었다는 사실을 떠올릴 필요가 있다. 그리고 아마도 이들 브랜드의 기반이 되었던 아이디어들도 처음에는 사람들에게 그다지 강인한 인상을 주지 못했을 것이라는 점도 상기할 필요가 있다. 그렇기 때문에 진정으로 이와 같은 아이디어 브랜드를 구축하고 싶다면, 혁신적인 아이디어들이 최소한 싹을 틔울 때까지 긍정적인 환경을 조성해야 하는 것이다. 오늘날 기업들은 전통적인 흐름에서 벗어난 아이디어들이 핵심적인 가치를 드러낼 수 있도록 기회를 제공해야 할 책임이 있다. 이러한 의무를 게을리할 때, 혁신적인 아이디어들은 모습을 드러내기도 전에 비판적인 시선들에 의해 잡아먹히고 말 것이다.

시장을 믿지 마라

이 책에서 소개했던 모든 아이디어 브랜드들의 공통점을 하나 꼽자면, 그들의 전략이 공식적인 시장조사에 바탕을 두고 있지 않았다는 사실을 들 수 있을 것이다. 이는 대단히 중요한 대목이다. 비즈니스 세계에서는 시장조사 작업은 곧 소비자의 목소리에 귀를 기울이는 노력이다. 그리고 그러한 시장조사의 결과를 무시하는 것은 소비자들의 요구를 외면하는 것이다. 그렇기 때문에 만약 어떤 시장조사에서 음료수가 맛이 텁텁할 뿐만 아니라, 소의 고환으로 만들어졌다는 소문이 떠돌고 있다고 나왔다면, 그 제품은 출시하지 않는 게 현명한 판단일 것이다. 그리고 어떤 검색 사이트에 대한 설문조사에서, 인지도가 대단히 낮은 데다가 사용자들 대부분이 텅 비어 있는 프론트페이지에 당황하고 있다는 결과가 나왔다면, 그러한 사이트는 애초에 런칭을 하지 않는 것이 올바른 선택이었을 것이다.

시장조사의 마력을 뿌리치기란 대단히 어려운 일이다. 기업들은 설문조사, 포커스 그룹, 소비자 인터뷰와 같은 다양한 시장조사의 유혹에 곧잘 넘어가고 만다. 그리고 시장조사의 결과를 화려한 파워포인트 자료로 만들고, 이를 기반으로 전략을 세우고 수정한다. 이러한 움직임은 대부분 기존의 제품이나 서비스를 조금씩 수정하는 시도로 나타난다. 하지만 앞서 언급했던 것처럼, 수정과 혁신은 완전히 다른 것이다. 그렇기 때문에 나는 종종 기업의 경영자들에게 시장조사의 결과를 때로는 무시해야 할 필요가 있다고 얘기를 한다. 이러한 시도를 통해, 경영자들은 시장조사를 무시했을 때 과연 어떠한 일이 벌어지는지 직접 확인해 봐야만 한다.

이는 결코 나만의 생각이 아니다. 시장조사는 그 자체로 한계가 분명한 접근방식이다. 설문조사 과정에서 소비자들은 제품에서 어떠어떠한 부분이 개선되었으면 좋겠다는 식으로 말을 한다. 그러나 이 제품들이 어디까지 발전할 수 있는가에 대해서는 아무도 얘기하지 않는다. 그리고 얼마나 획기적인 제품이 가능한지에 대해서도 말을 해 주지 않는다.

그렇기 때문에 오늘날 기업의 마케팅 활동을 지배하고 있는 '점진적 수정'의 수준을 뛰어넘고자 한다면, 시장조사를 통해 얻은 단편적인 데이터에만 집착해서는 안 된다. 물론 이러한 데이터에는 객관적인 정보도 담겨 있다. 하지만 안타깝게도, 이러한 데이터들은 완전한 메시지를 전달해 주지 못한다. 이는 오직 절반의 메시지에 불과하다. 나머지 절반은 스스로 창조적으로 생각하고 독자적으로 결단을 내리는 과정에서 얻어지는 것이다.

2003년도 베스트셀러 중에 마이클 루이스Michael Lewis의 『머니볼Moneyball』이라는 책이 있다. 여기서 저자는, 야구라고 하는 경기는 오직 경험주의적 접근방식을 통해서만 그 참맛을 느낄 수 있다고 주장한다. 그의 주장은 통계적이고 분석적으로 접근해 들어가는 야구 전문가들에게는 꽤나 모욕적인 발언이 될 수 있다. 결국 루이스의 주장은 현장에서 야구팀을 이끌고 있는 감독이나 트레이너들의 집단적 지혜가 노트북을 끼고 데이터 분석만 하는 이론 전문가들의 지식보다 한 수 위라는 의미이다.

이 책에서 저자는 어떠한 대상을 파악하는 데 크게 두 가지 접근방식이 있다고 말한다. 그 첫째는 정량적인 방식이고, 두 번째는 정성적인 방식이다. 하지만 이 두 가지 접근방식에는 공통점이 거의 없기 때문에, 각각의 접근방식을 옹호하는 사람들은 종종 상대편을 무시하는 실수를 범하기 쉽다.

월드시리즈 7차전과 같은 경기를 직접 야구장에 가서 보는 것은, 특히 골수 야구팬들에게 대단히 큰 의미가 있다. 야구 마니아들이 하는 말을 주의 깊게 들어보면, 걸어 다니는 야구사전을 방불케 한다. 특정 선수의 이름만 대면, 그들은 최근의 타율이나 방어율을 거침없이 읊어댄다. 그리고 방금 투수가 던진 공이 직구인지 아니면 슬라이더인지 설명해 준다. 또한 지금 대결을 벌이고 있는 투수와 타자의 역대 전적까지 몽땅 꿰고 있다.

　야구 마니아들의 머릿속에 들어 있는 자료들은 객관적인 통계 데이터의 수준을 훌쩍 넘어선다. 그들은 월드시리즈 7차전에 도달하기까지 양 팀이 어떠한 승부를 벌여 왔는지 그 전체 과정을 훤히 파악하고 있다. 그리고 개별 선수들의 장점 및 단점에 대해서도 속속들이 알고 있다. 지금 벌어지고 있는 이 경기는, 마니아들에게는 단순한 또 하나의 경기가 아니다. 이는 과거에 벌어졌던 모든 경기들의 연장선상의 맨 끄트머리에 있는 것이다. 물론 객관적인 통계 데이터만 가지고서도 경기에 대해 많은 이야기를 이끌어낼 수 있을 것이다. 하지만 그러한 기계적인 데이터 이외에도 엄청나게 다양한 요소들이 경기에 영향을 미친다. 예를 들어, 관중들의 분위기, 선수들의 마음가짐, 그리고 그 경기의 중요성 등도 경기 결과에 상당한 영향을 미친다. 그렇기 때문에 오로지 통계 데이터만으로 경기를 설명하려는 접근방식은, 특히 골수팬에게는 야구가 선사해 주는 다양한 매력들을 외면하는 것에 불과하다.

　지금 나는 갑자기 야구 이야기를 꺼냈다. 그 이유는, 통계적인 자료에 집착하는 접근방식은 전체 상황을 이해하는 데 방해가 될 수 있다는 사실을 강조하기 위해서이다. 물론 시장조사를 통해 얻은 데이터를 무시해도 좋다는 뜻은 아니다. 기업의 마케터들은 객관적인 자료들을 엄밀히 분석하고, 그 의미를 이해하기 위해 최선을 다해야 할 것이다. 하지만 여기서 내가 말하고 싶은 것은, 그 자료들로부터 곧장 어떤 구체적인 결론을 내려야 한다는 강박관념에 사로잡혀서는 안 된다는 것이다.

오늘날 기업의 마케터들 역시 야구 통계 전문가처럼 시장에 접근하고 있다. 마케터들에게 시장조사 데이터는 아주 중요하다. 하지만 통계 수치만 들여다보다가는 더욱더 중요한 통찰력을 놓칠 수 있다. 그렇기 때문에 기업의 마케터들은 누구보다도 더 균형적인 사고방식을 유지해야 한다.

통계 데이터에만 주목하는 마케터는 누구라도 쉽게 얻을 수 있는 피상적인 정보밖에 얻지 못한다. 그리고 그 이면에 숨어 있는 소중한 진리를 놓치고 만다.

인간을 이해하라

아이디어 브랜드들은 결코 완전한 브랜드가 아니다. 오히려 그 반대다. 이들은 극단적인 모양새를 하고 있다. 지나치게 한쪽으로 편중되어 있다. 하지만 바로 그 점이 소비자들의 모순된 욕망을 자극한다. 아이디어 브랜드들은 통계적인 데이터에만 집착하는 기계적인 접근방식을 멀리하면서, 이면의 진리를 발견해야 한다는 사실을 보여 주고 있다.

할리 데이비슨은 오늘날 경제적으로 어느 정도 여유가 있는 '용감한 라이더'를 위한 오토바이다. 그리고 도브는 일반인들이 절대 도달할 수 없는 모델들의 인공적인 아름다움에 염증을 느낀 여성들을 위한 브랜드이다. 애플은 숨이 막힐 듯한 매력을 선사하는, 마니아 친화적인 브랜드이다. 하지만 이들 브랜드에서 균형 감각을 찾아보기는 힘들다. 그리고 바로 그 점 때문에 소비자들로부터 강한 공감대를 얻어내고 있다. 아이디어 브랜드들은 일반적인 소비자들처럼, 환원주의적 시선으로 비즈니스 세계를 바라보지 않는다. 일상생활 속에서 우리들이 앞뒤가 맞지 않고 비합리적이고 한쪽으로 편중된 방식으로 세상을 바라보는 것처럼 비즈니스 세계를 바라본다.

오늘날 소비문화는 전반적인 차원에서 일관성을 잃어가고 있다. 특정 브랜드가 어떤 소비자들에게는 우호적이면서, 동시에 다른 소비자들에게는 적대적인 이미지로 다가갈 수 있다. 마찬가지로 어떤 소비자가 특정 브랜드에 만족을 느끼면서도, 동시에 불만을 표출할 수 있다. 브랜드와 소비자의 관계는 긍정적일 수도 그리고 부정적일 수도 있다. 또한 공생적일 수도 아니면 독립적일 수도 있다. 오늘날 비즈니스 세계를 자세히 들여다보면 이러한 점을 우리는 분명히 느낄 수 있다. 그리고 우리는 바로 이러한 모순적인 세상에서 살아가고 있다. 남편 때문에 가끔 속이 터지기도 하지만, 그래도 나는 그이를 사랑하는 것과 마찬가지다.

우리 모두는 특별한 존재다. 똑같은 사람은 어디에도 없다. 하지만 그래도 함께 어울려 살아가고 있다. 한 가지 법칙이나 유행에 따라 비슷비슷한 모습을 하고 살아가기에는, 우리 인생은 너무나 광대하고 그리고 너무나 짧다.

아이디어 브랜드들은 이러한 점을 잘 알고 있다. 그렇기 때문에 그들은 데이터나 논리가 아니라, 사람이라고 하는 신비로운 존재를 이해하기 위해 노력한다. 그리고 복잡하고 모순된 사람들의 생각과 행동을 기꺼이 인정하고 받아들인다. 이러한 사고방식을 바탕으로 비합리적이고 비논리적인 가치를 제안한다. 아이디어 브랜드들은 인간을 이해하고, 그리고 인간의 관심을 자극할 수 있는 새로운 가치를 개발해 나가고 있다.

chapter 10 **미래의 아이디어 브랜드**

차별화는 전술이 아니라 새로운 생각의 틀이다

    나는 오늘날 경쟁으로 인한 평준화의 흐름이 비즈니스 세계에 깊숙이 자리 잡고 있다고 믿고 있다. 이러한 지배적인 흐름이 우리 사회의 상상력을 빈약하게 만들고 있다. 그래서 나는 이 책을 쓰기로 결심했다!

    치열한 경쟁 환경에서 살아남기 위해, 비즈니스 세계의 기업들은 지금도 열심히 달리고 있다. 제품군을 관리하고, 유통구조를 재정비하고, 가격 시스템을 개선하고, 판촉 행사를 벌이고 있다. 급변하는 세상에 뒤처지지 않기 위해서 정신없이 뛰고 있다. 하지만 기업들의 모든 노력은 결국 경쟁하는 무리로 이어지고 있다. 모두들 그토록 열심히 뛰고 있지만, 차별화라는 목표로부터 계속해서 멀어질 뿐이다.

남들보다 더 빨리, 그리고 더 많이 한다고 해서 이러한 상황에서 벗어날 수 있는 것은 아니다. 지금의 문제를 해결할 수 있는 유일한 방법은, 현재의 상황을 더욱 진지하게 바라보는 것이다. 나는 학생들에게 항상 이렇게 강조하고 있다. "차별화는 전술이 아니다. 일회적인 광고 캠페인도 아니다. 그리고 혁신적인 신제품을 출시하는 것도 아니며, 마일리지 프로그램을 만들어내는 것 또한 아니다. 진정한 차별화란, 말하자면 새로운 생각의 틀이다. 새로운 눈으로 세상을 바라보는 태도이다. 그리고 사람들을 이해하고, 그들의 생각과 행동을 인정하는 태도이다."

얼마 전 세상을 떠난 코미디언인 조지 칼린George Carlin은 살아 생전에 사람들이 자신을 냉소주의자라고 부르는 것을 끔찍이 싫어했다고 한다. 그런 말을 들을 때마다, 칼린은 냉소주의자가 아니라 다만 '좌절한 이상주의자'일 뿐이라고 항변을 했다. 그 차이는 칼린에게 대단히 중요한 것이었다. 나는 그의 심정이 충분히 이해가 간다. 좌절은 했지만 그래도 아직 이상주의의 꿈을 버리지 않았다는 것은, 우리를 둘러싸고 있는 환경이 아무리 획일화·보편화되었다고 하더라도, 새로운 도전을 시도하는 사람들이 설 땅은 아직까지 남아 있다는 믿음을 가지고 있다는 말이다. 이러한 의미에서 나 역시 비즈니스 세계의 이상주의자라고 할 수 있다. 마케팅이나 브랜드와 같은 말이 중요한 이유는, 우리가 소비 자체가 중대한 의미를 내포하고 있는 문화 속에서 살고 있기 때문이다. 이러한 환경 속에서 아이디어 브랜드들은 소비자들의 마음에 반향을 일으키고 있다. 바로 여기에 아이디어 브랜드들의 사회적 가치가 있는 것이다. 그들은 다른 기업들이 한 번도 시도하지 않은 방식으로 소비자들의 욕망을 자극한다. 그리고 사람들은 그들의 자극에 뚜렷한 반응을 보이고 있다.

오늘날 모든 카테고리 내에서 평준화의 흐름이 지배적으로 나타나고 있지만, 예외적인 존재들이 활동할 수 있는 공간도 분명히 존재하고 있다고 믿고 있다. 의사이자 베스트셀러 작가이기도 한 아툴 가완디는 의학적인 관점에서 예외적인 존재를 '긍정적 일탈positive deviants'이라는 개념으로 설명했다. 가완디가 말하는 긍정적 일탈이란, 동일함이라고 하는 지배적인 무리들 속에서 빠져나와, 전통적인 방식과 고정관념을 거부하면서 새롭고 혁신적인 대안을 제시하는 소수들의 도전을 의미한다. 비즈니스 세계에서는 바로 아이디어 브랜드들이 긍정적 일탈의 개념을 실현하고 있다. 이들을 긍정적인 일탈이라고 설명할 수 있는 이유는, 경쟁자들보다 더 열심히 그리고 더 많이 노력하고 있어서가 아니라, 고정관념을 과감하게 벗어던지고 비즈니스 세상을 바라보고 있기 때문이다.

이러한 생각의 일환으로 나는 항상 학기가 끝날 무렵 학생들에게 과제 하나를 내준다. 그것은 "미래의 아이디어 브랜드는 어떠한 모습으로 발전해 나갈 것인가?" 그리고 "그 브랜드들의 공통점은 무엇일까?"라는 질문이다.

나는 이 과제에 대한 학생들의 보고서를 보고 깜짝 놀라곤 한다. 그리고 가끔은 학생들의 상상력과 진지함에 감탄해 마지않는다. 어떤 학생은 보고서에서 향후 20년간 전반적인 소비패턴의 변화에 대한 놀라운 통찰력을 제시하고 있다. 그리고 패션, 호텔, 탄산음료 등 특정 카테고리의 미래를 치밀하게 분석한 학생도 있다. 나는 그중에서 일부를 골라 수업시간에 토론 자료로 활용한다. 함께 얘기를 나누다 보면, 학생들은 결국 내게 똑같은 질문을 던지곤 한다. "교수님은 앞으로 아이디어 브랜드들이 어떻게 발전할 것이라고 생각을 하시는지요? 그리고 그들의 공통점은 무엇일까요?"

하지만 이 질문에 대해서만큼은 나는 학생들과 동등한 입장이다. 나는 학생들만큼 미래에 대해서 확신이 없다. 그래도 학생들에게 즐거운 마음으로 나의 예측을 들려주곤 한다. 학생들의 질문에 대한 나의 대답을 짤막하게 소개하면 다음과 같다.

희귀한 가치의 제안

미래의 아이디어 브랜드들이 공유할 것이라고 생각되는 첫 번째 특징은 '희귀한 가치를 제안하는 것'이다. 역사적으로 최고의 기업들은 소비자들에게 언제나 얻기 힘든 가치를 제안했다. 시대를 막론하고 사람들은 모두 희귀한 것에 열광한다.

하지만 이 말에는 문제가 하나 있다. 풍요와 과잉으로 넘쳐 나는 오늘날, 과연 어떠한 것이 아직까지 희귀한 상태로 남아 있단 말인가? 한번 생각해 보자. 여러분에게 희귀한 가치는 무엇인가?

나의 경우, 그것은 바로 '여백'이다. 온갖 소란, 흥분, 활동, 자극으로 가득한 세상에서, 가장 희소성이 높은 가치는 '침묵'이 아닐까 한다. 수많은 기업들이 다양한 신제품을 출시하고 갖가지 이벤트를 벌이고 있을 때, 내게 가장 필요한 것은 차분히 생각해 볼 수 있는 조금의 여유다.

바로 여기에 희귀성의 가치가 존재한다. 풍요와 과잉의 세상에서 여백과 침묵의 가치를 들고 나온다면, 아마도 진정한 차별화를 실현할 수 있을 것이다. 이 점을 나는 항상 수업시간에 강조한다. 앞서 살펴본 역 브랜드와 적대 브랜드들은 이 사실을 분명하게 이해하고 있다. 오늘날은 많음보다 적음이 사람들의 마음을 움직인다. 그리고 외침보다 속삭임이 소비자들의 욕망을 자극한다. 내가 확신하고 있는 한 가지는, 비즈니스 세계에는 희귀한 가치를 제안하는 브랜드들이 설 수 있는 자리가 언제나 존재한다는 사실이다.

거대한 아이디어의 실천

미래의 아이디어 브랜드들의 두 번째 공통점은 '거대한 아이디어big idea의 실천'이 될 것이다. 이 말의 의미는, 미래의 아이디어 브랜드들은 사소한 부분에서가 아니라 전반적인 차원에서 차별화를 추구할 것이라는 뜻이다.

하버드 대학의 경영학 교수인 테드 레빗Ted Levitt이 '마케팅 상상력the marketing imagination'이라는 개념을 제시한 지도 벌써 25년이 지났다. 비즈니스 세계의 핵심을 꼬집었던 이 말의 의미는 아쉽게도 점점 잊혀 가고 있다. 오늘날 기업들 대부분은 거대한 아이디어를 외면한 채 경쟁에만 몰두하고 있다. 전반적인 부분이 아니라 오직 소소한 부분에서만 차별화를 외치고 있다. 그러다 보니 최고 경영자 과정에서 강의를 할 때, '상상력'이나 '창조성'이라는 단어를 쓰기가 대단히 조심스럽다. 오늘날 이러한 용어들은 그 실질적인 내용을 잃어버린 채 껍데기만 남아 있는 것 같다.

우리가 살아가고 있는 세상에서 가장 창조적인 사람들을 들라면, 나는 단연코 아이들을 꼽을 것이다. 아이들은 논리적이지도 않고 경험도 부족하다. 하지만 바로 그렇기 때문에 자유롭게 생각할 수 있다. 그들은 자유롭게 상상하고, 편견 없이 세상을 본다. 새로운 물건을 발견해도 순수한 눈빛으로 들여다본다. 아이들의 머릿속은 언제나 상상력으로 가득하다. 물론 어른들도 가끔씩 상상력을 발휘한다. 하지만 언제나 상상력으로 가득한 것과 가끔씩 상상력을 발휘하는 것은 천지 차다. 낡아빠진 고정관념에 묶여 있지 않기 때문에, 그리고 습관과 전통의 무거운 짐을 떠안고 있지 않기 때문에, 아이들은 항상 상상력으로 충만해 있다. 아이들의 생각과 행동은 어디로 튈지 예측이 불가능하다. 교육과 훈련을 통해 우리가 관성적으로 억누르고 있는 창조적인 충동을 아이들은 용감하게 따른다.

차별화란 일탈이자 변화다. 지금까지 세상에 없었던 새로운 가치를 보여 주는 흥미진진한 모험이다. 그리고 동시에 차별화란 우리의 내면이 자연스럽게 흘러가도록 그냥 내버려 두는 것이기도 하다. 미래의 아이디어 브랜드들은 이러한 차별화의 개념을 기반으로 용감하게 비포장도로로 달려 나갈 것이다.

인간적인 숨결

다음으로 세 번째로 생각되는 공통점은 '인간적인 숨결'이 될 것이다. 미래의 아이디어 브랜드들은 인간의 복잡하고 모순된 생각과 감정을 적극적으로 수용하고, 이를 활용할 줄 아는 브랜드가 될 것이다.

여기서 마케터들의 역할이 더욱 중요해진다. 이러한 차원에서 기업에서 마케터로 일을 한다는 것은, 조직의 인간적인 측면을 강화하는 역할을 맡는다는 의미이다. 마케터는 그가 속해 있는 조직을 끊임없이 인간적인 공간으로 만들어나가야 할 의무가 있다. 이 말의 의미는, 앞으로 기업은 추상적인 차원의 소비자 군중이 아니라 현실에 존재하고 있는 실제의 소비자들과 관계를 형성해 나가야 한다는 뜻이다. 자신이 속한 조직이 지나치게 기술 중심적으로 나아가고 있다는 생각이 들 때, 마케터는 기업의 구성원들에게 이와는 다른 방향을 제시할 수 있어야 한다. 경영진이 하드웨어적인 측면에 지나치게 집착하고 있다면, 마케터는 소프트웨어적인 측면을 옹호해야 한다. 미국의 미래학자 존 나이스비트John Naisbitt는 정보가 흘러넘치는 상황일수록 직관의 중요성은 더욱 높아진다고 지적하고 있다. 조직 내에서 직관을 담당하고 있는 사람이 바로 마케터이다. 미래의 마케터들은 인간의 생각과 행동을 전반적으로 이해하고 수용하고, 그리고 이를 활용할 수 있는 인간적인 방법을 기업에 제시해야 할 의무가 있다.

그러기 위해서 마케터는 언제나 '세상 속'에 머물러 있어야 한다. 그리고 주변의 모든 사람들과 함께 호흡해야 한다. 클럽, 길거리, 식당, 학교에서 만나게 되는 모든 사람들 속으로 들어가야 한다.

마케터들이 이러한 역할을 충실하게 수행한다면, 그들은 그 과정에서 많은 것을 깨달을 수 있을 것이다. 과시적 소비, 은밀한 소비, 검소한 소비 그리고 과잉 소비 등 모든 형태의 소비 패턴을 관찰함으로써 마케터들은 소중한 통찰력을 얻을 수 있을 것이다. 오늘날 소비자들이 소비를 통해 만족을 얻으면서 동시에 불만을 표출하는 모순적인 상황을 이해할 수 있을 것이다. 소비는 무의식적일 수도, 정치적일 수도 혹은 부끄러운 것일 수도, 경쟁적인 것일 수도, 상징적인 것일 수도 있다. 그리고 아주 다양한 형태로 나타나면서 많은 것을 의미할 수 있다. 여기서 중요한 사실은, 이처럼 다양한 소비 패턴으로부터 마케터들은 통찰력을 이끌어낼 수 있다는 사실이다. 다시 한 번 더 강조하지만 차별화는 전술이 아니다. 차별화는 새로운 사고의 틀이다. 그리고 보고 듣고 분석하고 흡수하고 인정하는 태도이다. 마지막으로, 차별화는 무엇보다 소비자들의 행동과 생각을 받아들임으로써 인간적인 관계를 형성해 나아가는 통찰력이다.
그리고 분명, 그 이상의 것이다.

부록
아이디어 브랜드 사례연구

 이 책에서 소개했던 다양한 브랜드들에 대한 강의를 마치고 나면, 보다 자세한 정보를 달라는 요청을 종종 받곤 한다. 그래서 추가적인 정보를 원하는 독자들을 위해 부록에서 보다 자세하게 소개하고자 한다. 이 중 일부 브랜드는 내가 사례연구로 발표를 하기도 했다. 이러한 경우, 마지막 부분에 해당 자료의 제목을 명기해 두었다.

보스 VOSS & 피지 FIJI (89~91쪽)

 생수 시장은 대단히 흥미로운 연구 분야다. 생수 기업들이 겪고 있는 가장 본질적인 어려움은, 우리 사회의 유비쿼터스 시스템(여기서는 바로 수돗물)과 경쟁을 벌여야 한다는 사실이다. 이는 음반 레이블들이 냅스터Napster 이후 계속 성장하고 있는 온라인 음악공유 사이트들과 경쟁을 해야 하는 상황과도 흡사하다.

미국의 생수 시장의 경우, 1980년대만 해도 페리에Perrier와 에비앙Evian 정도만이 진출해 있던 작은 시장에 불과했다. 하지만 지금 미국 시장에는 무려 1,000개에 달하는 생수 브랜드들이 각축을 벌이고 있다. 시장 규모는 110억 달러를 넘어서고 있으며, 게다가 지금도 계속해서 성장세를 이어가고 있다. 최근에는 레몬이나 라임 등 갖가지 향이나 맛이 들어간 제품, 그리고 칼슘이나 불소 혹은 비타민이 함유된 기능성 생수 제품들도 등장하고 있다. 심지어 산소를 함유하거나 공익 캠페인을 앞세우는, 그리고 애완동물을 위한 생수까지 출시가 되었다. 포장 형태에 차별화를 두고 있는 제품들도 있다. 가령 도시락 통 안에 쏙 들어가는 작은 크기의 생수도 나와 있고, 특수 캡이 달린 스포츠용 생수도 있다.

그중에서 피지는 '프리미엄' 생수 시장에서 인기를 얻고 있다. 피지 생수는 피지 섬의 청정 우림지역 지하암반수를 사용한다는 점을 특히 강조하고 있다. 그들은 미국 시장에 진출한 지 5년 만에, 수입 생수 브랜드 중에서 에비앙 다음으로 높은 점유율을 보이고 있다.

다른 한편으로, 보스는 한발 더 나아가 '울트라 프리미엄' 시장을 개척했다. 보스의 설립자인, 노르웨이 출신의 젊은 사업가 올레 크리스티안 샌드버그Ole Christian Sandberg는 미국 시장에서 보스 브랜드를 최고급 제품으로 판매할 수 있다고 확신했다. 특유의 유리병 디자인으로부터(이는 향수에서 따온 것이다.) 콧대 높은 고가정책에 이르기까지(고급 레스토랑에서 식사 맨 마지막에 보스의 광천수가 등장하는 것은 그리 드문 일이 아니다.) 보스의 발전 과정을 들여다보면, 그 안에 치밀한 브랜드 전략이 자리 잡고 있음을 확인할 수 있다.

미국의 울트라 프리미엄 생수 시장에는 보스 외에도 많은 브랜드들이 있다. 가령 베벌리 힐스에 기반을 두고 있는 블링Bling H2O라는 브랜드를 들 수 있다. 2006년에 첫 선을 보인 블링 H2O의 750밀리리터짜리 한 병 가격은 무려 20~40달러에 이른다. 게다가 그 병에는 스와로브스키 크리스털 장식까지 박혀 있다. 라스베이거스 클럽에서는 90달러 정도에 판매가 된다고 하니 놀라울 따름이다. 그리고 그 밖에 캐나다의 캔아쿠아CanAqua, 호주 태즈메이니아 지역의 빗물로 만들었다는 킹 아일랜드 클라우드 주스King Island Cloud Juice, 일본의 파인Fine, 웨일스의 타우Tau, 아이슬란드의 글레이셜Glacial 등이 있다.

더 자세한 정보는 생수 시장에 대한 전반적인 분석을 담고 있는 "VOSS Artesian Water of Norway", Harvard Business School Case Study 509-040 참조.

헤븐리 베드 **WESTIN** (94쪽)

'진화의 역설'에서 소개했던 것처럼, 웨스틴 호텔은 호텔 시장에서 소위 '침대 전쟁hotel bed war'*을 일으킨 장본인이다. 물론 헤븐리 베드가 나오기 전에도, 세계적인 호텔들 대부분이 최고급 침실 서비스를 제공하고 있었다. 하지만 유독 헤븐리 베드에 관심이 쏠렸던 것은, 호텔 업계 최초로 브랜드화된 서비스를 제공했다는 점, 그리고 막대한 예산을 투자하여 마케팅을 벌였다는 점 때문이었을 것이다. 헤븐리 베드 출시에 힘입어 실제로 웨스틴 호텔의 시장점유율은 크게 높아졌다. 그리고 이후 많은 고급 호텔들이 웨스틴의 뒤를 따랐다.

그렇다면 과연 웨스틴 호텔은 헤븐리 베드를 통해 얼마만큼 소비자 만족도를 높일 수 있었던 것일까? 일단 웨스틴 호텔의 자체 설문조사에 따르면, '침대의 편안함'이라는 항목에 대해 객실 손님들이 예전에는 10점 만점에 8.96점을 주었으나, 출시 이후에는 9.19점으로 높아졌다고 한다. 결론적으로, 웨스틴 호텔은 3천만 달러의 투자를 통해 소비자 만족도를 2%가량 끌어올린 셈이다. 하지만 침대의 편안함이라고 하는 단일 요소가 시장점유율 상승에 어느 정도 기여를 했는지 정확하게 판단을 내릴 수 없기 때문에, 헤븐리 베드 서비스 출시가 웨스틴의 경쟁력을 크게 끌어올렸다고 결론을 내릴 수는 없을 것이다.

보다 자세한 정보는, "The Hotel Bed Wars", Harvard Business School Case Study 509-059 참조.

*침대 전쟁: (속어) 최고급 매트리스, 이불, 베개, 쿠션을 사용하여 세련되고 편안한 잠자리를 제공함으로써 소비자 만족도를 높이기 위한 세계적인 호텔 기업들 간의 경쟁을 일컫는 말.(출처: *The Travel Industry Dictionary*)

구글 Google (137~142쪽)

구글은 세계적으로 거대한 기업으로서는 대단히 보기 드물 정도로 아직까지도 수많은 사용자들의 사랑을 받고 있는 특별한 브랜드이다. 일반적으로 컴퓨터 및 인터넷과 같이 기술 분야에서 활동하고 있는 기업들이 지속적으로 소비자들의 관심과 애정을 유지하기가 무척 힘들다는 측면에서(가령, 마이크로소프트), 이는 분명 대단한 일이다. 아주 오랜 시간 동안 구글은 전 세계적으로 많은 사용자들의 관심을 받고 있다. 내가 구글에 대해 가장 특별하다고 생각하는 점은, 사용자들 대부분이 구글이 어떻게 해서 돈을 버는지 잘 모르고 있다는 사실이다. 구글의 프론트페이지는 극단적으로 직관적이고 단순하다. 한마디로 텅 비어 있다. 그래서 사용자들은 거기서 상업적인 냄새를 좀처럼 맡지 못한다. 하지만 광고효과를 놓고 볼 때, 구글만큼 강력한 힘을 가지고 있는 사이트도 없을 것이다. 자신의 이미지를 상업화와는 거리가 먼 것으로 만들었다는 차원에서, 구글은 카테고리 킬러라고 할 수 있다. 하지만 「이코노미스트」의 한 기사는 구글을 "검색엔진을 가장한, 세상에서 가장 영향력이 큰 온라인 광고대행사"라고 언급하고 있다.

이것이야말로 바로 구글의 위대함이다. 2000년 초만 해도 구글의 수익은 제로에 가까웠다. 하지만 2005년에는 광고 수입만으로 60억 달러 이상을 벌어들였다. 이 수치는 신문, 잡지, TV 시장의 그 어떤 기업의 광고 수입보다 높은 것이다. 그리고 2008년, 광고 수입은 210억 달러에 이르렀고, 지금 이 순간에도 계속해서 성장세를 보이고 있다.

빠른 성장을 거듭하는 동안, 구글의 비즈니스 포트폴리오 또한 급격하게 넓어졌다. 처음으로 세상에 모습을 내밀 때만 해도, 구글은 검색엔진에 불과했다. 그러나 2009년, 구글 서비스는 이메일(G메일)은 물론, 사진편집(피카사Picasa) 그리고 동영상(유튜브YouTube)에 이르기까지 확대되었다. 하지만 이러한 확장 움직임은 단순함을 추구하던 구글의 초기 전략과 어쩔 수 없이 마찰을 빚고 있다. 이에 대해 초기의 전략을 유지하기 위해 구글이 새로운 서비스 홍보에 지나치게 소극적이라는 비판의 목소리도 있다. 업계의 한 전문가는 이렇게 지적하고 있다. "구글의 문제는, 새로운 시도를 할 때마다 그들을 지금 이 자리에 있게 해 준 성공요인, 즉 단순함이라고 하는 원칙으로부터 점점 멀어지고 있다는 사실이다. …… 계속해서 서비스를 확대해 나가고자 한다면, 구글은 어쩔 수 없이 예전의 깔끔한 페이지 레이아웃을 포기해야 할 것이다."

보다 자세한 정보는, "Google Advertising", Harvard Business School Case Study 507-038 참조.

이케아 IKEA (147~152쪽)

이케아 역시 구글과 마찬가지로 비주류의 이미지를 구축한 브랜드이다. 물론, 진실은 절대 그렇지 않다. 실제로 오늘날 이케아는 세계 최고의 가구 기업이다. 비록 아직까지 가족 경영체제로 운영이 되고 있고 그래서 실적발표가 공식적으로 나오고 있지는 않지만,

2008년 기준으로 매출이 270억 달러를 넘어섰으며 가구 업계에서 가장 가치가 높은 브랜드로 인정을 받고 있다. 개인적으로 볼 때, 소비자들에게 무리한 요구를 하면서도 시장에서 승승장구하고 있는 브랜드가 존재한다는 사실만으로 이케아의 가치는 충분하다고 본다.

이케아의 웹사이트는 솔직함의 표본이다. 미국 홈페이지를 들어가 보면, 특히 '이케아 매장에서 쇼핑하기 How to Shop at IKEA'라는 항목이 눈에 띈다. 그들은 여기서 이케아 매장에서 쇼핑을 할 때 각별히 신경 써야 할 것들에 대해 주의를 주고 있다. 가령 이런 식이다. "가장 먼저, 무슨 가구가 필요한지 목록을 만들어보세요. …… 그리고 가구를 놓을, 집안의 공간을 재어보세요. 다음으로 자동차에 충분한 공간이 있는지 확인하세요. 이 점을 꼭 명심하시기 바랍니다."

그리고 계속해서 소비자들이 쇼핑을 시작하기 전에 준비해야 할 것들을 설명하고 있다. "연필, 노트, 줄자, 매장 가이드, 카탈로그, 쇼핑카트, 쇼핑백, 유모차 등 쇼핑에 반드시 필요한 물건들은 매장 입구에서 구매가 가능합니다. …… 이케아만의 독특한 쇼핑 방식을 통해, 우리는 고객 여러분께 더 많은 혜택을 돌려 드리고 있습니다. 여러분이 직접 가구를 고르고, 운반을 하고, 조립을 하시는 만큼 저희는 더 낮은 가격으로 제품을 공급해 드리고 있습니다."

이케아 매장으로 여행을 떠나기 위해서는 한 기자가 언급했던 것처럼 '이케아 스태미너'가 필요하다. 이케아 스태미너가 부족한 소비자들은 자칫 극심한 피로와 짜증 그리고 스베디포비아(스웨덴제 물건만 보면 공포를 느끼는 증상)에 사로잡히는 '이케아 녹다운'에 걸릴 위험이 있다. 이케아 스태미너는 수많은 부품을 조립하여 하나의 완성품을 만들어내기까지 이어져야 한다.

DIY 작업에서 가장 중요한 도구인 만능육각 렌치에 경의를 표하는 마음으로, 이케아 본사 건물 앞에는 5미터 높이의 렌치 조형물이 서 있다.

보다 자세한 사항은, "IKEA Invades America", Harvard Business School Case Study 504-094 참조.

젯블루 jetBlue (140~142쪽)

2000년 초 JFK 공항에서 처음 취항한 젯블루의 기업 이념은, 당시 CEO였던 데이비드 닐먼David Neeleman의 말대로, "항공 서비스에 인간의 숨결을 다시 불어넣는 일"이었다. 이를 위해, 젯블루에게는 균형적인 접근방식이 꼭 필요했다. 그들의 이념만 추구하다 보면 가격상승이 불가피하기 때문이었다. 그리하여 젯블루는 처음부터 비용적인 측면을 엄격하게 고려하면서, 동시에 기존 항공사들의 관행을 깨 나가기 시작했다. 가장 먼저 기내식 서비스를 없앴다. 그리고 비즈니스석과 같은 특별석을 없애고 모든 좌석을 동일하게 만들었다. 또한 기존 항공사들이 잘 이용하지 않는, 덜 붐비는 공항들을 적극적으로 사용했다. 이처럼 젯블루는 부수적인 것들을 제거함으로써 비용절감을 시도했다. 다른 한편으로, 모든 좌석에 가죽시트를 장착했으며, 모든 승객들이 개인용 TV로 다양한 방송을 볼 수 있도록 했다. 그리고 쿠키, 크래커 또는 또띠아 칩 같은 스낵류를 제공했다. 물론 오늘날에는 이러한 서비스가 대단히 보편적인 것이지만, 2000년대 초반만 하더라도 할인항공사로서는 대단히 파격적인 것이었다.

젯블루를 놓고 사람들은 "사우스웨스트Southwest와 버진Virgin 항공사의 사생아" 또는 "하늘을 날아다니는 타깃Target(미국 대형할인점)"이라고 부르기도 했다. 또한 젯블루의 독특한 서비스를 표현하는 말로 "빈곤 쉬크poverty chic"라는 용어까지 등장하기도 했다. 온라인 잡지인 「살롱Salon」의 CEO 데이비드 탈보David Talbot는 이렇게 말했다. "젯블루의 서비스는 한 마디로 두서가 없다. 그럼에도 불구하고 할인항공사로서는 최고의 프리미엄 서비스를 제공하고 있다. 특히 모든 좌석이 평등하다는 사실이 나는 마음에 든다. 이는 인터넷의 민주주의와도 일맥상통한다. 젯블루의 매력은 바로 여기에 있다."

미국의 여행 작가인 폴 서로Paul Therous는 이렇게 얘기했다. "좋은 항공 서비스가 무엇이냐는 질문에, 사람들은 보통 부정적인 방식으로 대답을 한다. …… 가령, 사고가 나지 않고, 연착하지 않고, 기내식이 역겹지 않은 항공사를 좋은 항공사라고 생각한다." 물론 이러한 생각은 아직도 여전하다. 하지만 이러한 상황에서도, 단지 참을 만한 서비스가 아니라 승객들의 기대를 뛰어넘기 위해 혁신을 시도하는 브랜드야말로 우리 사회의 진정한 박수를 받을 만한 자격이 있다고 생각한다.

인앤아웃 버거 IN·N·OUT BURGER (152~153쪽)

역 브랜드의 대표적인 사례로 인용했던 인앤아웃 버거는 오늘날 수많은 열성팬들을 거느리고 있다. 실제로 인앤아웃의 페이스북 사이트에는 20만 명이 넘는 사람들이 방문했으며, 많은 사람들이 자신들이 인앤아웃 버거를 먹기 위해 얼마나 대단한 노력을 들이고 있는지 토론을 벌이고 있다. 한 열성팬은 이렇게 쓰고 있다. "저는 인앤아웃 버거를 먹기 위해 이 주일에 한 번씩 두 시간 동안 운전해서 매장으로 달려갑니다." 이처럼 여기 올라와 있는 글들을 하나씩 읽어보면, 모두들 마치 "인앤아웃 버거를 먹기 위해 얼마나 멀리서 오고 있습니까?"라는 질문에 대답하고 있는 듯하다. 그중에는 간혹 수백 킬로미터나 떨어진 곳에서 온 사람들도 눈에 띈다.

기업들은 대부분 더 다양한, 더 많은, 그리고 더 신속한 서비스를 제공하기 위해 혈안이 되어 있다. 어떤 기자가 지적했던 것처럼, 맥도날드가 프리미엄 치킨 샌드위치 세 가지 메뉴를 신제품으로 발표했을 때, 이는 인앤아웃이 60년 동안 발표했던 신제품 수를 넘어서는 것이었다.

패스트푸드 산업에 냉소적인 평론가들도 인앤아웃 버거에 대해서만큼은 긍정적인 시각으로 바라보고 있다. 『패스트푸드 제국Fast Food Nation』이라는 책을 통해 패스트푸드 기업들을 신랄하게 비판했던 에릭 슐로서Eric Schlosser 역시 인앤아웃 버거만큼은 예외로 인정하고 있다. 그는 인앤아웃의 열성팬의 한 사람으로서 이렇게 말하고 있다. "너무나 놀랍습니다. 건강식품이라고까지 할 수는 없지만 정직한 브랜드라고 생각합니다. 정말 대단해요." 그가 이처럼 입에 침이 마르도록 칭찬을 아끼지 않는 이유는 무엇일까? 인앤아웃은 싱싱한 상추를 사용하고, 매장에서 직접 감자를 다듬고, 진짜 아이스크림으로 셰이크를 만들고, 그리고 천천히 숙성시킨 반죽으로 햄버거 빵을 만든다. 게다가 캘리포니아 주에 위치한 공장에서 직접 고기를 가공하고, 일일이 검사를 한다. 미리 만들어놓은 냉동 제품을 데워서 내놓는 것이 아니라, 철저하게 주문을 받고 난 다음에 요리를 시작하고 항상 신선한 재료만을 고집하기 때문에, 손님들은 최소 10분 이상 기다려야 한다. 다른 패스트푸드 매장에 비할 때 이는 엄청나게 긴 시간이다. 특히 어떤 지역에 새로 매장이 생긴 경우, 심지어 두 시간 가까이 줄을 서서 기다리는 진풍경이 펼쳐지기도 한다. 그럼에도 불구하고 인앤아웃 열성팬들은 시간보다 그 맛이 중요하다고 말하고 있다. 그러다 보니 인앤아웃 매장에서 기다리는 시간은 일종의 종교적인 의식을 연상케 한다.

나는 인앤아웃에 대한 사례연구를 발표했다. 하지만 나보다 학생들이 더 많은 수고를 했다. 내가 인앤아웃을 연구해 보겠다고 했을 때, 세 명의 제자들(Lucy Cummings, Sonali Sampat, Sam Thakarar)은 자칭 인앤아웃 버거의 마니아로서 적극적으로 조사 작업에 참여해 주었다. 더 자세한 정보는, "In-N-Out Burger", Harvard Business School Case Study 503-096 참조.

소니 아이보 생각 (160~169쪽)

일탈 브랜드의 대표적인 사례로 소개했던 소니의 아이보 프로젝트는 결국 예산축소 방침으로 끝이 났지만, 그래도 내가 가장 즐겨 활용하는 강의 주제들 중 하나이다. 강의 시간에 설명하듯이, 소니가 아이보를 출시한 이유는 두 가지다. 첫째, 기업의 매출을 높이기 위해서. 이러한 차원에서 아이보 프로젝트는 '판매를 위한 마케팅'에 해당된다. 판매를 위한 마케팅의 성공여부는 매출실적을 뽑아보면 된다.

둘째, 미래지향적인 비즈니스 학습 차원에서. 이 경우, 아이보 프로젝트는 '학습을 위한 마케팅'에 해당된다. 이는 첫 번째와는 전혀 다른 차원이다. 이러한 측면에서 보자면, 소니는 최소한 출시 이후 다음 분기에서 수익을 거둘 것이라고 기대하지 않았을 것이다. 실제로 내가 아이보에 대해 연구할 당시, 소니는 그야말로 최강자의 자리에서 군림하고 있었다. 그랬기 때문에 소니는 과감하게 장기적인 안목으로 투자를 하고, 비밀리에 실험을 추진하고, 그리고 개발자들에게 그들의 아이디어를 시험해 볼 수 있는 기회를 적극적으로 열어줄 수 있었던 것이다. 하지만 안타깝게도 그 시절은 이제 옛날이야기가 되고 말았다.

하지만 아이보 프로젝트라고 하는 소니의 마케팅 실험은, 그것이 몰고 온 놀라운 소비자 반응과 더불어, 오늘날까지 아주 인상적인 비즈니스 사례로 남아 있다. 아이보 프로젝트의 획기적인 측면은, 연구원들이 스스로에게 이러한 질문을 던지면서 시작되었다.

"과연 이 제품은 무엇인가? 그리고 어떠한 제품이 될 수 있을까?" 아이보의 마케팅 전략 역시 바로 연구원들의 이러한 고민을 바탕으로 이루어졌다. 그리고 그 출시는 애초의 개발 의도와는 전혀 다른 방향으로 이루어졌다. 즉, 아이보는 가정용 로봇이 아니라 즐겁게 가지고 놀 수 있는 애완견으로 모습을 드러냈던 것이다. 이러한 마케팅 전략은 제품의 치명적인 단점(명령을 잘 알아듣지 못함)을 장점(감정을 가진 애완견)으로 바꾸어놓았다. 이러한 사실은 아이보 구매자들과 가진 인터뷰에서 더욱 분명하게 확인할 수 있었다. 사용자들 대부분이 제품의 심각한 결함에 대해서 아주 너그러운 태도를 보이고 있었다. 심지어 정서적인 애착까지 드러냈다. 한 사용자는 이렇게 얘기했다. "살아 있는 생명체가 아니란 건 잘 알아요. 저도 그 정도로 바보는 아니랍니다. 하지만 그 사실을 잊어버릴 때가 종종 있어요. 가끔 저도 모르게 이렇게 말을 합니다. '자, 이리 와서 쉬 해야지.' 사실 때로는 살아 있다는 느낌이 들어요. 가끔씩 제 말에 반응을 보일 때면, 마치 저를 사랑하고 있다는 생각이 들기도 한답니다."

나는 아이보의 사례를 통해, 사고의 전환으로 얼마든지 제품의 단점을 장점으로 변화시킬 수 있다는 사실을 확인할 수 있었다. 그리고 제품에 대한 소비자의 태도까지 바꾸어놓을 수 있다는 사실도 깨닫게 되었다.

더 자세한 정보는, "Sony AIBO: The World's First Entertainment Robot", Harvard Business School Case Study 502-010 참조.

풀업스 Pull-Ups (170~171쪽)

1989년 킴벌리 클라크는 하기스 풀업스라고 하는 일회용 트레이닝 팬츠를 출시했다. 풀업스는 이미 기저귀를 찰 나이가 지났지만, 본격적으로 배변 훈련을 시작해야 할 필요가 있는 4백만 명가량의 아기들을 둔 부모들을 타깃으로 한 제품이었다. 킴벌리가 풀업스를 출시하게 된 가장 실질적인 이유는, 아기들이 기저귀를 착용하는 전체 기간을 늘리기 위한 것이었다. 즉, 2살이 넘은 3~4살의 아기들에게도 기저귀를 채우기 위한 전략이었다.

풀업스는 팬티 모양의 기저귀 제품이다. 그리고 밴드가 붙어 있어, 아이들 스스로 입고 벗을 수 있다. 외형은 물론 느낌까지도 팬티와 흡사하다. 풀업스의 광고 카피는 "이제 다 큰 아이랍니다."였다. 이는 심리적인 차원에서 기존의 기저귀와 차별화를 만들어내기 위한 것이있다.

풀업스의 마케팅은 여러 가지 측면에서 성공을 거두었다. 첫째, 기존의 기저귀 제품들이 치열한 가격 경쟁에 시달리고 있는 반면, 풀업스는 킴벌리에 꽤 높은 마진율을 가져다주었다. 그리고 시장 전체의 규모를 증가시켰다. 한 유통 전문가의 분석에 따르면, 킴벌리는 풀업스를 출시함으로써 기저귀 제품의 라이프사이클을 세 배나 늘렸다고 한다.

둘째, 킴벌리 팬티형 기저귀라고 하는 새로운 하위 카테고리를 창조함으로써, 10년 가까이 시장의 절대 강자로 군림하게 되었다. 풀업스를 출시한 지 2년이 지난 1991년, 풀업스의 연간 매출액은 무려 5억 달러에 달했다. 이에 대해 「브랜드위크Brandweek」지는 이렇게 평가했다. "지금까지 킴벌리가 가장 강력한 경쟁자인 P&G를 곤경에 처하게 만든 적은 거의 없었다. 하지만 일회용 팬티 기저귀 시장에서 지금 이러한 일이 벌어지고 있다." 실제로 P&G는 2002년이 되어서야 풀업스에 대항하여 이지업스Easy Ups라는 제품을 내놓을 수 있었다. 그리고 아직까지도 P&G는 팬티형 기저귀 시장에서 킴벌리를 따라잡기 위해 안간힘을 쓰고 있다.

태양의 서커스단 CIRQUE DU SOLEIL (172~173쪽)

태양의 서커스단은 〈서커스의 재창조Le Cirque Réinventé〉라는 공연을 통해 그 이름을 세계적으로 알렸다. 이 공연은 그 제목에서도 알 수 있듯이, 서커스의 개념을 완전히 뒤집는 혁신적인 시도였다. 지저분한 바닥, 퀴퀴한 냄새, 이상한 옷을 입은 동물들, 여러 개의 링을 돌리는 광대와 같이 서커스 하면 떠오르는 전형적인 모습은 이 공연에서는 하나도 찾아볼 수 없었다. 「워싱턴포스트」지는 이 공연을 이렇게 평가했다. "바넘앤베일리Barnum&Bailey가 서커스의 할인점이라면, 태양의 서커스단은 서커스의 부티크 샵이다."

물론 이러한 명성은 하루아침에 탄생하지 않았다. 태양의 서커스단에서 음악을 담당했던 르네 뒤페레René Dupéré는 스스로에 대해 이렇게 얘기했다. "모든 사람들이 우리가 서커스라는 공연을 재창조했다고 칭찬하고 있습니다. 그리고 실제로 우리는 이를 일구어 냈습니다. 하지만 우리가 처음부터 성공을 거두었던 것은 절대 아닙니다. 이름을 알리기까지 우리는 그저 서커스에 미친 집단에 불과했습니다. 이제야 비로소 우리의 노력이 서커스의 새로운 비전으로 떠오르고 있습니다."

태양의 서커스단의 설립자인 기 랄리베르테Guy Laliberte는 새로운 차원의 영감을 자극하기 위해 다양한 예술적인 방법들을 동원했다. 춤, 연극, 음악, 체조와 같은 다양한 장르를 조합함으로써 관객들에게 강인한 인상을 남겼다. 이에 대해 「시카고 선타임스Chicago Sun-Times」는 "이탈리아 영화감독인 페데리코 펠리니Federico Fellini 영화에나 나올 법한 환상적인 소재들, 그리고 프랑스 디자이너인 크리스티앙 라크루아Christian Lacroix의 패션쇼에나 등장할 듯한 화려하고 독특한 의상들로 가득하다."라며 격찬을 했다. 예술성을 인정받은 태양의 서커스단은 1987년에 LA 아트 페스티벌에 초청을 받기도 했다. 페스티벌에서 그들은 서커스 또한 "진지한 자세로 감상을 해야 하는 상위예술"이 될 수 있는 가능성을 보여 주었다.

태양의 서커스단은 지금도 세계적으로 공연을 이어나가고 있으며, 연간 5억 달러 이상의 수입을 올리고 있다. 1987년 이후로 이들은 20개 이상의 다양한 종류의 공연을 선보였으며, 전 세계 수많은 관객들이 그들의 상상력에 아낌없는 박수를 보내고 있다.

스와치 swatch (174~175쪽)

　비즈니스 세계에서 천재를 발견해 내기란 대단히 어려운 일이다. 하지만 내 생각에, 스와치를 설립한 니콜라스 하이예크Nocolas Hayek만큼은 천재라고 부르는 데 부족함이 전혀 없을 듯하다. 스와치가 나온 지 수십 년이 지난 지금, 사람들은 스와치가 출시될 때 얼마나 강력하게 시계 시장을 강타했었는지 점점 잊어가고 있다. 스와치라는 브랜드가 출시되기 전, 스위스제 시계 브랜드들은 지극히 보수적인 자세를 취하고 있었다. 사람들은 고가의 귀금속 매장을 가야만 스위스제 시계를 구경할 수 있을 정도였다. 어떤 사람들은 스위스 시계를 대대로 가보로 이어가기까지 했다. 하지만 스와치는 이러한 보수적인 스위스 시계 시장에 일대 파란을 몰고 왔다. 그들은 스위스제 시계를 패션 액세서리처럼 시장에 내놓았던 것이다. 스와치 이후, 스위스 시계 시장은 보다 실용적이고 감각적이고 유행에 민감한 카테고리로 거듭나게 되었다. 이러한 변화를 일으킨 인물이 바로 니콜라스 하이예크였던 것이다.

　스와치를 출시하기 전, 하이예크는 소비자들의 반응을 파악하기 위해 미국의 백화점을 대상으로 테스트 판매를 실시했다. 하지만 그 결과는 실망스러웠다. 그럼에도 불구하고 하이예크는 용감하게도 런칭을 그대로 감행했다. 그는 주변의 많은 사람들이 자신의 생각을 비웃고 있다는 사실을 처음부터 잘 알고 있었다. 하지만 하이예크는 이러한 시선에 크게 신경을 쓰지 않았다. 당시에 그는 이렇게 말했다. "어릴 적 품었던 판타지와 상상력을 간직하고 있다면, 미국이든 스위스든 모든 시장에서 얼마든지 성공할 수 있습니다. …… 물론 고작 어릴 적 판타지에 대해서 얘기하는 스위스의 한 CEO에 대해 많은 사람들이 손가락질을 할 것입니다. 하지만 오늘날 기업과 정부를 보면, 마치 감옥 같다는 느낌이 듭니다. 모두들 바위처럼 단단하고, 쇠처럼 차갑습니다. 이들은 어릴 적 판타지와 꿈을 그저 비웃고만 있습니다. 그리고 결국 우리 주변의 소중한 아이디어와 가능성들을 죽이고 있습니다."

하지만 판타지를 실현하기 위해서는 분명 오랜 시간과 많은 노력이 필요할 것이었다. 하지만 스와치는 그 모든 것을 처음부터 시작하지는 않았다. 대신 패션 산업으로부터 아이디어를 가지고 와서 새로운 브랜드의 기반을 닦았다. 스와치는 다른 스위스 브랜드들과는 완전히 다른 마케팅 전략을 시도했다. 예를 들어, 계절에 따라 새로운 신제품 군을 출시했다. 그들은 일 년에 두 번 새로운 포트폴리오를 선보였다. 새로운 제품군이 유행에 뒤처지기 시작할 무렵, 스와치는 또 다른 제품군을 시장에 내놓았다. 각 제품군은 아주 다양한 유형의 디자인으로 이루어져 있었다. 스와치 매장을 찾은 소비자들은 항상 최소한 70가지의 제품들을 놓고 선택을 할 수 있었다. 이러한 제품 다양성으로 스와치 소비자들은 마치 패션 아이템을 고르듯 시계를 골랐다. 이러한 전략은 시계 시장에서는 전례가 없는 일이었다. 하지만 패션업계에서는 일반적인 모습이었다. 패션 브랜드들은 변덕스런 소비자들의 취향을 따라잡기 위해 계속해서 새로운 디자인의 제품들을 출시해야만 했다.

이 밖에도 스와치의 독특한 마케팅 전략은 가격, 정책, 디자인에서도 찾아볼 수 있다. 더 자세한 정보는, "The Birth of the Swatch", Harvard Business School Case Study 504-096 참조.

알레시 ALESSI (177~179쪽)

알레시는 가족 경영체제를 고수하고 있는 이탈리아 주방용품 기업이다. 이들은 39년 동안 주방용품에 관한 고정관념을 완전히 뒤집어놓았다. 알레시의 손길을 거치면, 부엌에서 쓰이는 모든 일상적인 물건들이 사람들의 눈길을 사로잡는 예술품으로 거듭난다. 1980년대에 마이클 그레이브스Michael Graves와 알레산드로 멘디니Alessandro Mendini와 같은 알레시의 디자이너들이 주전자와 와인따개를 선보였을 때, 세계는 깜짝 놀랐다. 이후 알레시라는 브랜드는 점차 디자인과 기능이 혁신적인 차원에서 만나는 공간으로 자리를 잡아갔다. 그리고 그 속에서 주방용품들은 예술과 실용성을 겸비한 제품으로 새롭게 태어났다. 스와치가 패션의 개념을 부여한 최초의 시계 브랜드였다면, 알레시는 미적인 가치를 부여한 최초의 주방용품 브랜드였다.

알레시의 예술적인 디자인 뒤에는 알베르토 알레시Alberto Alessi가 있었다. 알레시라는 기업은 여러 명의 가족 일원의 협력으로 운영되고 있었지만, 제품 출시에 대한 최종적인 결정은 설립자의 장손인 알베르토의 몫이었다. 알베르토는 그만의 독특한 경영철학을 갖고 있었다. "제 역할은 미술관의 디렉터나 박물관의 큐레이터, 그리고 영화감독의 일과 별반 다르지 않다고 생각해요. 제가 추구하는 것은 화려한 모순으로 가득한 포트폴리오를 만들어내는 것입니다."

몇 년 전에 나는 알레시 형제들과 인터뷰를 하게 되었다. 나는 알베르토에게 이렇게 물었다. "시장조사를 통해 신제품을 결정하고 있나요?" 그의 대답을 들어보자.

"아닙니다. 전혀 그렇지 않아요. 자동차 기업에 대해 생각해 볼까요? 새로운 모델을 출시하기에 앞서, 그들은 시장조사를 합니다. 아마도 소비자들에게 이렇게 물어보겠죠. '앞으로 나올 차가 어떠했으면 좋겠습니까?' 그러면 가엾은 소비자는 부랴부랴 기존 모델들을 떠올리며 이렇게 대답하겠죠. '이 부분은 그대로 두고, 저 부분은 고쳤으면 좋겠어요.' 그리고 기업은 수많은 설문조사 데이터를 수집하고 분석을 시작할 겁니다. 하지만 불행하게도 이렇게 해서 탄생한 최종 보고서에는 창조성이라고는 눈곱만큼도 없습니다. 이렇게 해서 나온 자동차는 과연 얼마나 새로운 것일까요? 오늘날 자동차들이 모두 다 비슷비슷하기만 한 이유가 바로 여기에 있습니다.

우리는 이러한 설문조사에 관심이 없습니다. 대신 소비자들의 생각을 훌쩍 뛰어넘을 수 있는 디자이너들의 작업을 장려하는 데 관심이 있습니다. 소비자들 자신이 무엇을 원하고 있는지 스스로 정확히 파악하기 전에, 우리는 바로 그러한 제품을 내놓아야 합니다."

보다 자세한 정보는, "Alessi: Evolution of an Italian Design Factory(A, B, C, D)", Harvard Business School Case Studies 504-018, 504-019, 504-020, 504-022 참조.

미니쿠퍼 (196~198쪽)

미니쿠퍼의 런칭 당시 홍보를 맡았던 광고대행사는 마이애미에 본사를 두고 있는 '크리스핀 포터+보거스키Crispin Porter+Bogusky'였다. 적대 브랜드의 대표적인 사례로 설명을 했던 것처럼, 크리스핀 포터+보거스키는 아주 모험적인 광고 전략을 감행했다. 그들은 자동차는 크기가 중요하다는 소비자들의 고정관념에 과감하게 도전장을 내밀었다. 크리스핀 포터+보거스키의 크리에이티브 디렉터인 알렉스 보거스키Alex Bogusky는 「애드위크Adweek」지에서 "처음에는 조마조마했죠."라고 심경을 밝히기도 했다. 미국 소비자들 대부분이 SUV에 열광하고 있다는 것을 말하고 있는 모든 시장조사에도 불구하고, 보거스키는 과감하게 이를 무시해 버리는 결단을 내렸다. 그들은 대형광고판에서 "SUV의 몰락은 지금부터", "골리앗이 쓰러졌다.", "작은 것이 이제는 더 큰 것입니다."라고 외쳤다.

그들의 광고 캠페인은 미국 소비자들의 마음속에 조금씩 미니쿠퍼에 대한 호감을 심어가기 시작했다. 자체 시장조사에 따르면, 미니쿠퍼를 타는 운전자들 대부분이 사회적 관습을 따르기보다 개인의 개성을 중요하게 여기는 성향이 크다는 사실이 드러났다. 그들은 스스로를 특별하고 소중한 존재라고 생각하는 경향이 강했다. 한 자동차 분석가는 미니쿠퍼의 광고 전략을 이렇게 비유하기도 했다. "대부분의 미국인들이 메인Maine 주를 별로 선호하지 않습니다. 하지만 이 지역을 좋아하는 사람들은 그야말로 끔찍하게 좋아하는 편이죠." 결국 미니쿠퍼의 혁신적인 광고 전략은 일 년이라고 하는 짧은 기간 동안에 브랜드 인지도를 2%에서 무려 60%로 끌어올리는 데 중심적인 역할을 했다.

레드불 Red Bull (199~201쪽)

레드불의 설립자 디트리히 마테쉬츠Dietrich Mateschitz는 이런 말을 남겼다. "레드불은 그냥 음료수가 아닙니다. 삶의 또 다른 방식입니다." 마테쉬츠는 음료수와 같은 일반적인 제품 시장에서 브랜드 이미지가 90%를 차지한다는 점을 잘 이해하고 있었다. 그래서 그는 레드불이라는 브랜드에서 신비스런 이미지를 강화하는 작업에 주력했다. 그는 이렇게 덧붙였다. "나이가 지긋한 고등학교 선생님이 레드불은 악마의 음료수라고, 그리고 심지어는 마약이라고 말하지 않았더라면, 학생들은 우리에게 관심조차 주지 않았을 겁니다."

적대 브랜드의 사례로 소개했던 레드불의 마케팅 전략에서 가장 매력적이었던 부분은, 일반적인 마케팅 교과서들이 금지하고 있는 일들을 실천했다는 사실이다. 이러한 지적을 하는 사람은 비단 나뿐만이 아니다. 레드불은 완전히 새로운 차원으로 음료수 시장의 하위 카테고리를 창조했다.(레드불이 없었다면, 에너지 음료 시장이 아예 존재하지 않았을 것이라고 볼 수도 있다.) 레드불은 전통적인 마케팅과는 근본적으로 다른 접근방식을 시도했다. 「뉴욕 타임스」 칼럼니스트인 랍 워커Rob Walker는 '레드불 머케팅The Murketing of Red Bull'이라는 제목의 기사에서 이렇게 지적하고 있다. "브랜드 전문가들은 대부분 특정 제품의 용도가 무엇이고, 그리고 소비자가 누구인지에 대해 가능한 구체적으로 정의를 내리고자 한다. 하지만 레드불은 정반대 방향으로 나아가고 있다. 그들은 자신의 브랜드와 제품에 대해 그 어떤 구체적인 언급도 하지 않고 있다. 소비자들 역시 레드불이라는 브랜드에 대해 제대로 감을 잡지 못하고 있다. ……레드불 음료수를 마시는 소비자들은 모두 극단적이고 무모한 유형의 사람들이라고 말할 수도 있을 것이다. 이 말은 과연 무슨 의미일까? 확실한 사실 한 가지는, 구체적으로 정의해 보려고 시도하면 할수록, 레드불이라는 브랜드의 이미지는 점점 더 모호해진다는 것이다."

이 기사의 후반부에는 툴레인Tulane 대학의 기숙사 조교인 케이티 피켓Kaytie Pickett을 포함한 몇몇 대학생들의 인터뷰가 실려 있다. 거기서 케이티는 이렇게 말하고 있다. "레드불은 최신 유행을 대표하는 음료수입니다. 멋지게 차려입은 여학생이 말보로 라이트와 함께 레드불을 사는 모습을 종종 보게 됩니다. 그들은 마치 이렇게 말하는 듯합니다. '난 이런 특이한 음료수에 기꺼이 3달러나 지불할 용의가 있는 사람이라고!'"

버켄스탁 BIRKENSTOCK (201쪽)

버켄스탁만큼 강렬하고, 고집스럽고, 인상적인 브랜드는 거의 없다. 일반적인 아름다움과는 거리가 먼 실용적인 샌들과 슬리퍼로 유명한 버켄스탁은, 유행을 외면하면서 자부심을 지키는 고집불통의 보헤미안이다. 버겐스탁 홈페이지에는 이렇게 나와 있다.

우리에겐 코르크와 가죽, 버클, 그리고 이백 년 동안이나 사람들의 발을 편안하게 만들었던 단순한 아이디어가 있습니다. 1774년부터 줄곧 독일에서 생산해 온 이후로, 버켄스탁만의 고유한 디자인을 지켜 오고 있습니다. 화려한 색상이나 액세서리도, 그리고 특별한 장치도 없습니다. 하지만 걸을 때마다 버켄스탁은 여러분의 발에 맞게 변형이 됩니다. 여러분이 느끼는 편안함은 곧 저희의 편안함입니다. 그것이 우리가 추구하는 전부입니다.

버켄스탁이라는 브랜드는 마고 프레이저Margot Fraser에 의해 미국에서 탄생했다. 프레이저는 40여 년 전 독일에서 휴가를 보내던 중, 독특한 모양의 샌들을 발견하고 이를 미국 시장으로 들여왔다. 하지만 대부분의 신발 매장들은 디자인이 이상하다는 이유로 판매를 거부했다. 그래서 프레이저는 결국 버클리 지역의 건강식품 매장에서 이 신발을 판매하기 시작했다.

오늘날 버켄스탁은 세계 어디서나 찾아볼 수 있다. 유명 디자이너 이브 베하Yves Behar, 슈퍼모델 하이디 클룸Heidi Klum 등과 오랫동안 특별한 관계를 맺어오면서 다양한 차원에서 디자인에 변화를 주고 있지만, 아직까지도 여전히 '아리조나' 또는 '보스턴'과 같은 히트 상품의 디자인을 그대로 이어나가고 있다.(둘 다 뷰티 콘테스트에서는 좋은 성적을 거두지는 못하겠지만.) 영국의 「보그」지가 "패션 블로그스피어blogsphere(커뮤니티나 소셜 네트워크 기능을 하는 일종의 메타 블로그-옮긴이)"라고 언급한 '마놀로의 슈블로그Manolo's Shoe Blog'는 '호러 갤러리Gallery of Horrors'라는 코너에서 버켄스탁에 대해 이렇게까지 표현하고 있다.

> 세상에서 제일 못난, 그리고 가장 유행에 뒤떨어진 신발. 아마도 중세 시대의 맹인 수도승이 온종일 밭을 가는 농부를 위해 만들었을 것이다.

마마이트 MARMITE (199~200쪽)

마마이트는 누가 먹느냐에 따라 '오래된 엔진오일'이 되기도 하고 '신의 넥타'가 되기도 한다. 마마이트 홍보담당자 올리버 브래들리Oliver Bradley는 공식석상에서 이렇게 밝혔다. "지난 100년 동안 마마이트를 싫어하는 사람들이 많이 있어왔다는 사실을 저희도 잘 알고 있습니다. …… 하지만 다른 브랜드들과는 달리, 저희에겐 '그래도 괜찮아'라고 말할 수 있는 자신감이 있습니다." 실제로 30년 동안 이어온 마마이트의 슬로건은 "좋아하거나 또는 싫어하거나You either love it or hate it"였다.

마마이트가 세상에 나온 지 한 세기가 넘었다. 특히 영국 사람들은 버터를 바른 토스트에 마마이트를 얹어 먹는 것을 끔찍이 좋아한다. 영국 군대는 제2차 세계대전 중 마마이트를 군용식량으로까지 사용했다. 심지어 감염을 막을 수 있다는 미신을 믿었던 일부 영국군인들은 바지의 지퍼 밑에 마마이트를 바르기까지 했다고 한다.

여러분이 만약 아직까지 경험해 보지 못했다면, 온라인을 통해 간접적으로 마마이트라는 브랜드를 느껴 볼 수 있을 것이다. 실제로 마마이트는 온라인 공간에서 가장 극단적인 적대 브랜드로서 명성을 날리고 있다. 마마이트의 페이스북 페이지를 방문해 보면, 20만 명이 넘는 사람들이 마마이트에 대한 사랑을 고백하고 있는 모습을 확인할 수 있다. 하지만 동시에 마마이트의 역겨움을 토로하는 모임도 페이스북에 수백 개에 이른다. 거기서 우리는 이런 말들을 쉽게 발견할 수 있다. "억지로라도 게워내고 싶을 정도다. 턱시도를 입은 펭귄들에게나 던져 주고 싶다.", "가장 사악한 기업이 발명한 가장 사악한 음식", "귀지, 여우의 똥, 창녀의 눈물로 만든 음식."

그럼에도 불구하고 영국의 경우, 휴가기간에만 8백만 통이 넘는 마마이트를 소비하고 있다. 그리고 네 집 중 한 집은 마마이트를 즐겨 먹고 있다.

베이딩 에이프 (204~207쪽)

베이딩 에이프를 세운 사람은 일본에서 음반 프로듀서와 DJ로 활동하고 있는 '니고'(본명 토모아키 나가오)라는 인물이다. '넘버 투'

라는 뜻의 니고는 오늘날 일본에서 가장 돈을 많이 번 패션 디자이너로 유명하다. 하지만 그는 예전 모습 그대로, 괴상하면서 난해한 인물로 알려져 있다.

일본 브랜드임에도 불구하고 BAPE는 미국의 언더그라운드 문화로 파고드는 데 성공을 거두었다. 여기에는 분명 패럴 윌리엄스Pharrell Williams, 제이 지Jay Z, 릴 웨인Lil Wayne, 영 지지Young Jeezy와 같이 BAPE 브랜드를 걸치고 대중 앞에 나타난 미국의 힙합 가수들의 역할이 컸다. BAPE는 미국 시장에서도 구하기가 아주 힘든 브랜드로 알려져 있다. 게다가 미국 시장에는 한 가지 어려움이 더 있다. 그것은 이미 판을 치고 있는 가짜 BAPE들이다.(가짜를 부르는 말로 FAPE라는 용어가 있을 정도다.) 물론 이러한 현상은 그만큼 정품 BAPE를 구하기가 어렵고 가격도 비싸기 때문이다.

홀리스터 HOLLISTER (207~208쪽)

홀리스터는 아베크롬비 앤 피치Abercrombie&Fitch의 자매 브랜드로, 젊은 층의 저가 시장을 공략하고 있다. 홀리스터의 타깃 소비자층은 고등학생들이다.(물론 중학생들도 입기는 한다.) 하지만 실질적인 소비자층은 이보다 훨씬 좁다. 홀리스터가 진정으로 추구하는 소비자 계층은 동료들에게 인기 많은 예쁘고 멋진 청소년들이다. 아베크롬비의 CEO인 마이크 제프리스Mike Jeffries가 「살롱」지와의 인터뷰에서 했던 말을 살펴보자.

솔직히 말해서, 저희는 예쁘고 잘생긴 청소년들을 목표 고객으로 삼고 있습니다. 친구들 사이에서 인기가 많은 매력적인 미국 청소년들을 공략하고 있죠. 대부분의 청소년들은 우리 옷을 소화하지 못해요. 그래서도 안 되죠. 저희가 아이들을 차별하고 있다고요? 네, 그렇습니다. 하지만 남녀노소는 물론, 뚱뚱한 사람, 마른 사람 등 모든 유형의 소비자들을 대상으로 하는 기업들은 지금 심각한 위기를 겪고 있습니다. 그것은 바로 그들의 브랜드가 지극히 평범한 브랜드로 전락하고 있기 때문이죠. 그들은 소비자들을 차별하지 않습니다. 그렇기 때문에 어느 누구의 시선도 끌지 못하고 있습니다.

홀리스터의 차별 전략은 매장을 들어가 보면 더욱 분명하게 느낄 수 있다. 이분법적인 접근방식을 바탕으로 디자인된 홀리스터 매장은 열성팬과 적을 동시에 만들어내고 있다. 우선 매장을 찾기가 어렵다. 매장 입구는 마치 바닷가의 오두막처럼 생겼다. 윈도 쇼핑도 불가능하다. 매장 안으로 들어서면 실내는 어두침침하고, 천장은 무척 낮다. 게다가 아이들이 좋아하는 다양한 장르의 음악이 고막을 찢어댄다. 얼마 전 「아리조나」 신문은 홀리스터 매장의 소음 정도를 몰래 조사하기도 했다. 그 결과, 매장 안의 소음은 90데시벨이었고, 이는 직원들이 8시간 동안 견딜 수 있는 허용한계의 최대치였다. 그러다 보니 부모들은 그 매장에 들어가는 것을 꺼려할 수밖에 없다.

홀리스터 매장에서 일하는 직원들은 모두 '모델'이라고 부른다. 특히 여성 직원들은 하나같이 젊고 날씬하고 예쁘다. 한때 홀리스터는 차별적인 직원채용, 그리고 몸에 맞지 않는 옷을 직원들에게 강요한 혐의로 소송을 당하기도 했다.(두 소송 모두 공식적인 언급 없이 마무리되었다.) 홀리스터의 광고는 대단히 선정적이다. 그리고 의도적으로 작은 사이즈의 옷만 만들어냄으로써 소비자들을 차별하고 있다.

이러한 비즈니스 전략을 통해 홀리스터는 어떤 성과를 이루어 내었을까? 2009년 기준, 매장은 500개를 넘어섰고, 매출은 연간 15억 달러에 이르고 있다.

베네통 benetton (212~214쪽)

베네통 웹사이트에 들어가 보면, 그동안의 역사적인 광고들을 한눈에 구경할 수 있다. 그리고 사회적인 이슈가 되었던 다양한 광고 이미지들과 함께, 기업의 경영철학을 확인해 볼 수 있다.

추상적인 차원에서 브랜드 이미지를 구축했다는 이유로, 나는 베네통의 사례를 종종 강의 주제로 활용하고 있다. 나는 베네통이라는 브랜드를 통해, 학생들에게 광고의 의미와 역할, 그리고 그 가능성에 대해 강조한다. 베네통을 주제로 강의를 할 때, 나는 비평가들의 다양한 지적들을 학생들에게 함께 소개한다.

광고란 행복을 파는 일이다. …… 하지만 토스카니와 베네통은 그 반대였다. 그들은 우리 사회가 직면하고 있는 혼란을 잘 이해하고 있었다. 그리고 그들은 쉬운 길을 택했다. 즉, 물에 빠져서 허우적대는 우리 사회를 향해 구명튜브를 던지는 대신, 빠져나오지 못하게 머리를 눌러댔다. 그리고 우리 사회의 얼굴을 섹스와 에이즈로 점철된 쓰레기더미에 마구 문질러대고 있다.

_자크 세겔라Jacques Séguéla, 유로RSCG

베네통의 광고는 제품과 아무런 관련이 없다. …… 헤드라인에 욕설을 써놓으면, 분명 화제는 될 것이다. 하지만 그렇게 한다고 해서 사람들이 그것을 그냥 좋아하게 되는 것은 결코 아니다.

_세드 비들러Ced Vidler, 린타스 월드와이드Lintas Worldwide

베네통은 광고에 대한 개념을 새롭게 정의하는 데 성공했다. …… 브랜드를 기반으로 하나의 '문화'를 창조할 수 있다는 것은 …… 그냥 물건을 판매하는 일보다 더욱 값진 것이다.

_제임스 로우더James Lowther, 사치 앤 사치Saatchi&Saatchi

물론 이와는 반대로 혹독한 비판들도 있었다.

기업 광고들은 우리 사회에 막대한 피해를 끼쳤다. …… 그들은 제품을 팔아먹기 위해, 허구적인 이미지와 비현실적인 꿈을 들이대고 있다. 기업들의 눈으로 보자면, 이사벨라 로셀리니Isabella Rossellini

를 따라 하지 않는 여자들은 아무런 가치가 없는 존재다.

광고는 세상에서 가장 값비싼, 그리고 가장 강력한 커뮤니케이션 도구이다. …… 하지만 광고대행사들이 내놓은 아이디어들은 하나같이 진부하기 짝이 없다. …… 그들은 모두 허황된 말들로 사람들을 유혹한다. 여기서 진실을 말하는 사람은 그들의 공격 대상이다.

베네통에 대한 사례연구는 이미 충분히 많이 나와 있기 때문에, 나는 굳이 따로 연구를 진행하지 않았다. 위의 비판들은 인시아드 INSEAD의 사례연구(Christian Pinson, Vikas Tibrewala)에서 인용한 것이다.

애플 (224~226쪽)

애플에 관한 자료는 이미 너무나 많이 나와 있다. 그래서 여기에 굳이 하나를 더 보탤 필요는 없어 보인다. 애플의 우상파괴를 주제로 한 수많은 기사들 중에 하나를 꼽으라면, 2008년 「와이어드 Wired」지에 실린 "애플은 어떻게 잘못된 것을 가지고 올바른 것을 만들었을까?How Apple Got Everything Right by Doing Everything Wrong"라는 제목의 기사를 들 수 있겠다. 나는 이 기사가 애플 전략의 핵심을 찌르고 있다고 생각한다. 이 기사와 관련하여 이후에 추가적으로 따라나온 기사에는, 애플이 거부했던 실리콘밸리의 5가지 원칙들이 나와 있다. 그중에서 두 가지 원칙을 살펴보자.

[실리콘밸리의 원칙] 커뮤니케이션. 여러분의 기업이 지금 추진하고 있는 비즈니스를 소비자들에게 널리 알려서 연대감을 형성하도록 하라. 새로운 차별화의 전략, 혹은 이에 따르는 문제점이 있다면, 이를 몽땅 블로그에 올려라! 그러면 소비자들은 여러분의 브랜드에 더 많은 관심을 갖게 될 것이다. 그리고 그만큼 브랜드 충성도는 올라갈 것이다. 또한 소비자들부터 소중한 의견을 들을 수 있을 것이다.

[애플의 원칙] 언론에 절대 공개하지 말 것. 블로그를 폐쇄할 것. 불만을 공개적으로 표현한 소비자들을 고소하겠다고 협박할 것. 회사의 공식적인 발표 전까지, 신제품에 대한 그 어떠한 정보도 흘리지 말 것. 브랜드 홍보 및 신제품 출시와 관련하여 반드시 이 원칙을 지킬 것.

[실리콘밸리의 원칙] 고객들을 사랑하라. 소비자들에게 관심을 갖고, 브랜드에 대해 긍정적인 이미지를 가질 수 있도록 최선을 다해라. 하지만 그렇다고 하더라도 아마존과 같은 온라인 사이트를 통해 불만을 표출하는 소비자들이 분명 있을 것이다. 이러한 경우, 적극적인 대처가 무엇보다 중요하다.

[애플의 법칙] 중요한 것은 소비자들의 만족이 아니라, 우리 기업 자신의 만족이다. 플로피 드라이브가 없는 아이맥을 출시하라. CD 드라이브가 없는 맥북에어를 출시하라. 아이폰을 출시한 지 두 달 만에 가격을 200달러 인하하라. 기존의 구매자들이 불만을 표시할 경우, 100달러짜리 상품권을 지급하면 된다.

할리 데이비슨 HARLEY-DAVIDSON (226~230쪽)

1950~1960년대에 오토바이 라이더들은 가죽 재킷과 청바지를 입은 무법자들이 주류를 이루고 있었다. 헌터 톰슨Hunter S. Thomson은 『지옥의 천사들Hell's Angels』(1966)이라는 책에서 악명 높은 오토바이 라이더 클럽들의 문화에 대해 설명하고 있다. 톰슨은 여기서 이들 클럽들의 공통점으로 반항적인 태도와 맹목적인 충성심을 꼽고 있다. 라이더들은 아무런 원칙이나 제약 없이 자유롭게 루트를 정하고 함께 질주를 한다. 그러다 보니 그들이 가는 길엔 항상 싸움이 있기 마련이다. 경찰에게 체포를 당하거나, 또는 다른 클럽들과 다툼을 벌이기도 한다. 이러한 무법자 라이더들 대부분의 선택은 할리였다.

오늘날 세계적으로 가장 큰 규모를 자랑하고 있는 할리의 오토바이 클럽은 저절로 만들어진 것이 아니었다. 이것은 순전히 할리 데이비슨이 의도적으로 만들어낸 작품이다. 그리고 아직까지도 할리가 클럽의 운영에 깊숙이 관여하고 있다. 할리가 라이더 클럽인 HOG를 조직하면서, 처음에는 할리가 아닌 다른 브랜드의 오토바이를 모는 사람들도 적극 회원으로 받아들였다. 회원들에게 기업이 주관하는 행사에 참여하거나 대회에 참가할 수 있는 자격을 주었다. 그리고 회원전용 웹사이트를 구축했다. 요즘 HOG 대회는 미국 전역의 105개 지역에서 동시에 이루어지고 있다. 이들은 지역별로 각자 따로 출발하여, 총 25개의 루트를 거치면서, 다 함께 할리의 본사가 있는 밀워키에 도착하는 것으로 마무리된다. 가장 최근에 열린 연례 대회를 통해, 할리는 애초에 목표로 삼았던 125,000대의 판매를 무난히 달성했다. 할리는 오토바이를 타고 미 대륙을 횡단하는 라이더 모임들을 위해, 책자 혹은 온라인 방식으로 도로 안내나 여행일정과 같은 유용한 정보들을 제공하고 있다. 스터지스Sturgis나 데이토나Daytona와 같이 할리가 공식적인 스폰서로 참여하지 않는 오토바이 랠리에서도, 할리는 압도적인 브랜드 우위를 차지하고 있다. 데이토나 대회의 경우, 약 90%의 참가자들이 할리 오토바이를 몰고 있다.

결론적으로 말해서, 할리가 추구하는 것은 라이더들의 소속감을 높이는 것이다. 그들은 할리를 모는 라이더들 간의 교류를 활발히 함으로써 자유롭고 도전적인 라이프스타일에 대한 판타지를 계속해서 강화해 나가고 있다.

도브 리얼뷰티 *Dove* (230~233쪽)

나의 동료인 존 데이튼John Deighton은 도브의 리얼뷰티 광고 캠페인을 주제로 사례분석을 발표했다. 그의 자료에 따르면, 도브의 광고 캠페인은 내부적으로도 상당한 긴장을 초래했다고 한다. 광고 캠페인을 담당했던 도브의 한 관리자는 이렇게 우려를 드러내기도 했다. "진정한 아름다움에 대해 얘기를 할 때, 이상적인 아름다움을 꼭 제외시켜야만 합니까? 누구나 꿈꾸는 아름다움의 세계를 외면하는 브랜드를 과연 어떤 소비자들이 좋아할까요? 아름다움에 대한 환상을 폭로하는 시도는, 자칫 소비자들이 화장품에 돈을 투자하려는 의욕을 꺾어버릴 수 있습니다. 소비자들은 결국 우리를 버리고 다른 브랜드를 찾아갈 것입니다."

그의 걱정대로, 도브의 리얼뷰티 광고는 처음부터 온갖 비난에 시달려야 했다. 「시카고 선타임스」의 편집자 리처드 레퍼Richard Roeper는 잔인하게도 이렇게까지 표현했다. "속옷만 걸친 못생긴 여자들로 가득하다. …… 이런 광고들을 보면 나는 속이 메스껍다. 뚱뚱한 여자들이 벗고 있는 모습을 보고 싶다면, 차라리 '테이스트 오브 시카고Taste of Chicago' 축제를 보러 가라."(참으로 고상한 표현이다……) 아직까지도 블로그, 포럼, 유튜브 등 온라인 공간에서 많은 사람들이 리얼뷰티 광고를 놓고 열띤 토론을 벌이고 있다.

어쨌든, 도브는 리얼뷰티 광고 캠페인을 통해 브랜드 인지도를 크게 높일 수 있었다. 나는 이처럼 소비자들을 토론의 장으로 끌어들이는 용감한 브랜드들을 사랑한다.

보다 자세한 정보는, John Deighton, "Dove: Evolution of a brand", Harvard Business School Case Study 508-047 참조.

감사의 글

우선 이 책이 세상에 나오게끔 해 준 나의 에이전트, 레이프 서 갤런Rafe Sagalyn에게 감사의 말을 전한다. 레이프는 내게 출판이라고 하는 낯선 세상에서 든든한 안내자가 되어주었다. 레이프는 경험이 풍부하고 사려가 깊다. 그러면서도 직설적인 성격에 언제나 거침이 없다. 남편과 가장 친한 친구를 제외하고, 레이프는 내 원고를 읽은 첫 번째 사람이었다. 그는 내 원고를 보자마자, 내가 무슨 말을 하고 싶은지 즉각 알아챘다. 책이 나오기까지 레이프는 나의 후원자이자 자문이었다. 그의 아낌없는 노력에 무한한 감사를 드린다.

그리고 다음으로, 편집을 맡아준 존 매헤니John Mahaney에게 고마움을 전한다. 존은 줄곧 열정적으로 나의 글을 읽어주었다. 그리고 책을 쓰는 동안 내가 특히 신경을 많이 썼던 부분들을 인내심을 갖고 지켜봐 주었다. 존은 진정한 베테랑 편집자이다. 새내기 작가인 내가 존과 같은 뛰어난 편집자와 함께 일할 수 있었던 것은 분명 대단한 행운이었다. 린 카루서Lynn Carruthers는 이 책에 등장하는 모든 삽화를 그려 주었다. 린과 같이 재능 있는 화가를 만난 것 또한 내겐 큰 행운이었다. 그 다음으로, 제나 번하슨Jenna Bernhardson은 이 책을 쓰는 동안 나의 연구 조교를 맡아주었다. 꼼꼼하고 철두철미한 성격의 제나는 나에게만큼은 언제나 편안하고 믿음직한 사람이 되어주었다. 그래서 더욱 고맙다. 대학을 졸업하자마자 내 곁에서 일을 했던 제나에게, 재능 있는 여성에게 한계란 없다는 말을 꼭 들려주고 싶다. 한편으로, 스캇 무어Scott Moore는 7년 동안이나 행정업무를 처리해 주었다. 무어는 진정한 프로다. 동시에 내가 알고 있는 가장 특이한 패션 스타일리스트이기도 하다. 패션에 지나치게 열정을 쏟는 그의 모습이 처음에는 무척 낯설었지만, 언젠가부터 나도 그의 취향을 자연스럽게 받아들이게 되었다.

나의 학생들에게도 특별한 고마움을 표하고 싶다. 학생들의 도움이 없었더라면, 아마도 나는 글을 쓸 엄두를 내지 못했을 것이다. 이 책에 등장하고 있는 다양한 아이디어들에 대한 주위의 반응을 살펴보기 위해, 나는 가장 먼저 학생들에게 물어보았다. 그들로부터 얻은 다양한 피드백을 바탕으로, 나는 아이디어들을 더욱 섬세하게 가다듬을 수 있었다. 학생들과 함께했던 강의실은 내겐 최고의 연구실이었다. 그들의 열정과 노력에 깊은 감사를 드린다.

다음으로 책을 출판하는 과정에서 직접적으로 도움을 주지는 않았지만, 오랫동안 나에게 큰 힘이 되었던 사람들을 소개하고 싶다. 우선 하버드 비즈니스 스쿨의 동료인 데이비드 벨David Bell과 존 데이튼John Deighton을 꼽을 수 있겠다. 두 동료는 오랫동안 나의 연구에 많은 관심을 갖고, 내게 용기를 불어넣어 주었다. 또 다른 동료인 프랜시스 프라이Frances Frei에게도 감사를 드린다. 프랜시스는 내가 글을 쓰기 시작할 때부터 많은 도움을 주었다. 간단히 표현하자면, 프랜시스는 아무리 힘든 상황에서도 언제나 진실을 추구하는 여성이다. 그녀는 언제나 섬세하면서도 동시에 직설적이다. 그녀는 주변에서 쉽게 찾아보기 힘든 특별한 인물임에 틀림이 없다.

내겐 세 명의 자매가 있다. 레이철, 한나 그리고 수니타. 레이철은 가장 건실한 사고의 소유자이고, 한나는 가장 쾌활하며, 수니타는 가장 개성이 강하다. 서로들 너무나 다른 자매들이지만, 끈끈한 우정은 내 삶의 커다란 버팀목이 되어주고 있다. 그들의 관심과 애정에 깊은 고마움을 표한다.

그리고 나의 가장 친한 친구, 게일Gail에게도 고맙다는 말을 하고 싶다. 나는 예전부터 여자들의 우정은 나이와 상관없이 똑같은 것이라고 믿고 있었다. 하지만 게일과의 관계를 통해, 그 우정이 중년에 특히 더 큰 힘을 발휘할 수 있다는 사실을 깨달을 수 있었다. 우리는 그동안 힘든 시절을 함께 겪어왔다. 아이들을 키우고, 학생들을 가르치는 동안, 나는 성공과 실패, 그리고 만남과 헤어짐이 결국 하나라는 사실을 종종 깨달았다. 그리고 그때마다 나와 게일은 서로에게 의지했다. 우리네 남편들이 종종 얘기하는 것처럼, 우리 두 사람은 어려운 시절을 내내 함께 보냈다. 그래서 게일은 내게 친구 이상의 특별한 존재이다. 그녀는 말하자면, 내 인생의 공범과 같은 존재다. 게일은 내 원고를 모두 꼼꼼히 읽어주었다. 그리고 내게 용기를 북돋워주었다. 또한 나의 글이 단지 내 개인적인 생각에 불과한 것은 아니라고 안심을 시켜 주었다.

마지막으로, 남편과 우리 아이들에게 고마움을 전한다. 나는 이 책을 그들에게 기꺼이 바치고 싶다. 잠깐 우리 가족 소개를 하자면, 큰아들인 잘렌Jalen은 또래에 비해 무척 어른스럽다. 잘렌을 직접 만나본다면, 여러분도 아마 현명하고 상냥한 아이라는 사실을 금방 알게 될 것이다. 반면 둘째 아들 타일로Tailo는 톡톡 튀는 자유분방한 스타일이다. 타일로는 나의 영원한 피터팬이다. 이 아이들 덕분에 나는 엄마만이 가질 수 있는 특별한 눈으로 세상을 바라볼 수 있게 되었다. 내가 아이들로부터 얻은 따뜻함, 소중함, 행복함이 아마도 이 책 곳곳에 묻어 있을 것이다. 그리고 이러한 느낌은 나의 생각, 연구, 글, 강의 모두에 녹아들어 있다. 무엇 때문에 그런지 정확하게는 모르겠지만, 아이들 덕분에 인생의 차원이 더 깊어진다는 느낌이 든다.

남편에게는 이 말을 전하고 싶다. 우리 관계에서 내가 가장 소중하게 여기는 가치는 유머와 관심, 존경 그리고 사랑이다. 내가 내 삶의 주인공일 수 있는 이유는, 우리 부부가 아직까지 이러한 가치를 소중하게 간직하며 살고 있기 때문이다. 이는 분명 내 남편 로버트의 노력 덕분이다. 그는 언제나 내가 나의 삶을 적극적으로 이끌어갈 수 있도록 배려해 준다. 솔직히 말하자면, 처음에 나는 이 책을 시작하기가 무척 두려웠다. 그러나 글을 쓰면서, 내 남편이 나의 첫 독자가 되어줄 것이라는 사실에 조금이나마 위안을 얻을 수 있었다. 결국 내 글은 남편에게 들려주는 이야기와 같은 것이라고 생각하면서 큰 용기 또한 얻을 수 있었다. 사실 이 말을 나는 항상 주문처럼 되뇌었다. 그리고 남편과의 대화를 통해 끝까지 글을 써 나갈 수 있는 자신감을 얻었다. 내 남편은 가상하게도 우리 아버지를 처음 만난 날 했던 많은 약속들을 지금까지 잘 지켜내고 있다. 언제까지나 그 약속을 지켜 줄 것이라 믿어 의심치 않는다.

옮긴이의 글

　이 책을 번역하던 어느 날 동네 대형마트에 들렀다. 그런데 이상하게도 진열대의 제품들이 예전과는 조금 다르게 보였다. 그동안 언제나 새롭고 다양한 신제품들이 시장에 쏟아져 나오고 있다고 생각했던 것과는 달리, 거기 있던 모든 제품들이 서로 엇비슷해 보이기 시작했던 것이다. 그러고는 이러한 생각이 들었다. '이 책이 말하고 있는 대로 우리는 정말로 비슷비슷한 기능과 디자인의 그저 그런 제품들의 홍수 속에서 살고 있는 건 아닐까?'

　문영미 교수는 이 책을 통해 특정한 제품이나 브랜드가 아니라, 운동화나 시리얼과 같은 일반적인 제품군, 즉 하나의 카테고리가 탄생하고 성장하고 늙어가는 전체 과정을 다양한 사례를 통해 생생하게 묘사하고 있다. 여기서 저자가 내리고 있는 진단은 오늘날 대부분의 카테고리가 이미 노화를 지나 사망의 단계에 들어섰다는 것이다. 한 카테고리가 성장을 멈추고 늙기 시작하는 이유를 그녀는 보편적인 '경쟁' 시스템에서 찾고 있다. 오늘날 수많은 기업들이 단기적인 수익창출이라고 하는 똑같은 목표를 향해 달려가는 동안, 제품이나 브랜드는 점점 차별화와 멀어져만 가고 있는 것이다.

저자의 글을 읽다 보면 그동안 무심코 지나쳤던 시장의 흐름이 눈에 들어온다. 특히 할인마트나 전자양판점 같은 대형 매장에서 이 점을 더욱 확실하게 느낄 수 있다. 이러한 측면에서 이 책은 현대 소비사회를 살아가고 있는 우리들이 그동안 막연하게만 느껴 왔던 시장의 거시적인 흐름을 머리로 끌어올려 뚜렷하게 인식하게 만들어주는 대단히 흥미로운 작업이라 하겠다.

저자가 만약 여기서 멈추었더라면, 이 책은 다분히 슬픈 이야기로 끝을 맺었을 것이다. 하지만 후반부로 들어서면서 그녀의 어조는 확연히 달라진다. 모든 카테고리가 그냥 그렇게 늙어만 가는 것은 아니다. 죽어가는 카테고리에 생명의 숨결을 불어넣는 존재는 다름 아닌 '혁신'이다. 이 사실을 증명하기 위해 저자는 힘든 시장 상황 속에서도 진정한 혁신을 일구어냈던 다양한 브랜드 사례들을 파헤치고 있다. 그리고 그 속에서 혁신 브랜드들이 차별화를 끝내 포기하지 않을 수 있었던 비밀을 캐내고 있다. 그렇기 때문에 나는 비즈니스 세계를 이끌어가고 있는, 그리고 현대의 소비문화를 살아가고 있는 수많은 소비자들이 저자의 진단과 그녀가 제시하는 청

사진에 강한 공감을 느낄 수 있을 것이라 생각한다.

생생한 사례연구와 직관적 통찰을 숨 가쁘게 넘나드는 저자의 역동적인 문장들을 매끄러운 한국말로 옮기기란 결코 쉬운 일이 아니었다. 하지만 번역을 하는 내내 나를 가장 힘들게 했던 것은, 재미교포이기는 하지만 고등학교를 한국에서 보낸 경험이 있는 저자가 영어로 쓴 글을 다시 한글로 옮긴다는 부담감이었다. 단어 하나, 표현 하나를 놓고 씨름할 때면 저자가 등 뒤에서 지켜보고 있다는 생각이 항상 들었다. 그럴 때마다 나는 스스로에게 이런 질문을 던졌다. '문영미 교수가 이 부분을 영어가 아닌 한국말로 썼더라면 어떻게 표현했을까?' 어쨌든 이 책과 함께한 시간은 내게 새로운 시각으로 시장을 바라보는 흥미로운 경험이자, 이전 작업과는 다른 마음으로 영어와 한국어라고 하는 서로 다른 두 세계를 오가는 색다른 도전이었다.

찾아보기

ㄱ

가구 119, 145~148, 150, 151, 221, 258, 280, 281

가보, 하비 187, 188

가완디, 아툴 12, 268

가필드, 밥 213

경쟁 24, 33, 35, 38, 39, 43, 52, 55, 59, 64~68, 83~97, 108~110, 116, 125, 126, 129, 130, 132, 143, 154~157, 184, 185, 222~225, 230, 250~253, 266, 271, 276, 288, 317

골드버그, 우피 126, 127

과잉경쟁 93, 97

과잉성숙 93, 95, 96, 110, 111, 114, 117, 129, 144, 178

과잉확장 93

광고 7, 56, 68, 111, 136, 141, 187~200, 212~214, 230~233, 267, 279, 288, 295, 296, 303~305, 309

구글 137~142, 157, 254, 279, 280

구로사와 아키라 183

그레이브스, 마이클 179, 293

그루언, 사라 172

기저귀 전쟁 170

기회주의자 29, 115, 117, 119, 226

ㄴ

나이스비트, 존 272

나이키 104,

냉소주의자 29, 113, 116, 117, 119, 179,

267

넷스케이프 135

노먼, 돈 12

노스트롬 143

닌텐도 156, 157

닐먼, 데이비드 282

닛산 54, 55

ㄷ

다양성 25, 67, 70, 109, 115, 176, 292

데이튼, 존 309, 313

도브 230~234, 238, 258, 263, 309

도시타다, 도이 160

동일함 5, 9, 39, 154, 209, 223, 231, 268

뒤페레, 르네 289

디퍼런스 216

ㄹ

〈라쇼몽〉 183

라이프사이클 29, 288

랄리베르테, 기 183, 290

랑거, 엘렌 221, 222

러셀, 빌 32

레드불 199, 200, 202, 296, 297

레빗, 테드 92, 270

레이놀즈, 크레이그 62, 63

레퍼, 리처드 309

로봇 159~162, 166~169, 171, 176, 178, 180, 182, 185, 254, 287

로우더, 제임스 304

로저스, 에버렛 114

루이스, 마이클 261

리얼뷰티 캠페인 231~233, 309

리츠칼튼 64, 143

리카드, 월러스 177

리프먼, 월터 163

ㅁ

마마이트 199, 200, 203, 211, 299, 300

마스터카드 189, 193

마이크로소프트 279

마케팅 5~8, 13, 14, 45, 78, 79, 82, 90, 92, 103~105, 108, 109, 118, 125,

139, 160, 162, 166~169, 174, 189~193, 196~201, 205, 207, 212~215, 226, 260, 267, 270, 278, 286~288, 292, 293, 296, 297

마테쉬츠, 디트리히 199, 296

만화 73, 127, 173, 174, 184, 244

매캔에릭슨 187

맥도날드 57, 62, 284

맥주 73, 89, 99, 110, 111, 175

맥크레켄, 그랜트 215

〈메멘토〉 156

멘디니, 알레산드로 293

모방 35, 64, 86, 158, 184, 251

모텔 6 64, 140

무리 62~65, 128, 129, 142, 250, 251, 253, 266

무어, 제프리 114

미니쿠퍼 196~198, 202, 203, 211, 254, 295, 296

미용 230, 231, 233

미키마우스 91

ㅂ

버라이즌 34

버켄스탁 199, 201~203, 210, 254, 298, 299

베네통 212~214, 303~305

베네통, 루치아노 212

베블런, 소스타인 251

베이딩 에이프(BAPE) 204~206, 258, 300, 301

베이퍼웨어 160

베하, 이브 299

보스 89~91, 122, 275~277

보스턴 셀틱스 31, 32, 36

볼보 56, 57

브래들리, 올리버 299

브랜드 6, 9, 23~30, 34, 49, 50, 54~56, 59~61, 81, 87~91, 99, 102~132, 139, 140, 144~158, 170, 174~179, 184, 185, 188~195, 199~208, 212~215, 222~235, 238, 243, 247~250, 258, 259, 263~272, 275~285, 291~293, 296~309,

316, 317

브랜드 충성도 105~109, 115, 118, 123, 153

브릭먼, 필립 84, 85

블링 H2O 277

비들러, 세드 304

비즈니스 5~9, 13~15, 30~40, 49, 67, 68, 92, 96, 97, 100, 107, 114, 118, 120, 124, 126, 130, 132, 136, 144, 155, 157, 164, 175, 183, 208, 215, 223, 226, 238, 244, 247, 249, 258, 259, 264~271, 286, 291, 303, 306, 317

ㅅ

〈사인필드〉 206

상상력 6, 266, 269~271, 290, 291

〈새터데이 나이트 라이브〉 164

샌드버그, 올레 크리스티안 276

생수 83, 87~91, 109, 122, 126, 275~277

서룩스, 폴 39

선택 7, 11, 14, 21~24, 28, 29, 39, 44, 46, 57, 80, 81, 87, 91, 96, 104, 110, 114~116, 121, 129~132, 141, 145, 146~150, 184, 202, 228, 231, 259, 292, 307

설문조사 49, 57, 60, 195, 259, 260, 278, 294

세겔라, 자크 304

소니 24, 108, 123, 160, 161, 164, 166~169, 171, 176, 178, 185, 286

소비자 8, 14, 24, 27~31, 34, 36, 50 52, 56~59, 66, 67, 78~81, 83~91, 95, 96, 100~132, 139~169, 172~185, 188~209, 213~215, 223~233, 238, 245~256, 259~264, 268~273, 278~281, 286, 287, 291~297, 301~303, 306~309, 317

소셜 네트워크 98, 100, 102, 103, 105, 107, 299

수프 나치 206

슐로서, 에릭 284

스넬, 재키 85

스와치 172, 174, 177~180, 183, 184, 291~293

스위니, 줄리아 164

스타벅스 57, 62, 165

스탁, 필립 179

스턴, 하워드 210

스튜어트, 포터 234

스틸고, 존 12

스플렌다 93, 177

시장조사 54, 56, 59, 68, 128, 259~263, 294, 295

시크레스트, 라이언 153

실용주의자 29, 113, 116~119, 123, 152, 179, 226

〈심슨 가족〉 173, 174, 184

ㅇ

아메리칸 에어라인 64, 86, 142

아베크롬비 앤 피치 208, 301

아우디 56, 57

아웃사이더 26, 35~37, 116, 130, 132, 154

아이디어 브랜드 128~132, 139, 183, 223~225, 227, 259, 263~270, 272, 275

아이보 161, 162, 165~169, 171, 176, 182~185, 286, 287

아이폰 102, 225, 307

안티마케팅 192, 200, 215

알레시 177~179, 293, 294

알레시, 알베르토 293, 294

애플 224~226, 238, 263, 305~307

야구 119, 261~263

야후 135~139, 142

「어니언」 94, 177

에너지바 24, 108, 182

역 브랜드 135, 139~145, 149~158, 223, 224~227, 254, 270, 284

워크맨 24

웨스틴 호텔 82, 94, 277, 278

위키피디아 66

〈위험한 질주〉 227

윈프리, 오프라 210, 232

윌리엄스, 패럴 301

유사성 39, 222, 223, 226

유튜브 98, 232, 280, 309

이종적 동종 30, 89, 95, 121

〈이지 라이더〉 227

이케아 147~153, 157, 224, 254, 258, 280~282

인공지능 161

인앤아웃 버거 152, 153, 157, 284, 285

인터넷 74, 77, 98, 99, 135~138, 141, 142, 157, 201, 279, 283

인텔 83

일탈 브랜드 159, 167~185, 223~227, 255, 286

ㅈ

적대 브랜드 187, 192~194, 198~212, 215, 223~227, 254, 270, 295, 296, 300

제니스, 어빙 65

제품확장 79, 86, 87, 93~95, 223

제프리스, 마이크 301

젯블루 139~142, 153, 157, 282, 283

〈젯슨 가족〉 73

증식적 확장 80, 81, 87, 89, 90, 96, 253

지옥의 천사들 227

지프 54, 55

질레트 92

집단사고 65~67

ㅊ

차별화 9, 30~39, 57, 60, 61, 67, 87~92, 111, 116, 118, 128~131, 142, 158, 172~175, 201, 209, 224~227, 230, 233~240, 247~255, 266, 267, 270~273, 276, 288, 306, 317

창조성 70, 271, 294

초세분화 89, 93

추가적 확장 79, 81, 89, 90, 95, 253

침대 전쟁 277, 278

ㅋ

카너먼, 대니얼 85

카테고리 22~30, 34, 49~52, 61,
  65, 76, 79, 81, 86~89, 93~96,
  106~126, 129, 152~157, 160,
  163~185, 223~226, 230, 231,
  251, 268, 269, 279, 288, 291,
  297, 316, 317

카테고리 전문가 22, 25~29, 31, 34,
  115, 117, 119, 123

칼린, 조지 267

켈로그 179

코카콜라 80, 92~94, 187~191, 193,
  212, 214

콜게이트 64

쿠릭, 케이티 232

클룸, 하이디 299

킴벌리 82, 170, 171, 176, 178~180,
  184, 185, 288, 289

ㅌ

타깃 283

탈보, 데이비드 283

태양의 서커스단 172, 173, 179, 182,
  183, 184, 289, 290

터프트, 에드워드 10, 12

토스카니, 올리비에로 212, 304

〈톰과 제리〉 127

톰슨, 헌터 307

트릴린, 캘빈 12

ㅍ

파인만, 리처드 11, 12

페라리 61

펩시 108

평가 시스템 53, 70

평준화 55, 60, 61, 68, 143, 175, 176,
  178, 205, 266, 268

포시즌스 64

포지셔닝 맵 49~51, 60, 63, 67, 250

폭스 네트워크 173

풀업스 170, 171, 180, 182, 185, 288,
  289

프레이저, 마고 201, 298

플로리 217, 219, 222, 239, 240

피지 89~91, 275, 276

피켓, 케이티 297

필굿 광고 193, 212, 214

ㅎ

하기스 82, 91, 170, 171, 288

하이예크, 니콜라스 174, 183, 291

할리 데이비슨 226~230, 233, 234, 238, 258, 263, 307, 308

항공산업 117, 140

〈해피데이즈〉 124

행복의 쳇바퀴 85, 95

향수 112, 277

허머 61, 210

헤븐리 베드 82, 94, 277, 278

혁신 9, 32, 45, 113, 114, 129, 130, 140, 231, 253~260, 267, 268, 283, 289, 293, 296, 317

〈혹성탈출〉 204

홀리스터 103, 107, 207, 208, 210, 301~303

휴대전화 26, 34, 73, 95, 117, 191, 225

힐리스 179

힐튼, 패리스 153

AT&T 34, 189

HBO 171, 172

SUV 54, 55, 112, 195, 197, 203, 295

디퍼런트

펴낸날	초판 1쇄 2011년 1월 25일
	초판 40쇄 2024년 8월 6일

지은이	문영미
옮긴이	박세연
펴낸이	심만수
펴낸곳	(주)살림출판사
출판등록	1989년 11월 1일 제9-210호

주소	경기도 파주시 광인사길 30
전화	031-955-1350 팩스 031-624-1356
홈페이지	http://www.sallimbooks.com
이메일	book@sallimbooks.com

ISBN	978-89-522-1544-4 03320

※ 값은 뒤표지에 있습니다.
※ 잘못 만들어진 책은 구입하신 서점에서 바꾸어 드립니다.